십자가와 칼

THE CROSS AND THE SWITCHBLADE

Originally Published in the English
under the title THE CROSS AND THE SWITCHBLADE
Copyright ⓒ 1963, 2000, 2008
by David Wilkerson and John and Elizabeth Sherrill
Published by Chosen Books LLC., Chappaqua, New York, USA
All rights reserved

Korean Copyright ⓒ 2011 by
BETHANY PUBLISHING HOUSE, Korea

- 이 책은 저작권법에 따라 보호받는 저작물이므로 무단 전재와 무단 복제를 금합니다.
- 이 책의 전부 혹은 일부를 이용하려면 저작권자 및 베다니출판사의 동의를 받아야 합니다.

십자가와 칼

데이빗 윌커슨, 존 & 엘리자베스 쉐릴 지음
탁영철 옮김

베다니출판사

목차

서문/ 찰스 콜슨 6

1. 필립스버그에서의 청빙 9
2. 하나님의 마음 22
3. 뉴욕으로 돌아가라 33
4. 희망의 빛 45
5. 할아버지의 영감 53
6. 뉴욕을 향한 나의 꿈 66
7. 꿈을 실현하기 위한 첫걸음 78
8. 이충과의 만남 92
9. 성 니콜라스 경기장의 집회 103
10. 주님 뜻대로 하소서 113
11. 빈민가 출신의 성자, 니키 간증 125
12. 밀밭에서 들리는 주님의 음성 143

13. 십대 선교회의 출발 **152**

14. 십대 도전센터의 꿈 **160**

15. 사역의 확장 **174**

16. 사역자들의 현장체험 **185**

17. 전문 사역자를 세우다 **200**

18. 먹을 양식을 보내주소서 **212**

19. 마약중독의 고리 **221**

20. "성령 세례만이 이길 수 있어요" **235**

21. 성령 세례 **242**

22. 마약보다 더 강한 힘 **253**

23. 마감날의 속달우편 **263**

- 그 후의 이야기 **269**
- 현재 갱단 활동은 어떻게 되었는가? **281**

너희도 함께 갇힌 것처럼 갇힌 자들을 생각하라(히 13:3).

2천년 전에 기록된 말씀이다. 그러나 이 말씀은 오늘날 이 책을 읽고 있는 독자들에게도 동일하게 적용된다. 이 말씀 때문에 데이빗 윌커슨과 나는 전에는 상상도 못했던 일, 그리고 우리와 너무나 다른 사람들에게 생을 바쳐 헌신까지 하는 소명을 갖게 되었다.

먼저, 나는 내 소망과는 전혀 상관없이 교도소의 재소자들과 만났고, 나도 모르게 그들과 함께 지냈다. 데이빗 또한 자신의 삶에서 계획하고 생각했던 모든 것과는 반대로, 소아마비 소년을 끔찍하게 살해한 혐의로 교도소에 복역 중인 일곱 명의 십대 갱단 아이들에게 사로잡혔다.

이 책은 한 시골 목사의 최면에 걸린 듯한 놀라운 삶의 이야기이다.

그는 펜실베이니아 서부지역에서 작은 시골목회에 만족하며 지냈다. 그러다가 우연히 결코 원하지 않았던 뉴욕에 가서 일곱 명의 갱들을 도와 주게 되었다. 데이빗은 그 일곱 명이 복역하는 교도소에 들어가 본 적이 없었다. 그들 모두는 장기 복역 중이었다.

많은 세월이 흘렀다. 그는 뉴욕 교도소에서 그 갱들의 리더 중 한 명을 만나게 되었다. 그런데 이때 데이빗은 아주 중요한 결심을 하게 된다. 그것은 곤경에 처해있는 십대들이 자기 자신과 다른 사람들의 삶을 더 파괴하기 전에 그들에게 얼른 다가가서 그들을 도와주는 일에 평생을 헌신해야겠다는 계획이었다.

오늘날 그는 나처럼 사람들이 분노, 미움, 마약에서 벗어나도록 돕고 있으며, 오늘도 길거리에서 방황하는 십대 청소년들을 교화하고 있다.

'진정한 자유는 어디에서 오는가?' 하나님의 능력으로만이 가능하다.

'당신과 나, 그리고 데이빗과 같은 보통 사람들이 이러한 능력을 어떻게 힘입을 수 있는가?' 오직 기도를 통해서 할 수 있다. 기도는 내가 이끄는 교도소 선교회와 데이빗이 이끄는 십대 선교회의 심장이다.

나는 이 책의 공동저자인 존과 엘리자베스 쉐릴로부터 기도에 대한 흥미로운 이야기를 들었다. 쉐릴 부부는 이 책을 집필하면서 데이빗이 아무리 일정이 바쁘더라도 하루에 두 시간씩 기도한다는 사실을 알았다.

이 책이 출판되고 몇 년이 지난 후, 쉐릴 부부를 다시 만났다. 나는 데이빗과 여전히 연락하고 지내는지, 그리고 그가 여전히 하루를 시작하기 전에 두 시간씩 꼭 기도하느냐고 물었다. 그들은 그가 항상 그렇게 하고 있다고 말했다.

데이빗은 사역 본부를 다른 도시로 옮긴 지 몇 년 후 뉴욕에서 부르는 것을 느끼고, 그곳에서 마약 중독자와 갱들을 위한 사역을 시작했다.

뉴욕 맨해튼으로 돌아온 지 2년 후, 쉐릴 부부는 데이빗과 함께 점심을 먹으면서 습관적으로 물었다.

"목사님, 여전히 하루를 시작하기 전에 2시간씩 기도하시나요?"

"아니오."

"우리의 심장이 무너졌군요."

엘리자베스가 나에게 말했다.

"사역단체의 설립자들 중 많은 분들이 너무 바쁘거나 다른 어떤 매우 중요한 일 때문에 기도생활에 우선순위를 두지 못하고 있어요."

하지만 데이빗의 대답은 끝나지 않았다.

"아닙니다. 뉴욕에서는 하루에 2시간 정도 기도해서는 버틸 수 없었습니다."

이 책의 놀라운 간증들은 데이빗이 무릎 꿇고 기도해서 나타난 결과물들이다.

이 책이 왜 고전인가? 1,500만 부 이상 판매되고, 영화화 되어 5천만 명 이상이 관람했으며, 많은 연극무대에 오르기도 했을 뿐만 아니라, 세상에서 소외되고 외면당하고 버림받은 사람들이 하나님의 놀라운 역사와 삶을 변화시키는 능력에 노출될 때 정말 어떤 일이 일어나는지를 보여주기 때문이다.

교도소의 재소자들을 위해 부르심을 받았든, 아니면 당신이나 당신이 사랑하는 사람이 교도소에 있든지, 아니면 질병이나 나쁜 습관 혹은 상처입은 인간관계의 교도소에 있든지 이 책은 당신의 삶을 어루만져 줄 것이다.

_찰스 콜슨(Charles W. Colson)
교도소 선교회 설립자 ·「거듭남」의 저자

1장
필립스버그에서의 청빙

이 이야기는 어느 늦은 밤, 서재에 앉아서 라이프(Life) 잡지를 읽다가 어느 한 페이지에 이르렀을 때부터 시작한다.

처음 얼핏 보았을 때는 별로 흥미있어 보이지 않았다. 그것은 여기서 560킬로 떨어진 뉴욕에서 진행 중인 한 사건의 재판을 담고 있었다.

나는 뉴욕에 가 본 적이 없다. 자유의 여신상을 보는 것 말고는 가고 싶어 한 적도 없었다. 잡지의 페이지를 그냥 생각없이 넘겼다. 그런데 거기에 설명된 인물들 중 한 사람, 즉 한 소년의 눈이 뇌리에서 사라지지 않았다. 그 잡지를 다시 열어서 보았는데 그 소년에게서 당황함과 증오와 절망이 보였다. 그리고는 나는 울기 시작했다.

"도대체 내게 무슨 일이 일어난 거지!"

나는 흘러 내리는 눈물을 훔치며 안절부절 못하고 소리를 질렀다. 사진을 더 주의 깊게 살펴 보았다. 그들은 모두 십대소년들이었다. '드래곤'이라는 갱들이었다. 그 사진 아래에는 그들이 어떻게 뉴욕 하이브리지 공원에 가서 마이클 파머라는 열다섯 살 소아마비 소년을 잔인하게 살해했는지 설명이 나와 있었다.

그 일곱 명의 소년들은 소아마비 소년을 뒤에서 칼로 일곱 번 찌르고 군용 벨트로 머리를 사정없이 내리쳤다. 그들은 자신들에게 묻은 피를 닦아내며, "아후~제대로 한 번 혼내줬네."라며 거드름을 피웠다.

이 짧은 기사가 내 비위를 건드렸다. 속이 안 좋았다. 우리의 작은 시골마을에서는 도저히 있을 수 없는 일처럼 보였다.

그런데 이런 생각이 들면서 나는 정신을 차릴 수가 없었다. 어디로 가든지 그 생각이 사라지지 않았다.

'뉴욕에 가서 그 소년들을 도우라.' 나는 크게 웃었다.

'내가? 뉴욕에 가라고? 시골교회 목사가 아는 것이라고는 눈곱만큼도 없는 곳에 가라고?'

'뉴욕에 가서 그 소년들을 도우라.'

속에서 올라오는 마음의 감동은 사라지지 않고 오히려 더 생생해졌다. 내 감정과 생각을 초월하여 계속 떠올랐다.

'난 바보가 아니다. 난 그 아이들에 대해 아무것도 모르고 어떤 것도 알고 싶지 않아.'

소용이 없었다. 그 생각은 사라지지 않고 계속 되었다.

결국 뉴욕에 가보기로 결정하고, 나는 즉시 출발했다.

아직 재판은 진행 중에 있었다. 그것이 나에게 얼마나 새로운 출발이었는지를 이해하려면 먼저 내가 그 잡지 기사를 보기 전에 얼마나 예측 가능할 정도의 단순한 삶을 살았는지 알 필요가 있다. 새로운 것은 별로 없었지만 그런대로 나는 만족스러웠다.

내가 섬기던 펜실베이니아 필립스버그의 작은 교회는 빠르진 않아도 조금씩 꾸준히 성장하고 있었다. 우리는 신축건물과 사택을 갖고 있었으며 선교비용도 계속 증액하고 있었다. 우리는 이러한 성장에 만족했다. 왜냐하면 설교자가 없어서 후보자로 아내와 내가 처음 필립스버그에 왔을 때는 자체 건물조차 없었기 때문이다.

50명 정도가 개인 주택에서 모이고 있었다. 위층은 사택, 아래층은 예배장소였다. 청빙위원이 안내를 할 때, 아내는 곧장 사택으로 향했다.

"수리가 좀 필요합니다"라고 풍채 좋은 여자 성도가 말했다.

내 기억엔 그녀의 손마디 마디가 갈라져 있었고, 그 갈라진 손마디에는 농장의 흙이 박혀 지저분했다.

"편하게 둘러보세요."

그웬은 윗층을 혼자서 계속 둘러 보았다. 그리곤 문 닫는 소리가 들렸다. 아내의 문 닫는 소리만 듣고도 마음이 편치 않은 눈치임을 알 수 있었다.

그런데 진짜 충격은 그녀가 부엌 서랍을 열 때였다. 갑자기 그녀의 비명소리가 들려서 나는 위층으로 재빨리 뛰어 올라갔다. 예닐곱 마리의 크고 검은 바퀴벌레가 그 곳에 우글거렸다.

아내는 서랍을 급하게 닫으며 말했다. "오, 여보. 못 살 것 같아요."

아내가 소리쳤다. 그리고는 내 대답도 듣지 않고 재빨리 계단으로 내려갔다. 그녀의 하이힐 소리가 크게 들렸다.

나는 당회원들에게 급하게 실례한다고 말하고, 그웬을 따라 호텔로 갔다. 그 곳은 필립스버그에 있는 유일한 호텔이었고 아내는 아기와 함께 나를 기다리고 있었다.

"여보, 미안해요."

"그분들이 좋은 사람들이라는 것은 알아요. 하지만 죽은 바퀴벌레와 함께 사는 것은 무서워요."

그녀는 이미 짐을 꾸려놨다. 아내가 펜실베이니아 필립스버그에 관심이 없으면 또 다른 목사 후보자를 찾아야 한다는 것은 분명했다.

그러나 상황은 그렇게 진행되지 않았다. 나는 그 주일 저녁에 설교하기로 되어 있었기 때문에 그 전엔 돌아갈 수가 없었다.

그 때 내가 설교를 잘 했는지는 기억나지 않는다. 그런데 설교 가운데 어떤 무언가가 그 작은 가정 교회의 50명 성도들에게 충격을 주었다. 손이 거친 몇몇 농부들이 내 앞에 앉아서 손수건으로 눈물을 닦고 있었.

설교를 끝내고 머릿속으로 차에 앉아 교회가 있는 필립스버그의 그 언덕을 빠져나가는 모습을 상상하고 있는데, 예배 중에 한 노신사가 일어나더니 조용히 말했다.

"윌커슨 목사님, 오셔서 우리 목사님이 되어주시겠습니까?"

그것은 아무도 예상치 못한 일이었고, 아내와 나는 모두 놀랐다. 이 작은 하나님의 성회 소속 교회에 모여있는 사람들은 몇몇 목사 후보자들 중에 선택을 해야만 했다.

그들은 몇 주 동안 교착상태에 빠져있었다. 나이가 많은 메이어(Meyer) 씨가 모두를 진정시키고 나를 안내하여 강단 아래로 내려왔다. 그런데 그는 나에게 마지막 인사를 하는 것이 아니라, 고개를 끄덕이며 찬성의 말을 하는 것이었다.

"먼저 나가셔서 잠시 사모님과 담소 좀 나누고 계시겠어요? 우리도 곧 나가겠습니다." 메이어씨가 말했다.

어두운 차 안에 앉아서 아내는 아무 말도 하지 않았다. 딸 데비는 뒷좌석에 있는 아기 바구니에 잠들어 있었다. 그녀는 서류가방을 열고서 짐을 챙겨놓고 갈 준비를 끝냈다. 아내의 침묵에는 바퀴벌레에 대한 혐오감이 깃들어 있었다.

"그웬, 우리는 도움이 필요해요. 우리는 기도해야만 해요."

"하나님께 바퀴벌레에 대해서 여쭤보세요." 그녀가 비꼬듯이 말했다.

"알았소, 그렇게 하지요." 나는 힘없이 머리를 끄덕였다.

작은 교회의 바깥에 드리워져있는 어둠 속에서 하나님께 징조를 보여 달라고 요청하는 특별한 기도를 했다. 기드온은 하나님 앞에 양털을 놓고 그를 향한 하나님의 뜻을 양털을 통해 보여 달라고 요청했다. 양털을 땅에 놓고 밤새 이슬이 와서 다른 모든 것은 젖되, 양털은 젖지 않게 해 달라고 했다. 다음 날 아침, 땅은 이슬로 젖었지만 양털은 젖지 않았다. 하나님은 그에게 징조를 보여주셨던 것이다.

"주님, 당신 앞에 양털을 놓습니다. 당신의 뜻이 무엇인지 발견한다면 그것을 행할 준비가 되어 있습니다. 주님, 필립스버그에 머물기를 원하신다면 위원회가 만장일치로 찬성하게 해 주십시오. 그리고 사택도 수리하여 냉장고와 스토브도 들여 놓도록 결정하게 해 주십시오."

내가 이렇게 기도했다.

"그리고 주님…"

교회 문이 열리고 청빙 위원회가 나와 우리를 향해 오는 것을 보고 아내가 끼어들며 말했다.

"그 바퀴벌레들을 제거할 자원자도 나오게 해 주십시오."

교인 전체가 청빙위원들을 따라 나왔고 그웬과 내가 서 있는 차 주위에 모여섰다. 메이어씨가 목청을 가다듬었다.

그가 말하기 시작하자, 그웬이 어둠 속에서 내 손을 꽉 잡았다.

"윌커슨 목사님과 사모님," 그가 잠시 멈췄다가 다시 말했다.

"데이빗 목사님, 그웬 사모님. 투표를 했는데 목사님이 우리의 새로운 목사님으로 모두가 찬성했습니다. 만장일치입니다. 만일 오시기로 결정하신다면, 사택을 수리하고 새 스토브와 가구를 들여놓겠습니다. 그리고 윌리엄 집사가 말하기를, 사택 전체를 소독할 것이라고 했습니다."

"바퀴벌레도 제거하겠습니다." 윌리엄 집사가 아내에게 말했다.

교회 정문에서 정원 잔디에 비춰지는 불빛을 통해 아내가 울고 있는 모습이 보였다. 나중에 모두와 악수를 하고 호텔로 돌아가서 아내는 매우 행복하다고 말했다.

* * * * * * * * *

우리는 필립스버그에서 행복했다. 시골교회 목회자의 삶이 완벽하게 시작되었다. 교인들의 대부분은 농부나 광부였고, 정직하며 하나님을 두려워할 줄 알고 온유했다. 그들은 통조림, 버터, 계란, 우유 그리고 고기를 십일조로 가져왔다. 그들은 창조적이고 행복한 사람들이었으며 놀라울 정도로 배울 게 많은 사람들이었다. 그리고 그곳에서 1년을 머문 후 마을 구석에 있는 옛 야구장을 매입했다.

루 게릭(Lou Gehrig, 뉴욕 양키스 소속의 전 야구선수-역주)이 그곳에서 야구를 했었던 곳이다. 홈플레이트에 서서 내야수 쪽을 보고 있을 때 주님이 바로 그곳에 교회를 세워 홈플레이트 위에 모퉁이 돌이 있게 하고 유격수 자리에 강단을 세우라고 하셨다. 그리고 그것은 그대로 실행되었다.

우리는 교회 옆에 사택도 건축하여 그웬이 그 집의 안주인인 한 벌레 한 마리 못 들어오게 했다. 한쪽에서는 언덕이 보이고, 다른 한쪽에서는 교회의 하얀 십자가가 보이는 방 다섯 개짜리 단층가옥이었다.

그웬과 나는 필립스버그에서 열심히 사역했고 어느 정도 성공을 거두었다. 1958년 새해에 내 딸 보니를 포함하여 교인은 250명이 되었다.

 나는 쉴 틈이 없었다. 6천평이 넘는 언덕에 지은 신축교회 건물이나 선교비 예산 증가 그리고 교인 수가 늘어났지만 나는 만족이 없는 영적 불만족을 느끼기 시작했다.

 1958년 2월 9일! 사람들은 자신들의 삶에서 중요한 날들을 기억하듯, 나 역시 그것을 인식한 바로 그 날을 잊지 못한다. 그 날 밤에 텔레비전 수상기를 팔기로 작정했다.

 늦은 밤, 아내와 아이들은 잠을 자고 있었고, 나는 텔레비전 앞에 앉아 '한밤의 쇼'(Late Show)를 시청하고 있었다. 내용은 아주 뻔했는데 많은 여성합창단원들이 아슬아슬한 복장으로 행진곡에 맞춰 춤을 추고 있었다. 내 기억에 그것이 갑자기 어리석게만 느껴졌다.

 "데이빗, 넌 늙어가고 있어!" 나 자신에게 경고했다.

 정신을 가다듬어 보았다. 하지만 그 진부하고 한심한 이야기와 여자들이 머릿속에서 사라지지 않았다. 어찌 된 상황인가? 그 무대에서 벌어지는 한 판은 모든 시청자들에게 흥미로울 만한 주제였다.

 나는 자리에서 일어나 텔레비전을 끄자 어린 소녀들이 스크린의 중앙에서 작은 점으로 사라졌다. 나는 서재로 들어가 갈색 가죽 회전의자에 앉았다.

 '얼마나 많은 시간을 저 텔레비전 앞에서 매일 허비하고 있는가?'

 나는 갑자기 궁금해졌다. 적어도 그것이 두세 시간은 될 것이다.

 만일 저 텔레비전을 처분하고 그 시간에 기도를 한다면 무슨 일이 일어날까? 가족 중에서 TV를 보는 사람은 나 밖에 없었다.

1. 필립스버그에서의 청빙 | **15**

'매일 밤 2시간씩 기도를 한다면 어떤 일이 일어날까?'

그 생각을 하면 흥분이 되었다.

텔레비전을 기도로 바꾸고 어떤 일이 일어나는지 보라.

그 생각을 즉시 실천하기는 어려웠다. 밤에는 항상 피곤했다. 쉬면서 생활패턴에 변화를 줄 필요가 있었다. 텔레비전은 문화의 일부분이었다. 목회자가 보고 말하는 것과 다르게 사는 것은 바람직하지 않았다.

나는 의자에서 일어나 소등하고 창가에 서서 달빛이 비추는 언덕을 바라보았다. 그 다음에 주님 앞에 또 다른 양털을 놓았고, 그것은 내 인생을 바꾸었다. 나는 주님께 요구하는 징조를 꽤 까다롭게 만들었다. 실제로는 텔레비전을 포기하고 싶지가 않았기 때문이다.

"예수님." 하고 내가 말했다.

"이 일을 결정하는데 도움이 필요합니다. 그래서 주님께 요청합니다. 텔레비전을 처분한다는 광고를 종이에 써서 붙이겠습니다. 만일 이 생각 배후에 주님이 계신다면 구매자가 즉시 나타나게 해 주옵소서. 한 시간 안에 나타나게 해 주옵소서. 30분 안에 거리에 붙이는 즉시요."

다음 날 아침, 그 계획을 아내에게 묻자, 그녀는 시큰둥했다.

"30분이라뇨!" 아내가 말했다.

"데이빗 윌커슨, 내가 보기에는 기도하고 싶어하지 않는 것 같네요."

아내가 지적했지만, 나는 종이 광고지를 붙였다. 광고지를 붙이고 거실에 앉아 30분 동안 기다리고 있었다. 나는 텔레비전 옆 소파에 앉아 있었고, 아내와 아이들은 건너편에 앉아 있었다.

전화 뒤에 있는 큰 알람시계가 눈에 들어왔다.

시계를 보니 29분이 지나 있었다.

"음, 여보!" 내가 아내를 불렀다.

"당신이 옳은 것 같은데. 내가 틀렸어."

그 때 전화벨이 울렸다.

나는 아내를 바라보면서 천천히 수화기를 들었다.

"텔레비전을 파신다구요?"

어느 남성의 목소리가 들려왔다.

"그럼요, RCA 제품이구요, 상태는 아주 좋습니다. 구입한 지는 2년 됐구요."

"얼마에 파실 건데요?"

"100달러요." 내가 즉시 대답했다.

그 순간까지도 그것을 얼마에 팔지는 생각하지 않았었다.

"제가 사겠습니다." 그 남자가 말했다.

"보지도 않고 사겠단 말입니까?"

"네, 15분 안에 돈을 가지고 가겠습니다."

* * * * * * * * *

그 이후로 내 삶은 달라졌다.

매일 한밤중에 텔레비전 채널을 돌리는 대신, 서재에 들어가서 문을 닫고 간절히 기도하기 시작했다.

처음에는 시간이 가지 않고 불안하기까지 했다. 그리고 체계적인 성경 읽기를 기도시간의 일부로 만드는 방법을 배웠다. 전에는 창세기를 포함하여 통독을 해 본 적이 없었다. 또한 탄원의 기도와 찬양 사이에 균형을 맞추는 것이 얼마나 중요한지 깨닫게 되었다.

'한 시간을 오직 감사하면서 보낸다는 것은 얼마나 놀라운 일인가!'
나는 나의 삶의 전부를 새로운 관점에서 보게 되었다.
어느 날 늦은 밤에 평소처럼 기도를 하고 나서 '라이프' 잡지를 보게 되었다.
이상하게도 나는 저녁 내내 초조했다. 집에 혼자 있었고, 아내와 아이들은 피츠버그의 할머니 댁을 방문 중이었다.
나는 오랫동안 기도했다. 하나님과 특별히 가까워지고 친밀해졌다는 느낌을 받았고, 마음이 무거우면서 슬펐다. 하지만 왜 그런 느낌이 드는 지 알 수가 없었다.
그 상황이 갑자기 내게 일어났고, 왜 그런건지 의아할 뿐이었다.
나는 자리에서 일어나 서재의 불을 켰다.
주님께로부터 어떠한 명령을 듣긴 했지만, 그것이 무엇인지 정확하게 알지 못해서 불안했다.
"주님, 저에게 뭐라고 말씀하셨나요?"
서재를 서성이며 내게 일어나고 있는 일들을 이해해 보려고 애를 썼다.
나는 책상 위에 있는 '라이프' 잡지를 나도 모르게 집어 들었다. 그러나 잡지를 읽는 것에 빠지지 않기 위해 기도에 집중했다. 서재 안에서 다시 왔다갔다하기 시작했고 책상 옆을 지날 때마다 그 잡지에 신경이 쓰였다.
"주님, 혹시 저 잡지에 제가 보기를 원하는 내용이 있습니까?"
내 목소리가 조용한 방 안에 울려 퍼졌다.
갈색 가죽 회전의자에 앉아 나의 이해의 범위를 넘어서는 어떤 것을 대하는 것처럼 두근거리는 상태로 그 잡지를 폈다. 잠시 후 일곱 명의 소년에 대한 기사를 보았고, 나는 왠지 흘러내리는 눈물을 주체할 수 없었다.

다음 날 밤, 교회에서 수요기도회가 있었다.

교우들에게 나의 새 기도실험과 그 기도로 말미암은 이상한 제안에 대하여 말하려고 작정했다. 교우들이 예배에 많이 나오지는 않았었다. 내가 생각하기에 농사를 짓는 교우들이 눈보라가 마을을 덮치는 것을 두려워했기 때문이다. 늦은 시간에 12명의 커플이 질서 없이 들어와 뒷자리에 앉았다. 그것은 설교자에게 좋은 신호가 아니다. 설교에 대하여 냉담한 상태임을 의미하기 때문이다.

나는 그날 밤에 설교를 하려고 시도하지도 않았다. 강단에 서서 "보여줄 것이 있으니 가까이 와서 앉으라"고 청했다.

'라이프' 잡지를 펴서 그들에게 보여주었다.

"이 소년들의 얼굴을 보십시오."

그리고 내가 어떻게 해서 눈물을 흘리게 되었으며, 어떻게 해서 뉴욕에 가서 그 소년들을 도울 마음을 갖게 되었는지를 이야기했다.

교우들은 나를 관심없이 쳐다보았다. 그들과 교감이 전혀 이루어지지 않았고, 왜 그런지 알 수 없었다. 사람들의 본능은 그런 소년들에게 혐오와 냉담일 것이다.

그런데 놀라운 일이 벌어졌다. 교우들에게 뉴욕에 가고 싶다고 말했지만 수중에 돈이 없었다. 극소수의 사람들만 있었고 내가 하려고 하는 것을 이해하지 못했다. 하지만 그들은 조용히 앞으로 나아와 성찬 테이블에 헌금을 내기 시작했다. 헌금은 75달러가 나왔고, 그 돈이면 차로 뉴욕에 갔다가 돌아오기엔 충분했다.

목요일에 뉴욕으로 떠날 준비를 했다. 아내에게도 전화해서 내 계획을 설명했다. 최선을 다했지만, 반응은 별로였다.

"여보, 정말 성령님이 인도하는 거라고 느끼세요?" 아내가 물었다.

"정말 그렇소."

"따뜻한 양말로 골라 신고 가세요."

* * * * * * * *

화요일 아침 일찍, 중고등부 담당 교역자 마일스 후버와 함께 차에 올랐다. 우리가 출발할 때 아무 교인도 나타나지 않았다. 우리의 여행에 동반하고자 하는 마음이 없다는 증거였다.

이러한 상황을 다른 사람들은 인식조차 못한 채, 오직 나만 그것을 느끼고 있을 뿐이었다. 뉴욕에 왜 가려고 하는지에 대해 자문자답하려고 그 잡지에서 해당 기사를 찢어왔다. 청소년들의 사진을 보면서 그들에게 사로잡혀 있는 이유를 알았다.

"마일스, 난 두렵네." 펜실베이니아 고속도로를 지나면서 내가 말했다.

"두렵다구요?"

"정말 무모한 일을 하고 있는지도 몰라. 이것은 하나님의 인도하심이지, 나의 정신 나간 생각이 아니라는 증거가 필요하다네."

한동안 침묵이 흘렀다.

"마일스?" 당혹스런 눈빛으로 그를 응시했다.

"이것 좀 해 줄 수 있겠나? 성경책을 꺼내 아무 곳이나 펼쳐서 자네 손가락이 짚는 곳을 읽어주게."

일종의 미신적 행위를 하게 한 것이 당황스럽다는 듯이 마일스가 나를 쳐다보았지만, 내가 요구한대로 했다.

그는 뒷좌석에서 성경책을 가져왔다. 곁눈질로 보니 그는 눈을 감고 고개를 뒤로 젖히고는 성경책을 펴고 손가락으로 아무 곳이나 짚었다.

그리고 그 성경구절을 혼자서 먼저 읽고는 나를 바라보았지만 아무 말도 하지 않았다.

"눈물을 흘리며 씨를 뿌리는 자는 기쁨으로 거두리로다 울며 씨를 뿌리러 나가는 자는 반드시 기쁨으로 그 곡식 단을 가지고 돌아오리로다"(시편 126:5-6).

우리는 뉴욕으로 가면서 크게 용기를 얻었다. 그것은 좋은 일이었다.

왜냐하면 그 말씀이 우리가 장시간 여행할 동안 계속적으로 격려가 되었기 때문이다.

2장
하나님의 마음

뉴저지 통행료 징수소와 조지 워싱턴 다리를 연결하는 46번 도로에서 뉴욕의 외곽에 이르렀다. 다시 한 번 논리적 혼란이 엄습했다.

'다리 저편으로 가면 무슨 일이 일어날까?'

나는 알지 못했다. 자동차 연료를 주입하려고 다리 가까이에 있는 주유소에 들렀다. 마일스가 차에 있는 동안 나는 '라이프' 잡지 기사를 꺼내 들고 전화 부스로 갔다. 그리고는 그 기사에 이름이 게재되어 있는 지역 변호사에게 전화를 했다.

전화벨이 울리고 마침내 전화를 받자, 나는 하나님의 사역을 감당하는 권위있는 목사처럼 말했다. 하지만 사무직원은 사무적으로만 대했다.

"변호사님은 이 사건에 간섭받는 것을 싫어하십니다. 좋은 하루 되십시오. 선생님."

그리고 전화가 끊어졌다.

전화 부스에서 나온 후 오일 깡통더미 옆에 서서 사명감 고취를 위해 긴 숨을 들이마셨다. 집에서 530킬로를 왔고 날은 이미 어두워졌다. 지치고 낙담되며 약간은 두렵기까지 했다. 또한 외롭기도 했다.

주유소의 어두침침한 네온 불빛 아래서 예상된 거절을 겪고나자, 집의 서재에서 받았던 하나님의 확실한 인도하심이 사그라지는 것 같았다.

"목사님, 빨리 나가야 돼요. 우리가 길을 막고 있어요."

마일스가 외쳤다. 우리는 고속도로로 진입했다. 진입하자마자 차가 꽉 막혔다. 방향을 바꾸고 싶어도 바꿀 수가 없었다. 이렇게 많은 차들이 꼼짝 달싹 못하는 것은 처음 봤다. 그들은 우리의 차에 한치의 여유도 주지 않고 경적을 울려댔다.

다리의 모습은 장관이었다. 오른쪽에는 붉은 빛을 띤 강이 있고, 앞에는 자동차 미등이 늘어져있으며, 차량의 불빛이 정신없이 지나쳐가고, 거대한 지평선이 산을 배경으로 펼쳐져 있었다. 내가 살던 곳이 얼마나 조용하고 전원적인지 갑자기 생각났다.

"이제 어떻게 해야 되지?" 다리 끝자락에서 마일스에게 물었다.

수많은 초록색 표지판이 있었지만 우리에게는 무의미했다.

"아마도 앞에 있는 차들을 따라가면 될 거 같아요."

앞에 가는 차들은 맨해튼 위쪽으로 가는 것이 분명했다. 그래서 그 뒤를 따라갔다.

"저기 좀 봐요."

경찰관의 수신호에 따라 두 개의 빨간 신호등을 지나간 다음에 마일스가 소리쳤다.

"내가 아는 거리 이름이 있어요. 브로드웨이!"

그 친숙한 거리명은 낯선 인파 가운데서 가족을 만난 것 같은 느낌을 주었다. 그 거리의 번지숫자를 200에서 시작해 50이 될 때까지 차를 운전하고 가는데 갑자기 타임 스퀘어로 바뀌었다.

마일스가 큰 천막에 있는 글씨들을 읽을 때 필립스버그에서의 늦은 저녁이 생각났다: "벌거벗은 비밀", "사랑없는 사랑", "십대 소녀들의 밤",

"수치".

어느 극장 현수막에는 '성인만 입장 가능'(For Adults Only)이라는 흰색 문구가 쓰여 있었다. 그 문구 아래서 붉은 유니폼을 입은 한 사람이 무리들 틈에 섞여있는 어린 아이들을 밀어냈다.

몇 블록 더 가서 메이시 백화점(1924년부터 오늘날까지 성업 중에 있는 미국의 대표적인 백화점-역주)을 지나 김블백화점(Gimbels, 1887년에서 1987년까지 있던 미국의 대표적인 백화점-역주)으로 갔다. 백화점의 광경을 보자 심장이 두근거렸다. 백화점 이름은 내가 아는 것들이었다.

아내가 두 백화점에서 물건을 구입해 오라고 특별히 부탁했었다: 신고 나가겠다고 약속한 따뜻한 양말. 내 생각에는 김블에서 구입할 수 있을 것 같았다. 그것은 노인들과의 접촉수단이었고, 그렇게 사용했다. 그래서 그 양말을 꾸준히 구입했다.

"일단, 이 근처에서 호텔을 찾아보자고."

'빈틈없이 주차가 되어 있었는데, 입구에 있는 사람이 "하룻밤 주차에 2달러입니다!" 라고 말했다.

우리는 서둘러 거기서 벗어났다.

"고향을 떠나서 그래. 낯선 사람에게 바가지를 씌워도 괜찮다고 생각하는 것 같아. 하룻밤 주차에 2달러라니."

마음에 안 들어 자동차 속도를 올리며 마일스에게 말했다. 30분을 헤매다가 주차장으로 다시 돌아갔다.

"그래요, 당신이 이겼소."

그에게 그렇게 말했지만 웃을 수는 없었다.

몇 분 후, 우리는 마르티니크 호텔 12층에 있는 방으로 들어갔다. 오랫동안 창가에 서서 사람들과 차를 내려다 보았다. 세게 부는 돌풍에 신문과 쓰레기들이 구석으로 계속 밀려 들어왔다. 다섯 명의 십대들이 불을 지펴 놓고 떼지어 몰려 있었다. 추운 곳에서 서로 손을 잡고 춤을 추며 놀고 있었다. 그들은 무엇을 해야 할지 모르는 것 같아 보였다.

내 주머니에 있는 '라이프' 잡지 기사를 보며, 몇 달 전만 해도 그 일곱 소년들도 하이브리지 공원에서 지금 저 소년들처럼 방황하며 지냈을 것 같다는 생각을 했다.

"지역 변호사 사무실에 다시 연락해 볼까 하네." 마일스에게 말했다.

나도 모르게 이 말이 나왔다. 그 소년들을 만날 수 있는 길은 그 방법밖에 없었기 때문이다. 두 번 더 전화했고, 세 번째 전화를 걸었더니 직원이 짜증을 내면서 결국은 정보를 알려 주었다.

"이봐요, 그 소년들을 만나게 해 줄 수 있는 사람은 데이비슨 판사 밖에 없소."

"어떻게 하면 데이비슨 판사를 볼 수 있죠?"

퉁명스런 목소리가 들려왔다.

"내일 아침에 재판하러 나올 겁니다. 재판은 코트 스트리트(Court Street) 100번지에서 있어요. 이제 마지막 인사를 하고 싶습니다, 목사님. 더 이상 전화하지 마세요. 우리는 당신을 도울 수 없어요."

데이비슨 판사에게 한 번 더 전화를 시도했다. 그러나 교환원이 그의 전화는 끊어졌다고 말했다. 다른 어떤 방법이 없자 그녀는 난감해했다.

잠자리에 들어야 하는데도 잠을 이룰 수가 없었다. 전혀 익숙하지 않은 도시의 시끄러운 소리들이 주변을 가득 채우고 있었다. 오랜 시간 동안 어떻게 해야 할지에 대한 기도와 감사기도를 드렸지만 그것조차도 뜻대로 되지를 않았다.

다음 날 아침, 7시가 되자마자 잠자리에서 일어나 호텔을 나섰다. 아침은 금식이었다. 우리 둘 다 본능적으로 우리 앞에 위기가 다가왔다는 것을 느꼈고, 이런 금식이 우리의 정신과 신체를 최상의 상태로 유지시켜 줄 것이라고 믿었다.

뉴욕을 더 잘 알았다면 우리는 지하철을 타고 재판정으로 갔을 것이다. 하지만 우리는 뉴욕을 전혀 몰랐고 차를 몰고 재판정으로 가는 방향을 여러 번 묻고 물어서 겨우 브로드웨이로 향했다.

코트 스트리트(Court Street) 100번지는 거대하고 주눅들 정도로 큰 건물인데, 서로에게 화가 나 있거나 원한을 품고 있는 사람들이 몰려 있었다. 그곳에는 사업가들도 수백 명이 찾아올 뿐만 아니라 호기심 많은 구경꾼들도 와서 그들의 분노에 함께 끼어 들었다. 특히 그 날은 어떤 사람이 재판정에서 나와 마이클 파머 일행의 재판이 아침시간에 다시 열린다고 알리고 있었다.

"그놈들에게는 사형집행용 의자도 너무 과분해."

몰려 있는 사람들을 향해 그가 말했다. 그리고 굳게 닫힌 문을 지키고 있는 경호원에게 말했다.

"그 애송이들에게 교훈을 좀 줘요. 뻔때기를 보여줘야 돼요."

그 경호원은 벨트에 손을 얹은 채 엄지손가락을 치켜 올렸고, 마치 자신의 행위가 사법부 경호원의 기본 임무에서 벗어난다는 것을 인식하는 것처럼 그 사람에게서 등을 돌렸다.

우리가 도착한 8시 30분에 이미 40여명이 재판정에 들어가려고 줄을 서 있었다. 그 날 앉을 수 있는 의자는 42개뿐이라는 것도 나중에서야 알았다. 만일 아침식사를 하느라 조금이라도 늦게 왔다면 1958년 2월 아침에 일어난 모든 일들은 완전히 다른 방향으로 전개되었을 것이다.

1시간 30분 동안 내내 자리를 떠나지 못하고 줄을 서서 기다렸다. 그 자리에서 벗어나면 재판 방청의 기회가 사라지는 것이었다. 법원 직원이 우리가 기다리고 있는 줄을 지나갈 때, 저 복도 끝을 바라보며 그에게 물었다.

"저기가 데이비슨 판사의 방인가요?" 그가 고개를 끄덕였다.

"그를 좀 만날 수 있을까요?"

그가 나를 물끄러미 보더니 그냥 웃었다. 그는 아무런 대답도 않고 반은 비웃은 것 같고 반은 재미있다는 말투로 투덜거리며 가버렸다.

10시가 되자 경호원이 재판정의 문을 열고 한 사람씩 간단한 몸 수색 후 입장시키기 시작했다. 그는 우리의 팔을 들어 올리게 하고 무기소지 여부를 조사했다.

"불법무기 소지자가 판사의 생명을 위협할 수도 있습니다. 드래곤 갱단이 법정에서 데이비슨 판사를 그렇게 하겠다고 공언했거든요."

그가 내 앞에서 몸 수색을 하면서 말했다.

마일스와 내가 마침내 한 자리씩 차지하고 앉았다. 내 옆에는 정의가 더 빨리 구현되어야 한다고 생각하는 사람이 앉았다.

"저 소년들은 벌써 죽었어야 합니다. 그렇게 생각하지 않으세요?"

그는 우리가 자리에 앉기도 전에 묻고는 대답할 기회를 주지도 않고 다른 사람에게도 동일한 질문을 했다.

나는 법정의 크기가 너무 작은 것에 놀랐다. 수백 석은 될 거라고 생각했다. 아마도 할리우드 영화의 영향 때문일 것이다. 사실상 법정의 반은 직원들 자리이고 삼분의 일은 기자석이며 나머지 뒷자리 부분만 일반인을 위한 좌석이었다.

오른쪽에 앉은 마일스가 재판 절차에 관해 말해주었다. 일단의 사람들이 법정 뒤에서 앞으로 걸어 나왔다. 그들은 법정 지명 변호사들이었다.

"27명이군요. 국선변호사들일 거예요. 아무도 그들을 변호하려고 하지 않거든요. 게다가 그 아이들은 돈도 없잖아요. 히스패닉 아이들을 누가 변호하겠어요." 마일스가 말했다. 나는 아무 말도 하지 못했다.

"그들이 유죄가 아니라고 탄원해야 하는데 못할 거예요. 주법(州法)에 의하면 그들은 일급살인이예요. 그 아이들 모두 전기의자에 앉을 거구요."

이윽고 그 소년들이 들어왔다. 어떤 것을 기대하는지조차도 몰랐다. 내가 생각하기에 그들은 성인 남성들이었다. 그것은 살인 재판이었지만, 아이들이 살인을 저지를 수 있다고 생각해 본 적이 없다.

그러나 그들은 어린 소년들이었다. 일곱 명의 소년들은 야위고 창백하며 두려움에 가득한 얼굴로 구부정하게 서서 잔인한 살인을 저지른 것에 대한 재판을 기다리고 있었다. 각각 수갑을 찬 채 경호원이 옆에 붙어 있었고, 그 경호원들은 그들에 비해 하나 같이 크고 강해 보여서 일부러 그렇게 인원을 배치한 것처럼 보였다.

경호원들은 그들을 법정의 왼쪽에 앉게 한 뒤 수갑을 풀어주었다.

"저 애들은 바로 저렇게 다뤄야 돼요. 존중해 줄 필요가 없어요. 하나님, 난 저 애들이 혐오스럽습니다!" 내 옆에 앉은 사람이 불만스럽게 말했다.

"하나님은 그들을 싫어하시지 않는 유일한 분인 것 같은데요."

내가 말했다.

"뭐라구요?"

이때 누군가 나무 망치를 쳐서 재판 시작을 위해 판사가 법정에 입장하는 것을 알렸고, 모두가 기립하여 예를 표했다.

나는 그 재판절차를 침묵 속에 바라보았다. 하지만 내 옆에 사람은 그러지 않았다. 그는 자신의 감정을 막 표현했고 그럴 때마다 사람들이 우리 쪽을 쳐다 보았다. 재판정에 한 소녀가 서 있었다.

"저 애는 갱단의 인형이에요. 인형은 십대 창녀를 의미하죠."

내 옆에 앉은 사람이 말했다.

검사는 그 소녀에게 칼을 보여주면서 어떤 것인지 아느냐고 물었다. 그녀는 살인사건이 벌어진 날 밤에 그 칼에 묻은 피를 닦아냈다고 자백했다. 그 간단한 진술 하나를 받아내려고 그 날 그 재판을 연 것이었다.

그리고 그것으로 재판이 끝났다. 다음에는 어떻게 되는지 설명이 없어서 나는 몹시 당황스러웠다. 어떻게 해야 할지 생각할 시간이 없었다.

나는 데이비슨 판사가 일어서서 재판을 휴정한다고 광고하는 것을 보았다. 내 마음의 눈에서는 그가 법정을 떠나 문을 열고 나가서 영원히 사라지고 있는 것이 보였다. 그를 지금 보지 못하면 영원히 볼 수 없을 것이란 생각이 들었다.

"저기로 올라가서 그와 이야기 하겠네." 내가 마일스에게 말했다.

"제 정신이 아니군요!"

"맞아."

판사는 나가기 위해 옷을 추스르고 있었다.

빨리 기도하는 가운데 내가 성직자란 것을 알아주길 바라면서 성경책을 오른손에 들고 마일스를 복도로 밀쳐내며 앞으로 달려갔다.

"판사님!" 하고 내가 소리쳤다.

데이비슨 판사는 법정 에티켓을 어겨서인지 짜증을 내며 황급히 자리를 뜨려 했다.

"판사님, 성직자인 저를 존중하는 의미에서 잠시만 그 자리에 멈춰 주시겠습니까?" 그러는 순간, 경호원이 내게 득달같이 달려왔다.

판사의 생명이 위험할 수도 있기 때문에 그들이 나를 거칠게 다룰 수도 있다는 생각이 들었다. 경호원 둘이 내 양팔을 꽉 잡고 복도로 끌어내자 기자석에서 웅성거리며 발소리와 큰 소리가 들렸다. 사진기자들이 사진을 찍기 위해 달려 나오는 것이었다. 경호원들이 유니폼 두 벌로 나를 덮어씌우고는 법정 밖으로 끌고 나와 다른 방으로 데려갔다.

"문을 빨리 닫고 아무도 들어오지 못하게 해." 법원 직원이 명령했다.

그리고 나에게 와서 그가 말했다.

"목사님, 총은 어디 있나요?"

나는 총을 갖고 있지 않다고 강조했다. 하지만 재차 몸 수색을 당했다.

"누구와 함께 있었습니까? 법정 안에 누가 또 있죠?"

"마일스 후버요. 우리 교회 중고등부 담당 교역자입니다."

그들이 마일스를 데리고 왔다. 그는 떨고 있었다.

내가 생각하기엔 두려워서라기보다는 분노와 수치감 때문이었다.

우리가 경찰에게 취조를 당하고 있을 때 신문기자 몇 명이 가까스로 들어왔다. 경찰에게 목사 안수증을 보여주고 내가 진짜 성직자란 것을 증명해 주었다. 나를 어떻게 처리할 지의 문제로 그들 사이에서 의견이 갈렸다. 경사가 데이비슨 판사의 뜻대로 하자고 말했다.

그가 그 자리에서 나가자, 신문기자들이 나와 마일스에게 몇 가지 질문을 했다. 우리가 어디서 왔으며, 왜 그런 일을 했고, 드래곤 갱들과 함께 있었는지, 그리고 우리가 목사 안수 증명서를 훔쳤거나 위조한 것은 아닌지에 대해 물었다.

경사가 돌아오더니, 데이비슨 판사는 이 일이 보도가 되기를 원치 않으며 다시는 나타나지 않겠다고 동의하면 풀어주라고 했다고 전했다.

"걱정하지 마세요. 다시 오지 않을 겁니다." 마일스가 재빨리 답했다.

그들은 나를 호위하여 복도로 나갔다. 사진기자들이 반원으로 둘러서서 카메라 셔터를 누를 준비를 하고 있었다. 한 사람이 나에게 물었다.

"이봐요, 목사님. 갖고 있는 책이 뭐에요?"

"성경책입니다."

"성경책이 부끄럽나요?"

"물론, 아닙니다."

"아니라구요? 그런데 왜 성경책을 숨기죠? 그것을 들어 올려서 보여줄 수 있나요?"

나는 높이 들어 올려 모두에게 보여주었다. 그러자 플래시 세례가 터졌다. 그리고 이 모습이 신문에 이렇게 나올 거라는 생각이 들었다.

'성경을 높이 들어 올려 흔들고 있는 시골교회의 목사가 살인재판을 방해하다.'

신문기자들 중 단 한 명 만이 객관적이었다.

그는 NBC 뉴스 기자 게이브였다. 그는 그런 끔찍한 범죄를 저지른 소년들에게 왜 관심을 갖고 있느냐고 물었다.

"그 소년들을 전에 본 적이 있으신가요?"

"예, 그렇습니다."

"그런 질문만 계속 할 건가요?"

게이브 기자가 약간 미소 지었다.

"무슨 말씀이신지 압니다. 어쨌든 당신은 다른 구경꾼들 하고는 다릅니다."

나는 전혀 달랐다. 내가 행하고 있는 일들이 바보같이 보인다 할지라도 하나님의 어떤 특별한 심부름을 하고 있었다고 생각할 만큼 달랐다. 내 교회, 마음 그리고 가족에게 수치를 안겨줄 만큼 특별했다.

그들이 우리를 놓아주자, 우리는 서둘러 주차장으로 갔다. 주차료 2달러가 더 부과되어 있었다. 마일스는 아무 말도 못했다. 차에 들어가 문을 닫고는 20분 가량을 울었다.

"마일스, 집으로 갑시다. 여기서 빨리 벗어나자고."

조지 워싱턴 다리로 돌아가면서 뉴욕의 지평선을 한 번 더 돌아보았다. 갑자기 우리에게 큰 힘을 주었던 시편 말씀이 생각났다.

"눈물로 씨를 뿌리는 자는 기쁨으로 거두리로다."

'어떠한 인도하심이 있었는가?'

하나님의 지시하심이 있었는지 의심이 들기 시작했다.

'어떻게 아내와 부모님 그리고 교인들을 볼까?'

교인들 앞에 서서 하나님이 내 마음을 움직이셔서 집으로 돌아오게 하셨으며, 내가 실수를 했고, 하나님의 마음을 전혀 알지 못했다고 고백해야 했다.

3장
뉴욕으로 돌아가라

"마일스, 스크랜튼을 거쳐서 집으로 가면 안 될까?"

다리를 건너고 80킬로쯤 갔을 때 내가 말했다.

마일스는 내가 왜 그런 말을 하는지 알고 있었다. 내 부모님이 그곳에 살고 계시기 때문이다. 솔직히 그분들의 어깨에 기대어 울고 싶었다.

다음 날 아침 스크랜튼에 도착했을 때 어제 이야기가 신문에 실렸다. 마이클 파머 일당 재판을 잘 묘사하고 있었지만, 새로운 것은 없었다.

섬뜩한 살인장면이 묘사되고 최대한 전율이 느껴지도록 편집되었지만 새롭지 않았다. 이 사건과 관련된 심리학, 사회학, 그리고 범죄학은 이미 오래 전에 약발이 떨어졌다. 이 사건에 대한 기사가 말라가고 있을 때 편집자의 마음에 불을 지피는 측광이 나타났고, 신문 지면은 그 이야기로 도배되었다.

나의 부모님이 이 모든 일에 어떤 영향을 받으실지 궁금해지기도 전에 스크랜튼 근교에 도달했다. 나는 상처받은 어린 소년처럼 그분들을 만나고 싶었고, 마침내 만남의 순간이 가까이왔다. 결국, 조롱거리가 된 나의 이름은 그분들의 것이기도 하다.

"아마도, 그분들은 그 기사를 보지 못하셨을 거예요."

집 앞 도로로 진입할 때 마일스가 말했다.

그분들은 그것을 보셨다. 신문이 주방 테이블에 펼쳐진 채 마이클 파머 살인 재판에 뛰어들어 성경책을 흔들고 있는 사진이 드러나 있었다.

부모님이 나를 정중하게 맞아주셨다.

"데이빗. 어서 오너라." 어머니가 말씀하셨다.

"잘 지냈니, 아들아!" 아버지도 내게 인사를 건네셨다.

내가 자리에 앉자, 마일스는 대화의 첫 순간이 지극히 사적인 것으로 이어질 것을 생각하여 의도적으로 거리를 두고 보조의자에 앉았다.

"어떤 생각을 하고 계신지 알아요. 어떻게 해서 여기 오게 되었는지 말씀드릴게요."

"그래, 아들아. 우리는 문제가 되지 않는다. 문제는 너 자신이다. 그리고 교회이고. 너는 성직을 잃을 수도 있다."

나에 대한 아버지의 관심을 인식하면서 아무 말도 안 했다.

"필립스버그로 돌아가서 어떻게 하려고 그러니?" 어머니가 물으셨다.

"아직 생각해 보지 않았어요."

어머니가 아이스박스로 가서 우유를 꺼내셨다.

"조언 좀 해도 되겠니?"

컵에 우유를 부어 주면서 물으셨다. (어머니는 항상 그렇게 하셨었다). 어머니는 조언을 해주실 때마다 잊지 않고 나에게 먼저 동의를 구하셨다. 이번에도 우유를 건네주시면서 내가 고개를 끄덕일 때까지 기다리셨다. 이것은 나 혼자 싸워야만 하는 싸움인 것을 아셨다.

"데이빗, 집으로 돌아가면 잘못에 대한 인정을 너무 늦지 않도록 신경 써라. 하나님은 때로는 자신의 놀라운 일들을 행하실 때 신비로운 방식으로 이끄신다. 이것은 네가 서 있는 자리에서는 결코 볼 수 없는 계획일 수도 있다. 나는 네가 항상 좋은 판단을 할 것이라 믿는다."

****

필립스버그로 돌아가는 내내 어머니의 말씀을 곰곰이 생각해봤다.
'이러한 큰 실수로부터 어떤 선한 일이 나타날 수 있을까?'
마일스를 집에 데려다 주고 사택의 뒷길로 갔다. 자동차 같이 큰 어떤 것을 가지고 몰래 대문에서 현관까지 들어가는 것이 가능하다면 바로 그것이 내가 한 일이었을 것이다. 차문의 소리가 최대한 나지 않게 조용히 닫고 발뒷꿈치를 들고 거실로 갔다. 아내가 있었다.
그녀가 나의 목을 껴안았다.
"불쌍한 데이빗." 하고 아내가 속삭이듯 말했다.
한동안 침묵이 흐른 후에야 아내가 물었다.
"무엇이 잘못된 거죠?"
집을 떠난 후부터 무슨 일이 일어났는지 자세히 설명했다. 그리고 모든 것이 잘 될 거라고 말씀하신 어머니의 생각을 덧붙여 말했다.
"이 마을 사람들이 그 사실을 받아들일 수 있게 하려면 상당히 어려울 거에요. 전화벨이 울리네요."
그 이후로 3일 내내 전화벨이 울려댔다. 마을에 공무원 중 한 명이 전화를 걸더니 나에게 고함을 질렀다. 동료 목회자들도 내가 대중 앞에서 경솔한 일을 했다고 주저없이 성토했다. 나는 당당하게 거리로 나갔는데 많은 사람들이 나를 쳐다보았다. 마을에서 많은 일을 도맡아하는 한 사람이 내 팔을 붙잡고 등을 치며 말했다.
"헤이! 목사님, 필립스버그 지도에 이름을 올리겠네요!"

무엇보다 주일에 교인들을 만나는 것이 제일 고역이었다.

그들은 정중하며 아무 말도 하지 않았다. 그 날 아침 강단에서 내가 처리할 수 없는 문제들을 보았다.

"여러분들 모두 여러분 자신에게 질문하고 있는 것 같습니다."

나는 표정이 굳어있는 200명의 교인에게 말했다.

"무엇보다도 저를 동정해 주시고 있는 것 같습니다. 고맙습니다."

"그러나 여러분은 스스로에게 이렇게 말하고 있을 겁니다. 자신의 일시적인 생각을 모두 하나님의 명령이라고 생각하는 설교자는 어떤 종류의 이기주의자인가? 이것은 합리적인 의문입니다. 확실히 저 자신의 뜻과 하나님의 뜻을 혼동하는 것으로 보입니다. 저는 낮아지고 초라해졌습니다. 아마도 그것이 저에게 교훈을 주었습니다."

"그리고 이렇게 자문해봤으면 합니다. 만일 지구상에서의 인간의 일이 하나님의 뜻을 행하는 것이 사실이라면, 하나님은 어떤 식으로든 그 뜻을 우리에게 알리시지 않을까요?"

여전히 우리 성도들의 얼굴은 굳어 있었다. 아무 반응이 없었다. 교인들을 제대로 인도하지 못했다. 그러나 교인들은 유난히 친절했다.

사람들 대부분은 내가 어리석게 행동했다고 생각하지만, 나의 마음이 올바른 곳에 있었다는 것을 알고 있었다. 어느 좋은 중년 부인이 말했다.

"다른 사람들은 아니라 할지라도 우리는 여전히 목사님을 원합니다."

그 잊지 못할 언급 후에 오랜 시간을 할애하여 그렇게 보이지 않았던 이유를 설명했다. 그리고 이상한 일들이 일어났다.

저녁 기도 시간에, 어느 특별한 성경 구절이 계속 떠올랐다. 그것이 머릿속에서 사라지지 않았다.

"우리가 알거니와 하나님을 사랑하는 자 곧 그의 뜻대로 부르심을 입은 자들에게는 모든 것이 합력하여 선을 이루느니라"(롬 8:28).

그것은 아무리 의식적으로 무시하려해도 더 강하게 다가오며 오히려 재확인을 하게 되었다. 그리고 며칠 밤 동안 내내 그 성경 구절과 함께 한 가지 생각이 떠나지 않았다.

'뉴욕으로 돌아가라.'

삼일 저녁 동안 계속해서 그것을 무시하려고 애썼지만 지속적으로 강하게 다가와 순종할 수밖에 없었다. 이번에는 준비되어 있었다. 처음에 뉴욕에 대해 분명히 아는 것은 하나도 없다시피 했다.

나는 뉴욕을 좋아하지 않았고 그곳에서의 생활이 맞지 않았다. 나의 무지함이 계속 드러났고 '뉴욕'이란 이름은 이제 당황함의 상징이 되었다.

그웬과 아이들을 다시 떠난다는 것 자체가 잘못된 것일 것이다. 8시간 운전해서 갔다가 다시 8시간 걸려서 돌아오는 특권은 없을 것이다.

교인들에게 다시 비용을 요청하는 수밖에 없었다. 교인들은 농부들과 광산 노동자들로서 그들은 이미 할 수 있는 것 이상을 했다. 그 패배의 장소로 다시 돌아가라는 새로운 명령을 나도 이해하지 못했는데 그들에게 어떻게 설명할 것인가? 더 지체하면 그 소년들을 만날 기회는 없을 것이다. 시청 직원들의 눈에 나는 정신병자로 각인되어 있었다. 하지만 나는 그 명령을 가지고 야생마에게 끌려 교회로 가는 것이 아니었다.

* * * * * * * *

이 새로운 생각을 떨쳐 버리지 못하고 결국 수요일 저녁예배 때 강단에 서서 교인들에게 뉴욕에 가기 위한 비용을 다시 요청드렸다.

교우들의 반응은 정말 놀라웠다. 그들은 한 명씩 걸어 나와 복도에 줄을 서서 성찬식 테이블 위에 헌금을 놓았다. 이번에는 더 많은 교우들이 예배에 참석하여 150명 정도 되었다.

그런데 헌금 액수는 흥미롭게도 저번과 거의 동일했다. 동전과 지폐를 계수해 보니 뉴욕에 가기에 충분했다. 70달러가 모아졌다.

다음날 아침 6시에 마일스와 나는 출발했다.

동일한 길을 가고, 동일한 주유소에 멈췄고, 뉴욕으로 가는 다리에 접어들었다. 다리를 건너면서 간절히 기도했다.

"주님, 지난 주에 왜 그러한 일이 일어났으며, 왜 이 혼잡한 일이 다시 일어나는건지 저는 알지 못합니다. 당신의 뜻이 무엇인지 묻지 않겠습니다. 단지 저의 발걸음을 인도해 주십시오."

다시 브로드웨이를 만나자 우리가 알고 있는 유일한 길을 따라 남쪽으로 갔다. 천천히 차를 운전하고 가는데 차에서 내려야만 한다는 강한 감동이 갑자기 왔다.

"여기에 주차할 곳을 찾아보겠네." 내가 마일스에게 말했다.

"이 주위를 잠시 둘러보고 싶거든."

빈 주차공간이 눈에 띄었다.

"잠시 후에 돌아오겠네, 마일스. 내가 뭘 찾는지는 나도 모른다네."

마일스를 차에 남겨두고 그 거리를 걷기 시작했다. 반 블록도 가지 않아 어떤 목소리가 들렸다.

"헤이, 데이빗!"

처음에는 어떤 소년이 자기 친구를 부르는 것으로 생각하고 돌아보지 않았다. 하지만 나를 부르는 음성이 다시 들렸다.

"헤이, 데이빗 목사님!"

나는 목소리가 들리는 곳을 돌아보았다. 여섯 명의 소년들이 "배회금지, 경찰 주시 장소"라는 경고문이 붙어있는 건물에 기댄 채 서 있었다. 모두가 바짓단이 좁은 바지와 지퍼가 많은 재킷을 입고 있었다. 한 소년은 담배를 피우고 있었고, 나머지는 지루해 보였다.

일곱 번째 소년이 그들 그룹에서 나와 나에게 걸어왔다. 말할 때 미소 짓는 모습이 좋아 보였다.

"당신이 마이클 파머 재판에서 쫓겨난 목사님이죠?"

"맞아요, 어떻게 나를 알지요?"

"당신 사진이 도처에 깔렸어요. 얼굴을 기억 못할 리가 없죠."

"나는 토미예요. 레블스(Rebels) 두목이죠."

나는 레블스 두목인 토미에게 "배회금지" 경고문에 기대어 서 있는 십대들이 그의 친구들인지 물었고, 그는 그들을 소개해 주겠다고 했다. 그들은 토미가 내가 경찰과 싸웠다는 말을 하기 전까지는 나에게 전혀 관심을 갖지 않았다. 그것은 그 소년들에겐 마술과도 같았다. 그들에게 백지 위임장 같았다. 토미는 큰 자부심을 가지고 나를 소개했다.

"이봐, 얘들아! 파머 재판에서 쫓겨난 목사님이 왔어."

소년들은 한 명씩 건물 벽에서 나와 나를 훑어보았다. 한 소년만 움직이지 않았다. 그는 칼을 꺼내더니 "배회금지"라는 경고문의 금속 틀에 글자를 새기기 시작했다. 우리가 이야기하는 동안에 두세 명의 소녀들도 합류했다.

토미는 재판에 관하여 물었고, 나는 십대들 특히 갱에 가입한 청소년들을 돕는데 관심이 있다고 말했다. 글자를 새기던 소년을 제외하고 모두가 내 말을 주의 깊게 들었고, 그들 중 몇몇은 내가 "우리들의 한 명"이라고 말했다.

"내가 여러분 중에 한 명이란 것은 무슨 의미이죠?" 내가 물었다.

그들의 논리는 단순했다.

"경찰은 나를 좋아하지 않는다. 경찰은 그들을 좋아하지 않는다. 우리는 같은 배에 탔고 따라서 나도 그들 중에 한 명이었다."

이러한 논리를 처음 접한 것은 아니었다. 갑자기 법정 복도에서의 일들이 주마등처럼 스쳐 지나갔고, 매우 색다르게 다가왔다. 하나님의 완전하신 계획을 경험하고 있다는 생각에 약간의 전율마저 느껴졌다.

그 점을 더 깊이 생각할 시간이 없었다.

칼을 만지고 있는 소년이 내게로 다가왔다. 거리에서 방황하는 외로운 소년의 언어로 표현되긴 했지만 그의 말은 그의 칼이 할 수 있는 것보다 더 예리하게 내 심장을 도려내는 것 같았다.

"데이빗 목사님!" 그 소년이 말했다.

어깨를 올려 재킷을 등에 밀착시켰다. 그가 이렇게 하고 있을 때 다른 소년들은 한 발자국씩 뒤로 물러났다. 그 소년은 아주 신중하게 자신의 칼을 계속 닫았다가 열었다. 그 칼로 내 코트의 단추를 위에서 아래까지 조심스럽게 훑어내렸다. 이러한 간단한 의식을 치르면서 아무 말도 하지 않았다.

"데이빗 목사님!" 마침내 그가 내 눈을 응시하면서 말했다.

"당신 말은 모두 맞아요. 하지만 목사님, 이 동네에 있는 소년들에게 관심을 가진다면 그렇겠지."

칼끝이 내 배꼽 부위를 가볍게 누르는 것 같았다.

"이름이 뭔가요?"

그의 이름은 윌리였다. 나에게 말을 건 또 다른 소년이었다.

"윌리, 하나님이 왜 나를 이 동네에 보내셨는지 난 몰라요. 그러나 한 가지는 분명해요. 하나님은 여러분 편이라는 것이요. 그 점은 약속할 수 있어요."

윌리는 내 눈을 계속해서 응시했다. 하지만 칼끝의 압박감은 점차 약해졌다. 그리고 그는 다른 곳을 쳐다보더니 옆으로 물러났.

토미가 능숙하게 화제를 돌렸다.

"데이브, 갱단을 만나고 싶다면 여기서 시작하는 게 어때요? 이 친구들 전부 레블스이고, 지지아이(GGI)도 만나게 해 줄 수 있어요."

"지지아이?"

"갱단을 통합해서 지배하는 거대한 갱단이에요."

뉴욕에서 30분도 안 되는 거리에서 이미 두 번째 갱단을 소개받고 있었다. 토미가 길을 가르쳐주긴 했지만 그것대로 갈 수가 없었다.

"낸시, 네가 막내지?" 그가 근처에 서 있던 소녀들 중 한 명을 불렀다.

"네가 목사님을 지지아이까지 안내해 드려, 할 수 있겠지?"

지지아이는 134번가 지하에 있었다. 그들의 클럽 룸에 가기 위해 낸시와 나는 시멘트 계단을 내려갔다. 도중에 건물 벽에 매여 있는 쓰레기통, 바짝 마르고 털 빠진 고양이, 그리고 보드카 병더미를 지나 낸시가 천천히 문을 두드렸다.

한 소녀가 문을 열었다. 처음에 그녀는 우습게만 보였다. 전형적인 길거리 소녀였다. 신발을 신지 않고, 담배를 입에 문 채 술병을 들고 있었으며, 머리는 덥수룩하고 드레스의 어깨끈이 내려와 있었다. 하지만 웃을 수가 없었다. 얼굴은 무표정했으며, 십대 소녀들 중에서도 제일 어려 보였다.

"마리아?" 낸시가 말했다.

"들어가도 돼? 친구를 데려왔어."

마리아는 한쪽으로 흘러내린 어깨끈을 올리면서 문을 열었다. 내부는 어두워서 커플들로 가득하다는 것을 인식하는데 시간이 꽤 걸렸다.

고등학생 나이의 소년 소녀들이 춥고 악취나는 방에 함께 앉아 있었는데 상당히 충격적이었다. 토미 말이 옳았다. 나는 시골뜨기였다.

마리아는 스스로 신발을 신거나 어깨끈을 혼자서 올리지 못하는 것 같았다. 누군가가 희미한 전구를 켰다. 그 아이들은 천천히 자리를 잡고 앉았고 레블스 갱단들처럼 한결같이 지루해 보였다.

"이 사람은 파머재판에서 쫓겨났던 목사님이야!" 낸시가 말했다.

즉시 내게로 시선이 집중되었다. 더 중요한 것은 그들의 마음을 얻어냈다는 것이다. 그 날 오후 뉴욕의 갱단들에게 처음으로 설교할 기회가 주어졌다. 그들에게 복잡한 메시지를 전하려고 하지 않았다. 단지 그들은 사랑받는 존재라는 것만 이야기했다. 그들은 있는 존재 그대로, 즉 보드카 술병과 성적 탐닉 속에서도 사랑받는 존재였다.

하나님은 그들이 술에 취하고 성적 유희를 즐기는 모습을 안타까워하신다. 하나님은 그들이 추구하는 것들: 자극, 유희, 그리고 존재감을 가질 수 있기를 원하신다. 그러나 먼저 그들이 추운 지하실에서 싸구려 술병과 널브러져 있는 모습에서 벗어나기를 원하신다. 하나님은 그들에 대하여 많은 것들을 기대하신다.

내가 잠시 설교하는 것을 멈추자, 한 소년이 말했다.

"계속해요, 설교하세요. 다 듣고 있어요."

내가 그러한 표현을 들은 것은 처음이었다.

그것은 내가 그들의 마음에 접근했음을 의미했고, 그들이 내 설교에 대해 할 수 있는 최고의 찬사였다.

30분 후에 그 지하 은신처에서 한 가지만 빼고 크게 고무되어 나왔다. 지지아이 갱단 중에서 내 생애 처음으로 마약 중독자들을 보았다. 마리아는 지지아이에 속해있는 소녀 갱단 지지아이뎁(GGI Debs)의 두목이었다. 하나님이 그들에게 새로운 삶을 살도록 도와주실 것이라고 말할 때 마리아가 끼어들었다.

"난 아니예요, 데이빗 목사님. 난 아니예요."

마리아는 술병을 내려놓고 어깨끈을 추슬렀다.

"마리아, 왜 너는 아니지?"

대답 대신에 양팔을 벌리며 어깨를 으쓱거렸다.

"너를 이해할 수 없구나."

나는 이해하지 못했다.

"이리 와 봐요."

마리아는 전등 아래로 가서 자신의 팔을 보여주었다. 모기에게 물린 것 같은 상처가 수도 없이 많이 있었다. 꽤 오래되어 보였고 멍이 들어 있었다. 어떤 것은 갓 물린 것처럼 보였다.

그 십대 소녀가 나에게 무엇을 말하려고 했는지 갑자기 이해 되었다. 그녀는 마약 중독자였다.

"난 마약 정맥주사 중독자예요, 목사님. 나에겐 희망이 없어요, 심지어 하나님으로부터도요."

마리아를 불쌍하게 바라보는 십대들이 있을까 싶어서 주위를 둘러보았다. 모두가 무표정이었다. 그 아이들의 얼굴을 둘러보고 나서 경찰의 통계와 병원의 보고서의 언급이 떠올랐다: '마약 중독에 대한 의료적 해답은 없다.'

마리아는 전문가의 견해를 표현했다: 헤로인을 정맥에 직접 주사하는 마약 중독자에게는 실질적으로 희망이 없다. 마리아는 마약 정맥주사 중독자였다.

4장
희망의 빛

브로드웨이에 주차해 놓은 차로 돌아가자, 마일스가 나를 반겼다.

"목사님이 살인 사건 재판에 증인으로 서게 될까봐 정말 무서웠어요."

한 시간 내에 뉴욕에 들어가 두 갱단을 만난 이야기를 하자, 마일스는 나와 마찬가지로 매우 놀라워했다.

"물론 아시다시피 법정에서 쫓겨나면서 사진에 찍히지 않았다면 그런 기회는 절대로 갖지 못했을 거예요. 그렇지 않나요?"

우리는 시내로 들어가서 이번에는 디에이(DA) 변호사 사무실로 갔다. 그곳에서 환영받을 것이라고 생각해서가 아니고 그 사무실을 통하지 않고는 일곱 소년들을 만날 길이 없기 때문이었다.

"그 소년들을 만나서 도와주는 것 외에는 다른 의도가 없다는 것을 당신에게 어떤 식으로든 증명할 수 있으면 좋겠습니다." 하고 내가 말했다.

"목사님, 목사님의 입에서 나오는 모든 말씀이 성경에서 말미암았다 할지라도, 우리는 당신이 그들을 만날 수 있도록 도울 수 없습니다. 데이비슨 판사의 허가없이 그 소년들을 만날 수 있는 유일한 방법은 부모에게 면회 허가를 받는 겁니다." 하고 사무원이 말했다.

여기에 또 다른 길이 있었다.

"그러면 그들의 이름과 주소를 알려주실 수 있나요?"

"미안합니다. 우리는 그럴 권한이 없습니다."

차를 주차해 놓은 도로로 돌아가서 잡지에서 찢어와 이젠 너덜너덜한 기사를 주머니에서 꺼냈다.

갱단 리더의 이름이 거기에 있었다: 루이스 알바레즈(Luis Alvarez).

마일스를 차에서 기다리게 하고 캔디가게에 가서 5달러 지폐를 동전(dime)으로 바꾸었다. 그것이 마지막 돈이었다. 그리고 알바레즈란 이름을 전화번호부에서 전부 찾아 전화하기 시작했다. 맨해튼에만 200명 이상이 있었다.

"마이클 파머 재판 중에 있는 루이스 알바레즈 집인가요?"

내가 물었다.

불쾌함을 주는 침묵. 짜증내는 몇 마디 말. 그리고 수화기를 거칠게 내려놓았다. 동전을 40개 사용했는데, 이런 식으로는 그 소년들에게 다가갈 수 없다는 것이 분명해졌다.

전화 부스에서 나와 차에 있는 마일스에게 갔다. 우리 둘 다 낙담했다. 이제 어떻게 해야 할지 아무 생각도 떠오르지 않았다. 맨해튼의 고층빌딩 숲 사이에 차를 주차해 놓고 머리를 숙였다.

"주님, 우리가 당신의 일을 하고 있다면 길을 열어 주십시오. 우리의 보잘 것 없는 생각으로는 아무것도 할 수 없습니다. 어디로 가야 할 지 인도해 주십시오. 우리는 아무것도 모르겠습니다."

우리는 길이 나오는 대로 정처 없이 북쪽으로 올라갔다. 결국 타임 스퀘어에서 트래픽에 걸려 길이 막혔다. 가까스로 그곳에서 빠져나오다가 센트럴 공원으로 들어갔는데 그만 길을 잃었다. 그 길이 원을 형성하고 있다는 것을 알지 못하고 계속 돌았기 때문이다. 마침내 공원 출구를 찾아

나와 히스패닉 빈민가의 중심지로 향하는 길을 찾았다. 그런데 갑자기 차에서 내려야겠다는 충동이 느껴졌다.

"어서 주차할 곳을 찾아보자고." 내가 마일스에게 말했다.

우리는 처음 눈에 띈 공간에 주차했다.

차에서 나와 몇 걸음 길을 걸어가다가 혼동이 되어 멈췄다. 내적 충동이 사라졌다. 여러 소년들이 현관 계단에 앉아있었다.

"루이스 알바레즈가 혹 어디 사는지 아나요?" 그들 중 하나에게 내가 물었다.

그 소년들은 나를 무표정하게 쳐다보기만 하고 아무 대답도 하지 않았다. 나는 길 하나를 정해 정처 없이 걸었다. 그런데 한 어린 흑인 소년이 나를 따라오며 물었다.

"루이스 알바레즈를 찾아요?"

그가 나를 이상하다는 듯 쳐다봤다.

"그는 지금 절름발이 소년 때문에 감옥에 있어요."

"알고 있어. 그를 아니?"

그 소년은 나를 계속 쳐다보고 있었다.

"아저씨 차예요?" 그 아이가 말했다.

나는 대답하기 귀찮았다. "내 승용차다. 왜 그러니?"

그 소년이 어깨를 으쓱거렸다.

"아저씨, 아저씨 차를 바로 그 집 앞에 주차했잖아요."

갑자기 내 몸에 소름이 쫙 돋았다.

내가 주차한 바로 앞집을 가리키며 그가 말했다.

"그가 저기에 사니?" 내가 거의 속삭이듯이 물었다.

소년은 고개를 끄덕였다.

기도가 응답되지 않으면 때때로 하나님에 대해 의심이 든다. 하지만 기도가 응답되면 믿기가 더 어렵다. 하나님께 우리를 인도해 달라고 요청했고, 하나님은 우리를 루이스 알바레즈 집 앞까지 인도하셨다.

"감사합니다, 주님!" 내가 큰소리로 말했다.

"뭐라구요?"

"고맙다. 정말 고맙다." 그 소년에게 내가 말했다.

* * * * * * * *

"알바레즈"란 이름이 현관 우편함에 적혀 있었다.

나는 계단으로 올라갔다. 3층 홀은 어두웠고 소변과 먼지 냄새가 코를 찔렀다. 짙은 갈색 벽에는 와플이 그려져 있었다.

"알바레즈씨?" 나무 문패에 이름이 쓰여 있는 문을 향해 불렀다.

아파트 안쪽에서 누군가가 스페인어로 대답하는 것 같았다. 들어오라는 말이기를 희망하면서 문을 열고 한 발을 들여놓은 채 안을 살폈다.

검게 그을리고 야윈 사람이 로자리오 묵주를 들고 붉은 색 의자에 앉아 있었다. 묵주에서 눈을 떼어 환한 얼굴로 나를 쳐다봤다.

"데이브 목사님이시군요. 경찰들이 쫓아냈던."

"예, 그렇습니다."

안으로 들어가자 그가 일어섰다.

"목사님이 오시기를 기도했습니다. 내 아들을 도와주실 건가요?"

"그러고 싶습니다, 알바레즈씨. 하지만 루이스를 만나지 못하게 합니다. 그래서 당신과 다른 아이들의 부모들로부터 허가서를 받아가야 합니다."

"해 드리겠습니다."

알바레즈씨가 주방 서랍에서 연필과 종이를 꺼냈다. 그는 루이스 알바레즈를 면회해도 좋다는 허가서를 천천히 작성했다. 그리고 그 종이를 접은 후 내게 건네 주었다.

"다른 소년들의 부모들 이름과 주소를 혹 알고 계신가요?"

"아니오."

"아시다시피, 바로 그게 문제입니다. 제 아들과 그리 가깝게 지내지 못했습니다. 하나님께서 당신을 여기로 인도하셨듯이 다른 부모들도 만날 수 있도록 하실 것입니다."

* * * * * * * *

빈민가에 주차한 지 몇 분도 안 되어 첫 번째 허가서를 받았다.

알바레즈씨 집에서 나오면서 그 아버지의 기도를 듣고 차를 바로 그 자리에 주차하게 한 것이 궁금했다.

내 마음은 또 다른 설명을 모색하고 있었다. 아마도 신문 어딘가에서 그 주소를 보았고 무의식중에 그것을 기억하고 있는지도 모르겠다고 생각했다.

이것을 생각하면서 계단을 내려오는데 무의식이란 것으로는 설명할 수 없는 또 다른 일이 일어났다. 코너를 돌면서 17세 정도 되보이는 한 소년과 부딪힐 뻔했다. 그 소년은 계단을 올라가려고 달려오고 있었다.

"미안해요!" 내가 놀라서 말했다.

그 소년도 나를 보고 뭔가를 중얼거리더니 달려가기 시작했다. 그런데 내가 전등 아래를 지나가려 할 때, 그가 멈추더니 나를 다시 쳐다봤다.

"목사님?"

나는 반사적으로 돌아보았다.

그가 어두컴컴한 가운데서 나를 자세히 쳐다봤다.

"루이스 재판에서 쫓겨난 사람이죠?"

"맞아요, 데이빗 윌커슨이예요."

그 소년이 내게 악수를 청했다.

"난 안젤로 모랄레스예요, 목사님. 루이스 갱단원이죠. 알바레즈씨를 만났나요?"

"그래요."

루이스를 만나려면 그의 허가서가 필요했다고 그에게 말했다. 갑자기 이러한 만남을 허락하신 하나님의 손길이 느껴졌다.

"안젤로, 다른 소년들의 부모들에게서도 허가서를 받아야 되요. 알바레즈씨는 다른 부모들이 어디에 사는지 몰라요. 그들이 어디에 사는지 아나요?"

안젤로는 마이클 파머 재판의 다른 피의자 가족들이 거주하는 히스패닉계 빈민가로 우리를 데리고 갔다. 가는 도중에 차 안에서 그가 자신에 대해 조금 이야기했다.

그는 그날 밤 그들과 함께 있었으며 치통이 있었던 것 외에는 별반 다르지 않았다. 그의 말에 의하면, 그들은 특별한 계획을 가지고 공원에 간 것은 아니었다. 단지 자극적인 어떤 일을 찾아 나선 것뿐이었다.

"만일 파머가 없었으면, 지르박(jitterbugging)이나 했을 거예요."

지르박이란 갱단끼리 싸움을 의미한다는 것을 이 때 알았다.

우리는 안젤로에게서 많은 것을 배웠고 궁금한 것도 많이 알았다. 이런 특별한 갱에 소속된 청소년들이 모두 그런지 모르겠지만, 지루해하고 외로움을 타며 분노가 가득했다. 그리고 쉽게 흥분하고 흥분될 만한 것을 골라 찾아 다녔다. 의리를 최고로 여기며 그것을 보여주기 위하여 사는 것 같았다.

안젤로는 일을 확실하게 만드는 재주를 갖고 있었다. 그는 밝고 매력있는 소년이었으며 우리를 돕고 싶어 했다. 마일스와 나는 앞으로 어떤 일이 벌어진다 할지라도 안젤로 모랄레스와 계속 연락하기로 했다.

결국 두 시간도 못되어 면회 허가서를 모두 받을 수 있었다.

* * * * * * * *

우리는 안젤로의 주소를 받고 계속 연락하자는 약속을 한 후 헤어졌다. 우리는 다시 차를 운전해 도심으로 들어갔다. 마음으로는 마구 노래하고 있었다. 실제 브로드웨이의 교통혼잡을 다시 통과하면서 신나게 노래를 불렀다. 창문을 완전히 닫고 주일학교 시절에 불렀던 옛날 복음성가를 목이 터져라 불렀다. 오늘 몇 시간 동안에 일어난 믿을 수 없는 기적으로 인해 그리스도의 약속을 붙들고 나간다면 길은 반드시 활짝 열린다는 확신을 다시 한 번 다졌다.

노래하면서 도심을 헤집고 가는 동안 몇 분 후면 문들이 다시 쾅하고 닫힐 것이란 것을 우리가 어떻게 알았겠는가? 왜냐하면 그 서명서를 가지고 갔음에도 아이들을 만나지 못했기 때문이다.

지역 변호사는 우리가 얼마 지나지도 않았는데 다시 나타나자 아주 놀라는 눈치였다. 받아온 서명서를 보여주자 마치 불가능한 것을 본 사람처럼 굴었다. 그는 교도소에 전화해 본 후 그 소년들이 우리를 보기 원한다면 그들을 면회할 수 있을 거라고 말했다.

그런데 전혀 예기치 못했고 생각하지 못했던 난관에 부딪혔다. 그것은 그 소년들이나, 시 공무원이 아니고, 동료 성직자였다. 그 소년들을 담당하고 있는 교도소 목사가 새로운 인성을 만들기 위한 영적 안식에 방해가 된다고 생각했다. 소년들 모두는 "데이빗 윌커슨 목사와 이야기하고 싶다"는 의사를 표명하고 서명까지 했다.

그런데 교도소 목사가 "만날 것이다"라는 말을 지우고 "만나지 않을 것이다" 라고 고쳤다. 그의 결정이 직권남용이라고 시청에 가서 설득해 봤지만 소용 없었다.

또 다시 우리는 혼란스러워졌고, 조지 워싱턴 다리로 향할 수밖에 없었다. 막다른 벽에 부딪힐 건데 왜 그러한 극적인 현상들이 나타났을까?

집으로 가는 길에서 절반정도 온 펜실베이니아 고속도로 톨게이트에 이르렀을 때 갑자기 우리를 둘러싼 어둠 속에서 한 줄기 희망의 빛을 보았다.

"아하!" 내가 소리지르며 졸고 있는 마일스를 깨웠다.

"왜 그러세요? 목사님?"

"바로 그거야."

"뭐 좋은 일 있으세요?"

마일스가 몸을 뒤틀며 다시 눈을 감았다.

희망의 빛은 사람이었다: 내 아버지의 아버지. 희망을 갖고 그분을 다시 방문하여 나를 곤혹케 하는 것을 내려놓게 했다.

5장
할아버지의 영감

"**무**엇을 해야 할지 알아요?" 아내가 내게 물었다.

우리는 할아버지 농장으로 출발하기 전에 주방에서 차 한 잔을 마시고 있었다.

"내 생각에 당신은 위대한 전통의 일부라고 느껴야 할 것 같아요. 스스로를 궁지로 몰아넣지 말구요. 당신은 과거와 다시 소통하려고 하는 것 같은데 그것은 옳아요. 가능한 한 과거와 접촉하세요, 여보. 그것이 당신에게 필요해요."

할아버지에게 전화를 걸어, 뵙고 싶다고 말씀드렸다.

"지금 바로 와도 된다. 얘기 좀 하자구나."

할아버지는 79세이시는데 산전수전 다 겪으신 분이다. 그는 젊은 시절에 이미 전국적인 인지도를 갖고 계셨다. 영국과 독일 혈통이시고, 목사의 아들이자 손자, 아마도 증손자이실 것이다. 그 전통은 서구와 영국에서 종교개혁 초기에 사라졌다.

내가 알기로는 성직자가 기독교회에서 처음 결혼하기 시작한 직후에 윌커슨 일가가 시작되었고 열정적인 사역 또한 시작되었다.

할아버지가 은퇴하신 후 거주하시는 오하이오 주 톨레도 근교 농장까지는 매우 먼 거리였다. 나는 아내가 말했던 대로, 운전하는 동안 대부분의 시간을 나의 과거를 더듬어 보았다. 내 기억은 특히 할아버지와 관련하여 더욱 생생했다.

할아버지는 테네시 주 클리브랜드에서 태어나셔서 20대까지 그곳에서 보내셨다. 그는 젊고 열정적이셨고, 순회 전도자이셨기 때문에 사역의 황금기의 대부분을 말 안장 위에서 보내셨다. 말을 타고 이곳저곳을 다니며 교회를 세우셨고, 성가대 부장과 교회 관리인까지 하셨다.

그는 항상 앞장 서는 분이셨다. 가장 먼저 불을 피우고 쥐를 쫓으며 환기를 시키셨다. 그리고 회중이 도착하면 "나 같은 죄인 살리신" 이나 "죄 짐 맡은 우리 구주" 같은 옛 복음성가를 함께 부르시고 설교를 하셨다.

할아버지의 설교는 정통에서 상당히 벗어나 있었고, 그분의 신념은 당시 사람들에게 충격적이었다. 예를 들어, 할아버지가 젊은 목사였을 때 리본과 깃털 다는 것을 죄악시 하는 분위기였다. 일부 교회의 장로들은 옆구리에 가위까지 차고 다녔다. 만일 어떤 부인이 죄를 뉘우치러 제단에 오면서 모자에 리본을 달고 있으면, 가위가 대신 자기 역할을 했고 "어떻게 옷에 리본을 달고 하나님 나라에 당도하려고 하는가?" 라는 제하의 훈계가 뒤를 이었다.

그러나 할아버지는 이런 부류의 것들에 대해 마음을 바꾸셨다. 연세가 드셔서는 "양고기 학교" 라는 전도자 학교를 만드셨다.

할아버지는 종종 이렇게 말씀하셨다.

"당신들은 개를 이기는 것처럼 사람들을 이길 수 있습니다. 오래된 뼈를 물고 거리를 지나가는 개를 볼 수 있을 것입니다. 당신은 그 뼈를 빼앗거나 그렇게 하는 것은 좋지 않다고 말할 필요가 없습니다. 그렇게 하면 그 개는 당신에게 으르렁 거릴 것입니다. 왜냐하면 그것은 그 개가 가지고 있는 전부이기 때문입니다. 그러나 살이 많이 붙어 있는 양고기를 던져주면 뼈를 버리고 그 양고기를 물고는 꼬리를 흔들어댈 것입니다. 그러면 당신은 친구를 얻을 것입니다. 당신은 사람들에게서 뼈를 빼앗지 않고 양고기를 던져줄 것입니다. 진정한 고기와 생명을 던져줄 것입니다. 나는 사람들에게 새로운 시작을 말할 것입니다."

할아버지는 교회 뿐만 아니라 천막 집회에서도 설교하셨고, 오늘날 전국 도처에 가는 곳마다 나이 든 제이 윌커슨이 그러한 집회를 어떻게 인도하셨는지에 대한 이야기를 들을 수 있었다.

예를 들어, 한번은 롱 아일랜드 자마이카에서 설교하셨다. 독립기념일 주말이어서 많은 사람들이 휴일을 즐기느라 꽤 많은 사람들이 모였다. 그 날 오후, 할아버지는 철물점을 운영하는 친구를 방문하셨다.

그 친구분은 할아버지에게 신제품 폭죽을 보여주셨다. 그것은 발로 밟으면 불꽃과 연기를 일으키는 제품이었다. 그는 독립기념일에 대량 판매될 것으로 기대하고 계셨다. 할아버지는 그 제품에 흥미를 느끼셔서 소량을 구입하여 주머니에 넣어 보관하고는 잊어버리셨다.

할아버지는 그리스도 안에서의 새 생명에 관해 말씀하셨지만 지옥에 대해서도 언급하셨고, 그 장소가 어떠한지에 대해 상당히 생생하게 설명하셨다.

그 날 밤에도 이러한 줄거리를 가지고 설교하고 계셨다. 그런데 무의식 중에 코트 주머니에 손을 넣었다가 그 폭죽 재료가 있다는 것을 알았다. 할아버지는 재빨리 그 가루를 한 움큼 꺼내어 강단 뒤쪽에 뿌렸다. 자신의 뒤에서 연기가 올라오고 강단위에서 딱딱 소리를 내며 불꽃이 연신 튀어 올라왔지만 아무것도 모른다는 듯이 무표정한 얼굴로 지옥에 관해 계속 이야기하셨다. 할아버지가 지옥에 관해 말씀을 전할 때 회중들은 연기 냄새를 맡고 불꽃을 볼 수 있었다.

* * * * * * * *

사람들은 내 아버지가 할아버지와 동일한 분이 되실 거라고 기대하셨다. 그러나 아버지는 완전히 다르셨다. 그는 전도자라기보다는 목회자이셨다. 할아버지는 전국을 다니며 설교하셨기 때문에 아버지는 안정된 가정 분위기를 못 느낀 채 성장하셨고, 이것이 그분의 사역에 영향을 미쳤다.

할아버지는 매일 밤 새로운 교회를 순회하셨지만, 아버지는 평생 사역하면서 네 곳의 교회에서만 목회하셨다. 그는 탄탄하고 안정된 교회를 이루셨고 바로 그 교회들 내에서 어려움 중에도 가장 사랑받고 선호하는 목회자가 되셨다.

우리가 피츠버그에 살고 있을 때 어느 날 아버지가 이런 말씀을 하셨다.

"내가 생각하기에 교회가 세워지려면 두 종류의 설교자가 있어야 한다. 그런데 사람들의 교만을 깨뜨리는 할아버지의 능력이 너무 부럽다. 이 교회에서도 그것이 필요하다."

우리가 이러한 상황을 인식했고, 그 다음에 할아버지가 그것을 간파하셨다(할아버지는 항상 사람의 폐부를 찌르셨다.)

아버지가 목회하시는 교회는 피츠버그의 아름다운 교외에 위치하고 있었다. 그 곳에는 그 도시의 은행가, 변호사, 그리고 의사들이 살아서 오순절 교회와 어울리지 않는 환경이었다. 왜냐하면 오순절 교회는 일반적으로 조금 시끄럽고 엄숙함이 없기 때문이다. 이러한 상황을 고려하여 우리는 오순절 교회의 분위기를 약간 배제시켰다. 그런데 할아버지는 우리가 잘못하고 있다고 일침을 가하셨다.

할아버지가 이번에 방문하셨을 때, 교회의 모든 교우들은 이웃들처럼 조용하고 상류사회 사람들처럼 살려고 했다.

"죽어 있어. 인간적인 신앙이 사람에게 생명을 줄 수 있을까!"

할아버지가 말씀하셨다.

아버지는 어깨를 으쓱거렸고 동의해야만 했다. 그리고 그는 실수를 하셨다. 할아버지에게 다음 주일 저녁설교를 부탁하신 것이었다.

나도 그 예배에 함께 있었는데, 할아버지는 강단에 올라가시면서 먼저 더러운 방한용 부츠를 벗어 강단 오른쪽 난간 정중앙에 놓으셨다! 할아버지가 일어서시더니 놀란 교인들을 바라보며 말씀하셨다.

"지금, 더러운 방한용 부츠가 강단 난간에 있어서 불편하신가요? 제가 여러분의 아름다운 교회를 좀 더럽혔죠. 제가 여러분의 자존심에 상처를 입혔죠. 제가 만일 여러분에게 이런 질문을 한다면 여러분은 자존심 상하지 않았다고 말할 겁니다."

아버지는 바짝 긴장하셨다.

할아버지가 아버지를 보며 말씀하셨다.

"어서 서둘러요. 이 교회에 무엇이 필요한지 보여주죠. 이 교회의 집사들은 어디있나요?"

집사님들이 손을 들었다.

"모두 흩어져서 창문을 열어 주세요. 우리는 소음을 만들 준비를 하고 있습니다. 일요일 밤 자신의 집 소파에 앉아있는 은행가와 변호사들은 여러분이 여러분의 신앙으로 인해 얼마나 기쁜지를 들을 수 있어야 합니다.

여러분은 오늘밤 이웃에게 설교를 하고 있는 겁니다."

할아버지는 그곳에 있는 모두에게 일어서도록 요구하셨다. 모두가 일어났다. 이제는 장단에 맞추어 박수를 치도록 하셨다. 그는 15분 동안 박수를 연습시키고 고개를 끄덕여 멈추게 하셨다. 그리고 노래를 시키셨다. 우리는 제자리 행진을 하며 박수를 치고 노래를 불렀고, 우리의 속도가 조금 느려지자 창문을 조금 더 여셨다.

내가 아버지를 쳐다 보았는데 '우리는 결코 그렇게 하지 못할 것이고 일어나고 있는 모든 일은 다 좋은 것이다' 라고 생각하시는 것 같았다. 그리고 누구보다도 더 크게 노래를 부르셨다. 그것은 꽤 괜찮은 예배였다.

다음날 아버지는 이웃의 첫 번째 반응을 듣게 되었다. 볼 일이 있어서 은행에 가셨다가 이웃을 만난 것이었다. 아버지는 그냥 돌아서려 했지만, 그 은행직원이 아버지를 불렀다.

"안녕하세요, 윌커슨 목사님." 그가 난간 뒤로 부르더니 말했다.

"지난밤에 교회에서 노랫소리가 들렸어요. 모두가 그것에 대해 이야기하고 있어요. 우리는 교회에서 노래하는 것을 들었고, 우리는 교회에서 그렇게 해 주기를 기다렸어요. 그것은 우리 이웃에서 일어난 일 중에 최고였습니다."

* * * * * * * *

그 후 3년 동안 교회 안에는 자유와 힘이 넘쳤고, 여기서 나는 큰 교훈을 얻었다.

"오순절 설교를 해야 한다."

할아버지는 나중에 더러운 부츠 예배에 대해 말씀하면서 언급하셨다.

"다른 모든 것을 빼앗겼을 때, 오순절은 능력과 생명을 상징한다. 오순절에 성령이 임하셨을 때 그러한 현상이 나타났다."

"그리고."

할아버지는 주먹으로 자신의 손바닥을 치며 계속 말씀하셨다.

"네가 능력과 생명을 소유하고 있으면 너는 강건할 것이며, 네가 강건할 때 아마도 어떤 소동을 일으킬 수 있다. 그것은 너에게 좋은 것이며 너의 부츠를 더럽힐 것이다."

할아버지에게 부츠를 더럽히는 것은 더럽고 궁핍한 사람들의 거처를 걸어서 신발 바닥이 더러워지는 것 뿐만 아니라 무릎을 꿇고 발 등을 질질 끌며 걷는 것을 의미했다.

할아버지는 기도의 사람이셨고, 온 가족이 그분처럼 되었다. 그는 아버지가 기도하는 사람이 되도록 양육하셨고, 아버지도 나를 그렇게 키우셨다.

"데이빗," 일전에 할아버지가 지나가는 말로 내게 물으셨다.

"넌, 어려움에 빠졌을 때 기도하면서 담대하게 도움을 요청하느냐?"

처음에는 그것이 이상한 질문처럼 보였다. 그런데 할아버지가 대답을 요구하시자 중요한 어떤 것을 깨닫게 하는 것을 알았다.

종종 나는 부모님과 집 혹은 음식과 교육처럼 나의 길에 주어진 좋은 것에 대하여 하나님께 감사를 드렸다. 그리고 주님께서 어느 날에 어떤 방식으로 나를 통해 일하시기를 일반적이고 애매모호하게 기도 드렸다. 하지만 특별한 도움을 요청하는 기도는 거의 한 적이 없었다.

할아버지는 조금의 틈도 주지 않고 나를 보시면서 말씀하셨다.

"데이빗, 네가 공개적으로 특별한 기도를 드리는 방법을 배우는 날은 네가 능력을 발견하는 날이 될 것이다."

나는 그 말씀을 전혀 이해하지 못했다. 내가 당시 열두 살 소년이었기 때문이고, 부분적으로는 그 개념이 본능적으로 두려웠기 때문이었다. 공개적으로 특별한 것을 요청하라고 말씀하셨다. 이것은 내가 이러저러한 것을 요청했다는 것을 다른 사람들에게 알게 하라는 것을 의미했다. 그것은 기도가 응답되지 않는 위험을 감수하라는 것을 의미했다.

할아버지가 말씀하신 것의 의미를 나는 어느 두려운 날에 우연히 깨달았다. 내 어린 시절 내내 아버지는 매우 편찮으셨다. 십이지장 궤양을 앓으셨고 10년 이상을 고통 가운데 지내셨다.

어느 날, 학교를 마치고 집에 가다가 앰뷸런스가 요란한 소리를 내며 지나가는 것을 보았다. 우리 집에서 한 블록 가량 떨어진 거리에 이르렀을 때 그 차가 어디를 향하고 있었는지 알았다. 그 거리에서도 아버지의 비명소리를 들을 수 있었다.

교회의 장로님들이 거실에 엄숙하게 앉아계셨다. 의사는 아버지가 계신 방에 내가 들어가지 못하도록 했고, 어머니가 거실로 나오셨다.

"엄마, 아빠가 죽는 거예요?"

어머니는 나를 바라보시다가 사실을 말해줘야겠다는 결단을 내리셨다.

"의사 선생님 생각에는 아빠가 두 시간 정도 더 사실 수 있을 거란다."

나는 그 순간 아버지로 인해 고통의 울음을 터뜨릴 수밖에 없었고, 어머니는 내 어깨를 꽉 안아주시고는 방으로 얼른 들어가셨다.

"저 여기 있어요."라고 어머니가 문을 닫으면서 말했다.

그러나 문이 닫히기 전에, 의사가 왜 아버지가 계신 방에 들어가지 못하게 한 이유를 알았다. 침대보와 바닥이 피가 흥건했다. 그 순간에 할아버지의 약속이 기억났다.

"공개적으로 특별한 기도를 드리는 것을 배우는 날은 네가 능력을 발견하는 날이 될 것이다."

사람들이 앉아있는 거실로 가서 아버지가 쾌유하시도록 기도하겠다는 것을 알려야겠다고 잠시 생각했다. 하지만 그렇게 할 수 없었다. 내 믿음이 그렇게 나타나기에는 너무 바닥에 있었기 때문이다.

할아버지의 말씀을 무시하면서 할 수 있는 한 빨리 사람들이 있는 곳에서 도망치듯이 빠져나왔다. 지하로 달려 내려가서 석탄창고에 들어가 문을 잠그고 그곳에서 기도를 하며 믿음이 부족한 것을 채우려고 가능하면 큰소리로 부르짖었다.

우리 집이 뜨거운 공기로 데워졌고, 석탄창고 옆의 화덕에서 파이프 같은 큰 트럼펫이 나와 각 방으로 뻗어나갔다. 내 목소리가 그러한 파이프들을 통해 흘러나가 거실에 앉아있는 교회 사람들이 갑자기 벽에서 나오는 격정적인 목소리를 들었다. 의사가 그것을 들었다. 죽음의 침대에 누워계시던 아버지도 그 기도를 들으셨다.

"데이빗을 데리고 와요." 아버지가 작은 목소리로 속삭이셨다.

나는 위층으로 뛰어 올라가 장로님들의 앞을 지나 아버지 방으로 들어갔다. 아버지는 브라운 박사님에게 잠시 거실에 나가 있게 하고 어머니에게 마태복음 21장 22절을 큰소리로 읽게 하셨다. 어머니는 성경을 펴서 그 말씀을 찾았다.

"너희가 기도할 때에 무엇이든지 믿고 구하는 것은 다 받으리라 하시니라." 어머니가 그 성경구절을 읽으셨다.

이 때 나는 극도로 흥분되었다.

"어머니, 아버지를 위해 그 성경 말씀을 적용해 볼 수 있을까요?"

아버지가 기진맥진해 침대에 누워계시는데, 어머니는 그 성경구절을 계속 읽으셨다. 어머니는 그것을 수십 번 이상 읽으셨다.

어머니가 그것을 낭독하고 계실 때 나는 의자에서 일어나 아버지 침대로 가서 아버지 이마에 손을 얹었다.

"예수님, 예수님, 예수님이 말씀하신 것을 믿습니다. 아빠를 낫게 해 주세요!"라고 기도했다.

이번에는 한술 더 떠서 문을 열고 더 크고 분명하게 말했다:

"브라운 박사님, 이리 오세요. 제가 예수님께 아빠를 낫게 해달라고 믿음으로 기도했어요."

브라운 박사님은 열두 살 소년의 진지함을 보고서 따뜻하고 동정 어린 미소를 지은 후 도저히 믿을 수 없다는 듯한 미소를 보이셨다.

그런데 아버지를 진찰한 후 그 미소는 먼저 당황함으로 변했고 곧 놀라움으로 나타났다.

"엄청난 일이 일어났네." 하고 그가 말했다.

그의 목소리는 내가 들을 수 없을 정도로 작았다.

브라운 박사님은 의료기구를 꺼내 떨면서 아버지의 혈압을 측정했다.

"케네스, 어때요?"

아버지의 눈꺼풀을 올려보고 배를 만져본 후, 혈압을 다시 확인하고 나서 그가 말했다.

"내 속에서 힘이 나는 것 같아요."

"케네스, 나는 그저 기적을 봤어요." 의사 선생님이 말했다.

* * * * * * * *

　나의 아버지는 기적적으로 침대에서 일어나셨고, 동시에 나는 기도로 궁지에서 벗어나는 능력에 대해 의심하지 않게 되었다. 이것은 그 날 할아버지 농장으로 운전해 가면서 떠올린 많은 기억들 중 하나였다.

　할아버지는 나를 반기시는 만큼 경고도 하셨다. 그는 이제 움직임이 좀 둔해지셨지만 정신은 민첩하고 지혜는 더 날카로워지셨다. 그는 오래되고 등받이가 높은 직각 의자에 걸터앉아 기대고는 내 이상한 경험을 주의 깊게 들으셨다. 단지 몇 차례 물어만 보시면서 한 시간 내내 내 말을 들으셨다. 이야기를 끝내고 나서 한 가지 질문을 드렸다.

　"이런 일이 왜 일어났을까요, 할아버지? 살인사건 재판 중에 있는 소년들을 도우라는 부르심이 정말 있었을까요?"

　"아니, 그렇게 생각하지 않는다." 하고 할아버지는 말씀하셨다.

　"하지만 많은 일들이…" 내가 다시 말하려고 했다.

　할아버지는 계속해서 말씀하셨다.

　"내가 생각하기에 그 문은 더 이상 열 수 없을 정도로 완전히 닫혔다, 데이빗. 하나님께서는 네가 그 소년들을 만나기 위하여 오랫동안 시도하라고 이끄시는 것 같지는 않다. 그 이유를 말하마.

　네가 만일 그 소년들을 지금 만났다면, 너는 뉴욕에서 그 소년들을 위한 너의 의무를 다했을 것이라고 생각할 것이기 때문이다. 내 생각에는 너를 위한 더 큰 계획이 있어."

　"무슨 말씀이세요?"

　"내가 느끼기에 데이빗, 너는 그 일곱 소년들만 보았지 그들과 같은 수천 명의 소년들은 생각하지 않았다."

할아버지는 잠시 침묵하시고는 다시 말씀하셨다.

"뉴욕의 혼란과 두려움 그리고 외로움에 빠져있는 수천 명의 소년들 말이다. 그들은 네가 돕지 않으면 살인을 저지를 수도 있다. 내가 느끼기에 네가 할 필요가 있는 유일한 것은 너의 지경을 넓히는 것이다."

할아버지는 그런 식으로 나에게 영감을 주셨다.

가능하면 나는 빨리 그 도시에서 멀어지기를 바라고 있었는데, 갑자기 다시 그곳으로 돌아가 사역을 하고 싶어졌다. 할아버지에게 이 같은 것을 말씀드리자 단지 미소만 지으셨다.

"이런 따뜻한 주방에 앉아서 나이 많은 할아버지에게 말하는 것은 쉬운 일이다. 그러나 비전을 품기 전에 그 소년들에 관한 것들을 더 많이 접촉해 보아라. 그들은 증오와 죄악으로 가득 차 있고, 네가 알고 있는 것보다 더 심각할 것이다. 그들은 단순한 소년들이 아니다. 살인, 강간, 그리고 동성애가 무엇인지 안다. 네가 그들과 만났을 때 그러한 것들을 어떻게 잘 다루겠느냐?"

나는 정직하게 대답할 수가 없었다.

"내 생각은 이렇다, 데이빗. 이러한 것들을 보지 말고 복음의 핵심에 너의 눈을 고정시켜야 한다. 어떻게 생각하느냐?"

할아버지를 바라보며 말했다.

"그것에 대해서는 할아버지의 설교를 통해서 충분히 들었습니다. 복음의 핵심은 변화입니다. 즉, 변형(transformation)이죠. 다시 태어나 새로운 삶을 사는 것입니다."

"암기라도 한 것처럼 줄줄 말하는구나, 데이빗. 주님께서 그것을 행하시는 것을 볼 때까지 기다려라. 그 때 너는 더 흥분하게 될 것이다. 이론은

이론일 뿐이다. 그리스도의 메시지의 핵심은 매우 단순해. 진정한 분이신 하나님과의 만남은 변화를 의미한다."

할아버지가 신체적으로 점점 더 힘들어하시는 것을 보니 대화를 끝내야 할 때가 온 것 같았다. 할아버지는 의자에서 일어나 몸을 곧게 펴시고는 문쪽으로 걸어가셨다. 내가 느끼기에 지금 우리의 대화에서 가장 중요한 부분은 마무리를 하는 것이었다.

할아버지는 농장문에 손을 대신 채 말씀하셨다.

"데이빗, 네가 경험이 전혀 없는 그 도시와 마주치는 것이 여전히 걱정이 된다. 너는 지금껏 안락하게 살았다. 험악한 상황을 만나면 너는 암담해질 수 있어."

"알다시피······" 할아버지는 나와 그리 연관이 되어 있지 않은 것처럼 보이는 이야기를 시작하시려는 것 같았다.

"얼마 전에 언덕을 걸어가다가 큰 뱀을 보았단다. 그 두께가 8센티나 되고 길이는 1미터 30센티나 되었다. 그것이 끔찍한 모습을 하고 뙤약볕 아래에 누워 있었다. 난 너무 무서워서 한 동안 꼼짝할 수가 없었는데 거기서 기적을 목격했다. 새로운 출생을 보았어. 나이 든 뱀이 자신의 허물을 벗어서 뙤약볕 아래 남겨놓고는 새롭고 정말 아름다운 모습으로 변했단다."

"네가 그 도시에서 새로운 사역을 시작하면 그 소년들의 외적인 모습 때문에 암담할 수가 있다. 그러나 하나님은 그렇지 않으시다. 하나님은 그들이 옛 허물을 벗고 그곳에서 벗어나기를 기다리고 계신다. 하나님은 새로운 사람으로 나타나기를 기다리며 갈망하신다. 데이빗, 뉴욕 거리에서 뱀을 보면 그 사실을 절대로 잊지 말거라."

6장
뉴욕을 향한 나의 꿈

나중에 뉴욕으로 운전해서 갈 때는 마음 자세가 달랐다. 살인사건 재판 중에 있는 소년들을 돕겠다는 단순한 사명을 가진 사람이 더 이상 아니었다. 그러나 만일 다른 어떤 것을 하려고 한다면 나는 그 일에 대한 그림이 분명해야만 했다.

그것은 마치 반만 기억나는 꿈처럼, 내가 이해한 것과는 어긋난 비전이었다. 루이스와 그의 친구들에게 주어야 할 어떤 특별한 도움과 관계가 있다는 것만 알 뿐이었다.

그러는 동안에 루이스 갱단과 연락할 단 한 번의 기회도 놓치고 싶지 않았다. 선고가 내려졌다. 그들 중 루이스를 포함해 네 명은 수감되었고 세 명은 석방되었다. 세 명 중 한 명은 정신 치료소로 보내졌고, 다른 한 명은 부모가 다른 도시로 보냈다. 그리고 마지막 한 명은 집으로 돌아가서 그와 연락하기로 마음 먹었다.

125번가에 도착했는데, 다른 문패가 붙어 있었다. 아무튼 노크를 하자 그 소년의 어머니가 대답을 했다. 그녀는 지난 번에 내가 방문했던 것을 기억하고는 반갑게 맞아주었다.

"어서 오세요." 그녀가 말했다.

"우리가 왜 이름을 바꿨는지 이해하실 거예요. 늘 분노가 가득 찬 사람들이 문 앞에 들이닥쳤어요. 그들이 벽에 이렇게 써놓기도 했죠. 네 아이를 데리고 이 마을을 떠나라, 그렇지 않으면 네 아들은 죽을 것이다."

방 4개짜리 아파트인데 신문이 거실의 의자, 소파 그리고 커피 테이블에 엄청 쌓여 있었다. 그것들은 모두 재판과정 관련 내용을 담고 있었다.

"윌커슨 목사님, 매일 신문을 펼쳐서 제 아이의 사진을 보고 살인사건 재판과정이 어떻게 진행되는지 살펴보는 것이 어떤 것인지 모르실 거예요. 이웃들이 이 신문들을 우리 집으로 가져와서 불평을 했죠. 남편 직장으로도 가져가서 그렇게 했어요."

우리는 히스패닉 튀김요리 냄새가 진동하는 주방으로 가서 앞으로의 계획에 관해 이야기했다.

"여기에 계속 머무실 건가요?" 내가 물었다.

"떠나고 싶지만 남편 직장 때문에 어려워요."

"하지만 여기 있으면 아드님이 위험합니다."

"알아요."

"아드님을 펜실베이니아로 보내서 우리 가족과 같이 있게 하시겠어요? 모두 환영할 거예요."

"아니예요." 그 불쌍한 여인은 음식을 갖다 주면서 말했다.

"우리 아들이 교도소에서 돌아오면 여기서 먼 곳으로 보내겠지만 절친한 사람들과 함께 있게 될 거예요. 아무도 그를 알아보지 못하는 곳으로 보내고 싶어요. 결코 살아본 적이 없는 곳으로 보내야 되겠죠."

30분 후에 자리에서 일어나 문가에서 작별인사를 하다가 그녀가 말한 낙서를 봤다. 벽에 노란색 분필로 휘갈겨 쓴 것이었다. 누군가가 지우려고 시도했지만 여전히 알아 볼 수는 있었다.

"아니면, 네 아들은 죽을 것이다."

다시 또 루이스 갱단의 소녀들과 접촉하지 못하게 되었다.

이와 같이 길이 막히는 데는 어떤 뜻이 있을 거라고 생각했다. 아마도 그것은 나를 사로잡는 꿈일 것이다. 겉보기와는 달리 그리고 준비되지 않고 의지도 없는 것과는 달리, 나는 퀘이커교도들(Quakers, 17세기에 등장한 기독교의 한 종파로 친우회란 뜻을 가지며, 이름은 '하나님 앞에서 떤다' 는 조지 폭스의 말에서 유래함-역주)이 책임 꾸러미(bundle)라고 부르는 것을 찾는 여정에 어쩔 수 없이 직면하기 시작했다.

"주님," 125번가 지역을 떠나 차로 향하면서 내가 다시 간절히 불렀다. "만일 이 지역에서 저를 위해 역사하신다면 그것이 무엇인지 가르쳐 주세요."

* * * * * * * * *

이것은 뉴욕 거리에서의 넉 달 동안 여정의 시작이었다.

1958년 3월부터 6월까지 매주 쉬는 날마다 운전하고 돌아 다녔다. 아침일찍 일어나서 8시간을 달려 이른 오후 뉴욕에 도착했다. 그리고 늦은 밤까지 뉴욕의 거리를 배회하다가 다음 날 이른 아침에 집으로 돌아왔다.

이것은 결코 쉬운 여정이 아니었다. 나 자신을 떠나 다른 사람에게 매이는 것이 삶의 목적이 되는 것에 대한 느낌은 본질적으로 그 어떤 것보다 신비로웠다. 나 자신을 열어 놓고 방향이 분명해질 때까지 재삼재사 그 도시로 돌아가는 것 외에는 방법이 없었다.

넉달째의 첫날 밤을 잊을 수가 없다. 마리아의 작은 지하방에서 그녀와 헤어지기 전에 그녀가 말했다. 그녀는 뉴욕 전체에서 가장 거칠고 가장 잔

인한 동네는 브루클린의 베드-스타이 지역이라고 했다.

"목사님, 뉴욕에서 가장 극악한 곳을 보려면 브루클린 다리를 건너가 봐야 돼요."

'내가 정말 뉴욕에서 가장 극악한 곳을 보고 싶어 하는가?'

난 확신이 없었다. 그러나 나의 내면 깊은 곳에는 파머 살인사건 재판의 일곱 명의 피의자들이 자리잡고 있었다.

만일 할아버지가 제안한대로 더 많은 경험을 하려면 먼저 내 눈을 낮춰야만 했다. 그래서 브로드웨이 도심으로 가서 타임스퀘어를 거쳐 마일스와 내가 머물렀던 마티니크를 지나 브루클린 다리로 갔다. 반대편인 베드-스타이 지역으로 가는 길을 경찰에게 물어 파악했다.

그것은 지구상에서 평방 미터당 살인자가 가장 많은 지역일 것으로 추정되는 지역의 중심부로 들어가는 길이었다. 차를 몰고 그 거리로 처음 들어갔을 때, 이 거리들이 언젠가는 가족이 있는 필립스버그의 친숙한 거리만큼 익숙하게 될 것을 전혀 알지 못했다.

베드-스타이는 원래 책임의식이 강한 중산층 가정이 모여 사는 곳으로, 집들은 3층에 위치해 있었다. 그러나 지금은 흑인들과 푸에르토리코인들의 집단 거주지가 되었다.

3월의 어느 날 밤, 그 지역에 갔을 때 호된 추위가 몰아치고 있었다. 주차할 공간을 찾기 위해 여러 블록을 찾아 헤매야 했다.

그 도시는 청소를 늦게 하는 편이어서 대부분의 차들 사이에 더러운 눈이 쌓여 얼어붙어 있었기 때문에, 그 눈더미와 미끄러운 쓰레기더미 때문에 걸어가기가 아주 위험했다. 혼자서 그 거리를 오가면서 나의 안전지대에서 벗어나 전혀 알지 못하는 수준의 삶을 지켜보며 접촉했다.

술취한 사람이 눈으로 뒤덮인 인도에 누워 있었다. 코너에 있는 경찰에게 신고하자, 그는 어깨를 으쓱거리면서 가보겠다고 말했다. 하지만 한 블록 가량 가서 뒤를 돌아보았더니 그 경찰은 야광봉만 흔들면서 여전히 거기서 빈둥거리며 서 있었다.

두 소녀가 문을 열고 서서 말했다. "이봐요, 아저씨. 친구 찾아요?"

그 거리 건너편 캔디가게 주변에서 십대소년들이 배회하고 있었다. 그들은 가죽 재킷을 입고 있었는데 등에는 기이한 무늬가 스텐실(stencil)로 디자인되어 있었다. 그들에게 말을 걸고는 싶었지만 주저하게 되었다.

'그들이 내 말을 들을까? 나를 비웃고 밀쳐내지나 않을까?'

결국 그 날 밤에 그 거리를 건너지 못했다. 혼자 좀 더 걸으면서 술집과 가득 찬 쓰레기통들을 지나 상가 교회와 파출소를 거쳐 갔고, 거대한 공영 아파트 단지를 지나쳤다. 창문과 전구들이 깨져 있었고, 거무스름해진 눈 속에 "깨진 유리 주의" 사인이 붙어 있었다.

차로 돌아오는 길에 세 번이나 총소리를 들었다. 그리고 실수했다는 생각이 들었다. 왜냐하면 흥분되거나 심지어 흥미를 끄는 복잡한 거리가 없었기 때문이다. 몇 분 후에 경찰차가 총성이 들린 거리로 사이렌을 울리며 몰려들었다. 그들이 피를 흘리는 한 사람을 부축하여 싸구려 여관에서 데리고 나올 때 여섯 명만이 구경하고 있었다. 베드-스타이에서 어깨에 총 한 발 맞은 것 가지고는 사람들이 몰려들지 않았다.

나는 차로 돌아가 오래된 셔츠로 창을 가리고 누워서 차 깔개를 덮고 잠을 청했다. 오늘날에는 상황을 잘 알기 때문에 차에서 잠복하지 않는다. 그러고 있는 사람은 성인 흉악범이나 십대들에게 표적이 될 뿐더러, 심지어 어린 아이들의 범죄대상으로까지 여긴다.

그들 중에는 십대 갱들 주변에서 겉도는 10세 가량 아이들도 있다. 이 어린 아이들도 매우 위험하다. 자신들을 보호하기 위해 폭력에 길들여져 있기 때문이다. 그들은 칼과 총을 자유자재로 잘 사용하면 주류에 들어가게 된다고 생각한다. 아이들이 두려웠지만, 아침에 무사히 눈을 떴다. '그것은 나의 순진함의 결과인가, 아니면 잠을 청할 때마다 암송하는 시편 91편 말씀 때문인가?'

지존자의 은밀한 곳에 거주하며 전능자의 그늘 아래에 사는 자여, 나는 여호와를 향하여 말하기를 그는 나의 피난처요 나의 요새요 내가 의뢰하는 하나님이라 하리니 이는 그가 너를 새 사냥꾼의 올무에서와 심한 전염병에서 건지실 것임이로다 그가 너를 그의 깃으로 덮으시리니 네가 그의 날개 아래에 피하리로다 그의 진실함은 방패와 손 방패가 되시나니 너는 밤에 찾아오는 공포와 낮에 날아드는 화살과 어두울 때 퍼지는 전염병과 밝을 때 닥쳐오는 재앙을 두려워하지 아니하리로다 천 명이 네 왼쪽에서 만 명이 네 오른쪽에서 엎드러지나 이 재앙이 네게 가까이 하지 못하리로다 오직 너는 똑똑히 보리니 악인들의 보응을 네가 보리로다 네가 말하기를 여호와는 나의 피난처시라 하고 지존자를 너의 거처로 삼았으므로 화가 네게 미치지 못하며 재앙이 네 장막에 가까이 오지 못하리니 그가 너를 위하여 그의 천사들을 명령하사 네 모든 길에서 너를 지키게 하심이라 그들이 그들의 손으로 너를 붙들어 발이 돌에 부딪히지 아니하게 하리로다 네가 사자와 독사를 밟으며 젊은 사자와 뱀을 발로 누르리로다 하나님이 이르시되 그가 나를 사랑한즉 내가 그를 건지리라 그가 내 이름을 안즉 내가 그를 높이리라 그가 내게 간구하리니 내가 그에게 응답하리라 그들이 환난 당할 때에 내가 그와 함께 하여 그를 건지고 영화롭게 하리라 내가 그를 장수하게 함으로 그를 만족하게 하며 나의 구원을 그에게 보이리라 하시도다(시 91편).

이 넉달의 여정 동안 나는 조금씩 그 거리를 파악해 갔다. 마리아와 안젤로는 이 과정에서 큰 도움이 되었다.(루이스 알바레즈 아파트 계단에서 마주친 이후로 꾸준히 안젤로와 연락하고 있었다.)

"안젤로, 이 도시에 사는 소년들의 가장 큰 문제는 뭐라고 생각하나요?" 빈민가를 그와 함께 걷다가 물어보았다.

"외로움이지요." 안젤로가 바로 대답했다.

그런데 이상한 대답이었다. 8백만이 사는 도시에서 외로움이라니.

그러나 안젤로 말에 의하면, 그 감정은 아무에게도 사랑받지 못했기 때문이라 했고, 갱단에 속해 있는 친구들 모두가 근본적으로 외로움을 많이 느낀다고 말해줬다.

이 소녀들의 문제에 연루되기 전까지만 해도, 거리의 십대 갱들이 무엇인지 전혀 몰랐었다. 내가 피츠버그에서 자랄 때에도 그런 종류의 갱들이 있었고, 그 아이들은 방과 후에 함께 모여 빈 공간에 클럽하우스를 만들었다는 것을 알았었다. 클럽하우스는 아이들의 연령과 성격에 따라 다소 달랐지만 활동은 거의 비슷했다. 대화는 단순한 주제거리인 이성, 자동차, 스포츠 그리고 부모님에 관한 것이었다. 내가 생각하기엔 어른들에게서 주워들은 이야기를 가지고 그들의 세상을 경험해 보고 싶어하는 것이 보통이다.

뉴욕에는 클럽하우스와는 조금 다른 것이 있는 십대 갱들이 있다. 그들의 삶은 폭력, 난투 혹은 성놀이로 가득하다. 이들은 폭력과 절대 분리될 수가 없다. 어떤 때는 싸움을 하기 위해 두 달을 계획한다. 어느 날엔 오후 2시에 열 명의 십대 갱들이 거리 구석에서 맥주를 마시고 있었고, 결국 몇 시간 후에 그 소년들 중 한 명은 죽고 두 명이 병원으로 실려 가는 일이 있었다.

　라이벌 갱단 간에 큰 싸움과 강간이 일어나면 그런 일들이 일어나고 또 다른 싸움이 시작된다. 뉴욕에는 다양한 종류의 특수 갱단들이 있다. 사교모임 갱단과 호전적인 갱단에 더하여 동성연애 갱단, 레즈비언 갱단 그리고 가학성애자 갱단이 있다. 나는 그 소년들을 개인적으로 더 많이 알아가면서, 방과 후에 그들이 빈 아파트에서 벌이는 파티에 관해 더 많이 파악을 했다. 예를 들어, 그들은 함께 모여 윤간(한 여자를 여러 남자가 돌려 가며 강간하는) 파티를 가진다. 또 어떤 아이들은 성교 파티를 한다. 그 소년들의 말에 의하면, 그들은 종종 공원 컴컴한 구석에 한 커플을 중심으로 둘러앉고 그 커플이 성행위를 할 때 함께 자위행위를 연습한다.

　십대 갱의 생활은 많은 외설잡지들에서 모방한 것들이다. 이 소년들 중 많은 수가 지갑에 숨겨 두었던 외설잡지 샘플을 나에게 보여주었다. 거리 구석에서 판매되는 누드잡지가 아니라 소년들과 소녀들의 성행위 그리고 동물과의 성행위에 관한 그림과 사진이었다. 그들은 때때로 오후에 지하 클럽하우스에서 시간을 보내면서 그 사진대로 실행해 본다.

* * * * * * * * *

　싸움과 혼음 그리고 성행위 같은 행동보다 더 심각하고 무서운 게 있다. 그것이 바로 마약 중독이다.

　나는 서둘러 학교 주변의 마리화나 판매상을 살펴볼 수 있는 지점에 갔다. 그들은 대담하고 적극적이었다. 판매에 관해 자유롭게 이야기했고, 그것이 어떤 것인지를 모두 알고 싶다면 대마초를 피워봐야 한다고 권했다.

한 사람에게 병원 침대에서 금단증상 때문에 고통 가운데 몸을 구부리고 있는 한 소년의 사진을 보여주자, 그가 웃었다.

"걱정하지마요. 이 친구는 헤로인을 한 거예요. 마리화나는 전혀 해를 끼치지 않아요. 담배와 별 차이가 없죠. 한 개 줘 봐요?"

'해를 끼치지 않는다고?'

마리화나는 그 자체로는 중독되지 않지만, 헤로인에 빨리 손을 대도록 만든다. 헤로인은 중독성이 가장 강한 마약으로, 마약 사용자들은 마약 밀반입자들이 많이 체포되어 공급이 부족한 때를 두려워 한다.

나는 이 시기에 베드-스타이를 탐험하고 있었다. 어느 거리를 걷고 있을 때, 높고 찢어질 듯한 비명소리가 들렸다. 그런데 어느 누구도 거기에 신경 쓰지 않았다. 그 비명은 계속 되었다.

"누군가 고통스러워하는 것 같은데요."

비명소리가 들리는 건물 1층 창턱에 팔을 얹고서 쉬고 있는 한 여인에게 말했다. 그녀는 고개를 들고 잠시 듣더니 어깨를 으쓱거렸다.

"3층이예요. 끔찍하죠. 그는 스무 살인데 헤로인을 하고 있어요. 중독이 되어 벗어날 수가 없죠." 그녀가 무심하게 말했다.

"누구인지 아세요?"

"어렸을 때부터 알았어요."

"도와줄 방법이 없나요?"

"어떻게요? 죽음만이 도울 수 있을 거예요."

"병원에 데리고 갈 수는 없나요?"

그 여인은 나를 한심하듯이 쳐다봤다.

"선생님,"

잠시 멈췄다가 다시 말했다.

"여기 사람이 아니시군요, 그렇죠?"

"예."

"마약 중독자를 병원에 데리고 가려면 직접 알아보세요."

그곳을 살펴보는 수개월 동안 그러한 말을 계속 듣고 보았다.

뉴욕 전체를 통틀어 마약에 중독된 소년을 도울 수 있는 시설은 리버사이드 병원 한 군데 뿐이었다. 그러한 시설들은 수용인원이 너무 많아 입원순서가 엄청 늦어지게 되거나 아예 불가능했다.

리버사이드 병원에 들어갈 수 없으면, 뉴욕 안에서 유일한 다른 공립병원에 입원지원서를 넣을 수가 있다. 그곳은 특별한 문제를 다루지만 가까이하기 어려운 연방 기관으로 켄터키 주 렉싱턴에 위치하고 있다.

* * * * * * * * *

싸움, 섹스, 마약 중독: 이러한 것들은 뉴욕의 십대 갱들의 필요가 극단적으로 표출된 것이다.

그러나 안젤로가 말했던 대로, 그것들은 깊은 내적 필요의 외적 상징일 뿐이다: 외로움, 어떤 종류의 삶의 의미에 대한 갈망-바로 그것이다.

이 긴 여정 동안에 내가 발견한 가장 슬픈 것은 이러한 소년들의 시각이 불쌍할 정도로 낮다는 점이다. 그들 중 일부에게라도 희망을 찾아보려고 노력했다.

'희망? 삶에서 한 소년의 목표는 겨우 새 모자 구입하는 것인데, 그것을 희망이라고 할 수 있을까?'

챙이 좁은 모자. 모자는 이 소년들의 상징이다. 거리에서 코트를 입지 않고 떨고 있는 소년을 보았다. 하지만 그의 머리에는 멋진 깃털이 달린 25달러짜리 알파인 모자(Alpine hat, 깃털달린 등산모-역주)를 쓰고 있었다.

그들은 여행을 하고 싶다고 했다. 예를 들어, 브루클린 다리를 건너 맨해튼으로 가는 것 말이다. 그것은 모험이 될 것이다! 이 소년들은 자신의 작은 영역에 갇혀 불쌍하게 고립되어 있었다. 맨해튼과 브롱크스(Bronx, 뉴욕시 북부의 한 구-역주)에 있는 라이벌 관계의 갱들이 두려워서 브루클린 다리를 건너보지 못한 청소년들을 수십 명은 보았다.

여러 번 방문을 하면서 점차 어떤 패턴들이 내 눈에 보였다. 그것은 외로움에서 시작하여 갱단끼리의 싸움, 섹스 파티, 마약중독으로 확대되어 수치스러운 모습으로 요절하는 자리에 이르는 삶의 여정이었다.

이게 나만의 착각이 아닌지 확인하기 위해 경찰서를 방문해 사회사업가와 경찰들과 대화해 보고, 공립도서관에서 많은 시간을 보내기도 했다.

뉴욕 십대들의 문제가 너무나도 암담해서 나는 솔직히 그만두고 싶었다. 하지만 바로 그 순간에 성령님께서 나를 찾아오셔서 도움을 주셨다. 성령님은 어떤 극적인 방식으로 돕지 않으시고, 단지 한 가지 생각을 갖게 하셨다. 희미하게 떠오르는 꿈과 같던 나의 비전을 명확하게 해주셨다.

필립스버그로 돌아가면서 주행거리계를 보며 고속도로의 속도 표지판에 차의 속도를 맞추고 있었다. 갑자기 나에게 질문을 하게 되었다.

'이 아이들을 위해 소원 하나를 빈다면 어떤 소원을 빌건가?'

그들이 완전히 거듭나서 새롭고 순수한 인성을 소유한 삶을 영위하는 것이 나의 소원이었다. 그리고 더 바란다면 그들이 증오와 두려움 가운데 사는 것이 아니라 사랑 안에서 성장하는 것이다.

물론 그 소원은 현실로는 불가능했다. 이미 십대가 된 사람들이 어떻게 예전의 모든 것들을 어떤 방법으로 지울 수 있겠는가? 그리고 어떻게 새로운 환경이 그들에게 주어질 수 있겠는가?

'주님, 이것이 주님께서 저의 마음에 심어주신 꿈입니까? 아니면 혼자만의 소망입니까?'

그들이 다시 새롭게 시작할 수 있도록 사랑으로 감싸주어야 한다.

이러한 생각이 뉴욕으로 가라고 처음 명령하셨을 때처럼, 내 마음을 완전히 사로잡았다. 그것과 함께 새롭게 변화된 아이들이 올 수 있는 집의 그림이 떠올랐다. 그 집은 그들의 것이며, 진정으로 환영받고 사랑받을 수 있는 멋진 집이었다. 그들이 원할 때 언제든지 그 집에 거할 수 있게 문은 항상 열려 있고, 많은 공간들, 침대, 입을 옷 그리고 매우 큰 주방이 있을 것이다.

"오 주님," 나는 크게 감격했다.

"얼마나 멋있는 꿈인가요! 하지만 주님, 기적이 필요합니다. 내가 보지 못한 일련의 기적 말입니다."

7장
꿈을 실현하기 위한 첫걸음

일주일 후 뉴욕에 갔는데 마음이 이상했다. 한편으로는 새로운 꿈으로 고양되었고, 한편으로는 깊이 낙담하고 혼란스러웠기 때문이다.

대도시에 있는 원수의 본질을 알면 알수록, 나의 부족한 자질이 더욱 확연히 드러났다. 원수는 뉴욕 빈민가를 구성하고 있는 사회 환경에 숨어 들어와서, 외롭고 사랑에 굶주린 소년들을 덮칠 준비를 하고 있었다. 안전과 자유, 행복 그리고 보복을 쉽게 약속했다. 그는 자신의 약속을 그럴 듯한 이름으로 포장했다. 클럽(club, 살인을 일삼는 갱), 항아리(Pot, 마약), 물고기-점프(Fish-Jumps, 분노로 가득 차 있고 불만족스러운 성적 자극), 지르박(Jitterbugging, 목숨을 건 싸움).

원수는 희생자들의 인성을 파고 들어가서 거의 도달할 수 없는 곳에 자리잡았다. 그는 소년들을 두껍고 단단한 보호벽에 내동댕이치고는 강해지는 것을 자랑스럽게 여기도록 만들었다.

원수의 이런 강함에 비해 내가 얼마나 약한지 생각해 보았다.

나는 그 흔한 무기조차 없었다. 경험도 없었다. 돈도 없고, 나를 뒷받침해 줄 조직도 없었다. 나는 싸움하는 것마저도 두려웠다.

갑자기 일어난 싸움 때문에 두려웠던 기억이 떠올랐다. 내가 소년시절에 피츠버그로 갓 이사했을 때였다. 자라면서 우수체력상(賞)을 받아 본

적 없이 늘 허약했고, 엄청 말랐다. 싸움은 생각만 해도 두려웠다.

아직도 생각하면 우스운 일인데, 고등학교 시절에는 내가 매우 강하다는 소문이 나서 전혀 싸울 필요가 없었다. 학교에 척(Chuck)이라는 약한 학생을 못살게 구는 싸움꾼 친구가 있었다. 피츠버그로 이사와서 그 친구에 대한 이야기를 제일 먼저 들었다.

그는 전학 온 친구들을 항상 두들겨 패고 목회자 자녀를 유난히 괴롭히니 조심하라는 말을 짐도 풀기 전에 들었다. 나는 그 친구를 만나기도 전에 두려웠다.

'그와 마주치면 어떻게 할까요?'

하나님께 이런 질문을 했고, 응답은 빨리 분명하게 왔다.

"이는 힘으로 되지 아니하고 능력으로 되지 아니하고 오직 나의 영으로 되느니라"(슥 4:6).

이 성경 구절을 알고 있었기에 기억을 더듬어 찾아보았다. 바로 그 때 그 자리에서 내 일생의 좌우명으로 삼았다. 척과 마주치면 이 약속의 말씀을 의지해야겠다고 결심했다. 하나님은 약자를 괴롭히는 어떤 녀석과도 맞설 수 있는 거룩한 용기를 주실 거라고 믿었다.

내 이론을 시험해 볼 기회가 너무도 빨리 왔다. 어느 봄 날 오후, 방과 후에 혼자 집으로 가고 있었다. 새 옷을 입었던 걸로 기억한다. 새 옷을 입고 있었기 때문에 싸움을 해서는 안 되었다. 우리 가정 형편에 새 옷을 싸움질로 더럽히는 일은 있을 수 없는 일이었기 때문이다.

한 소년이 나를 향해 걸어오는 것이 보였다. 척이라는 것을 금방 알아챘다. 그는 길 반대편에서 거들먹거리며 걸어 내려오고 있었다. 나를 보자마자 성난 황소처럼 콧김을 뿜으며 다가왔다. 척의 몸집은 거대했고,

몸무게는 나보다 25kg은 더 나가 보였다. 키도 커서 그의 눈을 보려면 목을 뒤로 젖혀야 했다. 척은 다리를 벌리고 양손을 엉덩이에 얹고서 내 앞을 막아섰다.

"네가 목사 아들이구나!"

그것은 질문이라기 보다는 나에 대한 도전이었다. 순간 말씀에 대한 소망이 사라지고, 나는 너무도 두려웠다.

"이는 힘으로 되지 아니하고 능력으로 되지 아니하고 오직 나의 영으로 되느니라."

하지만 그가 시비를 걸어올 때마다 나는 말씀을 계속 되뇌었다.

척은 먼저, 새 옷을 입은 내 모습이 멍청해 보인다고 비아냥거렸다. 내가 약골이라는 분명한 사실을 꼬집어 말했다. 그리고 목사의 자녀들은 일반적으로 어떠하다고 몇 마디 꼬투리를 잡았다.

"하나님의 영으로."

여전히 아무 말도 못했지만 내 안에서 놀라운 일이 일어났다. 두려움이 사라지고 그 자리에 확신과 기쁨이 찾아든 것이다.

나는 그를 보며 미소를 지었다. 척은 점점 더 흥분했다. 안색이 붉게 변하고 싸우자고 했다. 하지만 여전히 나는 미소를 지었다.

척은 주먹을 쥐고 내 주위를 천천히 돌면서 팔을 뻗어 나를 때리는 척을 했다. 그의 얼굴에는 놀란 기색이 역력했다. 작고 하찮은 녀석이 전혀 두려워하지 않고 있다는 것을 파악한 것 같았다.

나는 내 눈을 척에게 고정시키고 미소를 지으며 같이 돌기 시작했다.

마침내 척이 나를 쳤다. 주저하면서 때렸기에 아프지 않았고, 넘어지지 않았다. 나는 조용하고 낮은 소리로 웃었다. 그런데 척이 갑자기 가던 곳으로 되돌아 가는 것이었다.

다음 날부터 학교에서는 내가 동네에서 제일 싸움 잘 하는 싸움꾼을 이겼다는 소문이 나기 시작했다.

척이 모든 학교 아이들에게 나보고 자기가 만났던 상대 중에 제일 강했다며 소문을 냈다. 그 후로 전교생이 나를 존중하기 시작했다. 척이 분명히 과장해서 말한 것을 알았지만, 나는 친구들에게 사실을 말하지 않았다. 내 명성에 대해 깨뜨리고 싶지 않았고, 싸움은 너무 싫었다.

* * * * * * * *

그 기억이 지금 나의 상황에서 중요한지 생각해 보았다.

'나보다 훨씬 더 크고 더 강한 적이란 것은 동일한 문제 아닌가?'

내가 약하다는 것에는 흥미로운 역설이 있었다. 나 자신을 의지할 수 없다는 것을 확실히 알았기 때문에, 돈이나 고위직과의 관계 혹은 사회적 명성 같은 것들에 관심이 전혀 없었다. 오히려 내가 약할 때 강함 되시는 하나님을 의지했다.

만일 내가 소년소녀들의 새로운 시작과 새로운 환경을 꿈꾸는 것이 하나님의 뜻이라면, 나와 같이 전혀 준비되지 않은 자를 택하셔서 처음부터 하나님만을 의지하라고 나를 단련시키신 것 같다는 생각이 들었다.

"이는 힘으로 되지 아니하고 능력으로 되지 아니하고 오직 나의 영으로 되느니라"(슥 4:6).

나는 그 꿈을 실현하기 위한 첫걸음을 내딛기로 마음 먹었다.

무엇보다 먼저 바라보기 원했던 것은 바로 '내가 그런 비전을 바라볼 권리가 있는가?' 였다.

'뉴욕의 십대 갱단들이 내가 꿈꾸는 극적인 방식으로 변화되는 것이 실제로 가능할까?'

할아버지가 복음의 메시지의 핵심은 '변화를 체험하는 것'이라고 여러 번 강조하셨었다. 이 성경구절을 인용하셨다.

"예수께서 대답하여 이르시되 진실로 진실로 네게 이르노니 사람이 거듭나지 아니하면 하나님의 나라를 볼 수 없느니라 니고데모가 이르되 사람이 늙으면 어떻게 날 수 있사옵나이까 두 번째 모태에 들어갔다가 날 수 있사옵나이까 예수께서 대답하시되 진실로 진실로 네게 이르노니 사람이 물과 성령으로 나지 아니하면 하나님의 나라에 들어갈 수 없느니라 육으로 난 것은 육이요 영으로 난 것은 영이니"(요 3:3-6).

따라서 이 소년들을 극적으로 변화시키려면, 그들의 마음에 변화가 일어나야만 했다. 그것은 내가 할 수 없으며, 성령님의 주권 아래 있다는 것을 알고 있었다. 하지만 나는 성령님께서 그 소년들에게 다가가시기 위한 통로로서의 역할은 할 수 있을 것 같았다.

하지만 그 전에 먼저 찾아야 할 것이 한 가지 있었다. 이제까지 나는 그 도시를 걸어 다니며 소문을 듣기만 했다. 하지만 이제는 행동해야 한다는 것을 스스로 알았다. 성령님을 의지하면서 그 소년들에게 다가가서 말을 해야 하고, 뉴욕에 대하여 궁금한 것들이 떠오르기 시작했다.

'뉴욕에서 가장 거칠고 다루기 힘든 갱단이 어떤 갱들일까?'

계속해서 두 이름이 생각났다. 채플린(Chaplains)과 마우마우(Mau Maus). 둘 다 브루클린의 포트 그린(Fort Greene)에 있었다.

* * * * * * * * *

그들은 세계에서 가장 큰 주택 개발단지 포트 그린 주택단지에 근거지를 두고 있었다. 이 높이 솟은 아파든 단지에는 삼만 명 이상이 거주하고 있었으며, 그들 대부분은 흑인과 푸에르토리코인들이었는데, 그들 중 상당수가 구호대상자였다.

이 호전적인 갱단은 인종적으로 구분이 되었다. 채플린은 흑인소년들이고, 마우마우는 히스패닉 소년들이었다. 이 두 갱단은 서로 싸우지 않고 연합하여 자신들의 영역을 외부 갱단으로부터 보호했다.

이 소년들은 자기들 특유의 공격방식을 갖고 있었다. 그들은 지붕위에서 모래자루를 가지고 기다렸다. 경찰이 아래로 지나가면 40kg이나 되는 모래자루를 떨어뜨렸다. 타이밍을 잘 맞추지 못해서 대체로 빗나갔다. 하지만 점점 나아지고 있었다. 이에 대응해 경찰은 조금만 화가 나도 야광봉을 휘둘렀고, 두세 명의 소년들이 함께 다니지 못하게 단속했다.

포트 그린보다 성령님의 역사하심을 더 많이 테스트해 볼 수 있는 곳은 없는 것 같았다. 어느 금요일 아침 일찍 지미 스탈(Jimmy Stahl)이라는 트럼펫 연주자 친구와 함께 포트 그린 주택단지에 갔다.

근처에 주차를 하고 테스트를 시작했다.

"너는 이 가로등 가까이에 서서 트럼펫을 불어. 사람들이 모여들면 가로등 받침대에 올라가서 설교를 할게." 내가 지미에게 말했다.

"뭘 연주할까?"

"믿는 사람들은 군병 같으니 어때?"

지미는 트럼펫으로 "믿는 사람들은 군병 같으니"를 계속 연주하기 시작했다. 그의 연주 소리는 활기 있고 우렁찼다. 거리의 건너편 창문들이 열리고 사람들이 쳐다보았다. 수십 명의 아이들이 건물에서 나와 모여들기 시작했다. 그들은 음악소리에 들떠서 계속 물어 보았다.

"아저씨, 서커스단이 와요? 퍼레이드도 하나요?"

나는 지미에게 계속 트럼펫을 연주해 달라고 부탁했다.

십대 아이들도 몰려오기 시작했다. 그들은 검은 완장이 있는 찬란한 붉은 재킷을 입고 있었고 등에는 MM이라는 두 글자가 선명하게 수놓아진 유니폼을 입고 있었다. 그 소년들은 지팡이와 선글라스 그리고 모두 챙이 좁고 끝이 뾰족한 알파인 모자를 쓰고 있었다.

나는 속으로 간절히 기도했다. '주님, 이들은 좋은 것을 얻기 위해 이 곳에 왔습니다. 이들 모두 자신들이 존재하는 곳보다 더 큰 어떤 것에 속해 있기를 원합니다. 이들 모두 홀로 있고 싶어 하지 않습니다.'

지미가 "믿는 사람들은 군병 같으니"를 20~30번을 연주하자, 약 백여명 정도의 소년소녀들이 모였다. 그들은 서로 소리를 지르고 야유를 보냈다.

나는 가로등 받침대에 올라가 이야기하기 시작했다.

하지만 그들은 더 소란해졌다. 어떻게 해야 할지 알지 못했다.

지미는 고개를 절레절레 흔들었다.

'그들은 네 말을 듣지 않을 거야.'

그의 입술 모양을 보니 이렇게 말하는 것 같았다.

그 순간 이상한 상황이 벌어졌다.

아이들이 갑자기 조용해졌다. 경찰들이 경찰봉을 휘두르며 우리에게로 달려오기 시작했다.

"비켜, 비키란 말이야!"

아이들은 경찰들이 지나가도록 길을 터준 후, 그 자리를 다시 메웠다.
"거기서 내려와요." 경찰 중 한 명이 나에게 소리쳤다.
그 앞에 서자, 그가 다그쳤다.
"뭘하려는 겁니까? 폭동이라도 일으키려는 건가요?"
"설교를 하고 있었습니다."
"그래요, 여기서 설교하면 안 됩니다. 이렇게 많이 모여 있는 것 말고도 이 곳에는 이미 문젯거리가 산더미 같애요."
그러자 소년소녀들이 나서서, 경찰이 설교를 막을 수 없다고 소리쳤다. 그것은 헌법에도 위배된다고 그들이 항의했다.
경찰은 말을 듣지 않았다. 지미와 나는 무슨 일이 일어나고 있는지 파악해 보기도 전에 경찰차로 끌려가고 있었다.
경찰서에서 아이들이 아까 말한 논리를 꺼내 들었다.
"물어 볼 것이 있어요. 시민이 공공 거리에서 말할 권리가 없나요?"
"국기 아래서는 할 수 있죠." 경찰관이 말했다.
30분 후에, 지미는 "믿는 사람들은 군병 같으니"를 다시 연주하고 있었다. 이번에는 우리 뒤에 거대한 미국 국기를 학교에서 빌렸다. 그리고 피아노 의자에 서서 설교를 했다.
지미는 북쪽과 남쪽, 동쪽과 서쪽을 향해 트럼펫을 불었다. 어린 아이들이 다시 우리들 주위로 몰려왔다. 그리고 야유소리와 휘파람소리를 내면서 더 많은 사람들이 몰려왔다. 우리가 경찰들과의 접촉을 했기 때문에 영웅대접을 받고 있었다. 하지만 청중의 태도를 바꾸기에는 역부족이었다. 나는 다시 목소리를 높였다.
"나는 시골교회 목사입니다. 집은 여기서 480킬로 떨어진 곳에 있습니다. 오늘 여러분을 위한 메시지를 가지고 왔습니다."

하지만 아무도 듣지 않았다. 내 앞에 있던 한 소년과 소녀가 애정행각을 하면서 허리를 돌리자 군중들이 휘파람과 박수 소리로 화답했다. 다른 아이들도 흉내를 냈고, 담배를 피면서 몸을 마구 흔들어댔다.

설교를 할 수가 없는 분위기였다. 나는 절망하여 고개를 떨구었다.

'주님, 저들의 주의를 끄는 것조차도 할 수 없습니다. 주님이 여기 계신다면 이것 좀 도와주세요.'

나는 속으로 기도했다. 계속 기도하는 동안 변화가 나타났다.

가장 어린 아이들이 먼저 조용해졌다. 내가 눈을 떴을 때, 학교 담장에 기대서서 담배를 피우던 소년들이 모자를 벗고 고개를 약간 숙인 채서 있었다. 갑자기 조용해져서 나는 너무 놀랐고 당황하여 아무 말도 하지 못했다.

"하나님이 세상을 이처럼 사랑하사 독생자를 주셨으니 이는 저를 믿는 자마다 멸망치 않고 영생을 얻게 하려 하심이라"(요 3:16).

나는 그들에게 하나님은 지금, 있는 모습 그대로의 여러분들을 사랑하신다고 말했다. 하나님은 여러분들이 어떠한지 알고 계시며, 미움과 분노를 알고 계신다고 전했다. 하나님은 그들 중에 살인을 범한 사람들도 있다는 것을 아시지만, 그들의 과거를 보시지 않고 미래를 보신다고 이야기했다. 이것이 그들에게 내가 말한 전부였고, 아무 말도 하지 않았다.

무거운 침묵이 그 거리를 메웠다. 국기가 펄럭이는 소리만 들렸다.

나는 소년 소녀들에게 특별한 일이 일어나기를 기도하겠다고 말했다. 하나님께 간구하여 그들의 삶이 완전히 변화되는 기적이 일어나도록 기도하겠다고 말이다.

고개를 숙이고는 성령님께서 역사해 달라고 기도했다. 고개를 들었을 때 아무도 움직이지 않았다. 나는 혹시 앞으로 나와서 나와 이야기하고 싶은 사람이 있는지 물었지만 아무 반응이 없었다.

어색한 침묵이 계속 흘렀다. 성령님의 인도함을 받는 테스트를 했지만 인도하심을 전혀 느낄 수가 없었다. 그런데 갑자기 내 의지와는 상관없이 나도 모르게 이렇게 말하고 있었다.

"포트 그린에 꽤 거친 갱단이 몇 개 있다고 하더군요. 여러분의 두목과 부두목에게 말하고 싶습니다. 여러분은 크고 강하니까 이리로 와서 말라깽이 설교자와 악수하는 것이 어렵지 않을 겁니다."

내가 왜 그렇지 말했는지 아직도 모르겠지만, 곰곰이 생각해보니 성령님께서 나를 도와주신 것 같았다.

잠시 동안 정적이 흘렀다. 그리고 누군가가 소리쳤다.

"벅보드, 뭐야? 무서운 거야?"

어느 큰 흑인 소년들이 뒤쪽에 있다가 앞으로 천천히 나오기 시작했다. 한 소년이 그 뒤를 따랐다. 둘 다 선글라스를 끼고 지팡이를 들고 있었다. 네 명의 소년들이 피아노 의자 앞으로 나왔다. 그 중에 한 소년이 나와서 말했다.

"손 좀 스쳐보죠. 설교자 양반! 나는 채플린 갱단 두목 벅보드라고 해요." 그가 말했다.

나는 뉴욕의 속어를 알지 못해서 그가 손을 내밀었을 때 악수를 하려고 했다.

"그냥 스치기만 하라구요, 목사님."

벅보드가 말하고는 손을 펴서 손바닥끼리 스치기만 했다.

그는 나를 살피면서 잠시 서 있었다.

"내가 이해하죠, 목사님. 당신은 정말 나를 당혹스럽게 만드네요."

벅보드가 부두목 스테이지코치와 행동대장 두 명을 내게 소개했다.

'이제 어떻게 해야 하지?'

두근거리는 심장을 느끼며, 지미에게 고갯짓을 하여 따라오게 했고, 네 소년을 데리고 사람들에서 좀 떨어진 곳으로 갔다. 스테이지코치는 메시지가 마음에 와 닿는다고 말했다.

"데이브 목사님, 검은 망토를 걸친 어느 작은 할머니가 캔디 바구니를 들고 여기 와서 소년들에게 주먹질을 하지 말라고 항상 말해요. 그 할머니도 좋긴 하지만 마음에 와 닿지는 않았어요."

당신에게 마음이 와 닿도록 한 것은 내가 아니고 성령님이 하신 거라고 나는 말했다.

"성령님은 여러분의 교만함에 다가가기를 원하세요. 그리고 여러분의 만족함에 다가가기를 원하십니다. 이 모든 것은 실제로 두려워하며 외로워하는 여러분의 감정을 덮고 있는 껍데기입니다. 성령님은 그 껍데기 안으로 들어가셔서 여러분이 완전히 다시 시작하도록 돕고 싶어 하십니다."

"그럼, 우리가 어떻게 해야 되죠?"

나는 지미를 쳐다보았지만 모르겠다는 표정을 지었다. 교회에서 나는 이러한 소년들을 앞으로 나오게 해서 강단에서 무릎을 꿇도록 했다. 하지만 대로변에서 그것도 친구들 앞에서 요구할 수 있겠는가?

담대한 도전이 또 필요했다. 우리가 그들에게 요구하는 삶의 변화는 극적이었고 그 상징 또한 극적이어야 했다.

"어떻게 할 건가요? 저는 여러분이 바로 이 자리에서 무릎을 꿇고 성령님께서 여러분의 삶에 들어오셔서 새로운 사람이 될 수 있게 해 달라고 기도하기를 원합니다. '그리스도 안에서 새 사람이 된다는 것'은 성경의 약속입니다. 이 일은 여러분에게도 일어날 수 있습니다."

한동안 침묵이 흘렀다. 처음에 나는 군중이 아주 조용하게 무슨 일이 일어나는지 보려고 예의 주시하며 기다리고 있었다는 것을 알지 못했다. 마침내 스테이지코치가 강하고 거친 목소리로 말했다.

"벅보드, 할 거야? 네가 하면 나도 할게."

놀랍게도 뉴욕 시를 통틀어 가장 무섭고 호전적인 갱단의 두 리더가 천천히 무릎을 꿇었다. 그들의 행동 대장들도 무릎을 꿇었다. 그들은 모자를 벗고 경의를 표했다. 담배를 피고 있던 두 명은 담배를 하수도에 던져 버렸다.

나는 짧게 기도를 드렸다.

"주님, 여기에 당신의 네 명의 자녀들이 정말 어려운 일을 했습니다. 모든 사람들이 보는 앞에서 무릎을 꿇고 당신이 그들의 마음에 찾아오셔서 새 사람이 되도록 도와 달라고 기도하고 있습니다. 이들 마음 안에서 미움, 싸움, 증오가 사라지기를 원합니다. 그리고 사랑받는 삶이 실제로 어떤 것인지 알고 싶어합니다. 아버지, 간구하오니 저들의 기도를 들어주옵소서. 아멘."

벅보드와 스테이지코치가 일어섰다. 두 행동 대장도 따라서 일어섰다. 하지만 그들은 고개를 여전히 들지 않았다. 나는 그들에게 출석할 교회를 찾아보라고 권유했다. 여전히 아무 말도 하지 않고 그 소년들은 무리들 쪽으로 걸어갔다.

그런데 누군가가 소리쳤다. "헤이, 벅보드! 종교를 가지니까 어때?"

벅보드가 소리친 소년에게 명령하자, 아무도 그를 건드리지 않았다. 만약 건드렸다면 싸움이 일어날 상황이었다.

* * * * * * * *

지미와 나는 어안이 벙벙한 채 포트 그린을 떠났다. 사실, 우리는 하나님께서 그렇게까지 극적으로 역사하실지 전혀 기대하지 못했다. 벅보드, 스테이지코치, 그리고 두 명의 행동 대장이 대로변에서 무릎을 꿇었다. 정말 믿을 수 없는 사실이다.

솔직히 마우마우 갱단 리더들의 반응이 더 궁금했다. 그들도 그곳에 있었고 벅보드와 스테이지코치의 변화에 놀라고 야유하며 지켜보고 있었다. 채플린 갱단이 그곳을 떠나자 무리들이 그들을 부르기 시작했다.

"이스라엘! 니키! 너희들 차례야! 뭐해? 그들은 두려워하지 않았다고!"

마우마우 갱단의 두목 이스라엘은 아주 멋진 아이였다. 그는 손을 내밀어 나와 신사처럼 악수를 했다.

하지만 부두목인 니키는 달랐다. 내 기억에 처음 그를 보았을 때 내가 본 얼굴 중 가장 험악한 얼굴이었다.

"만나서 반가워요, 니키!" 내가 말했다.

그는 내가 손을 내민 채 가만히 서 있도록 내버려뒀다. 심지어 눈길 한 번 주지 않았다. 그는 담배를 힘껏 빨더니 신경질적으로 뿜어냈다.

"목사, 지옥이나 가버려." 하고 그가 말했다.

그는 이상할 정도로 말을 더듬으면서 안으로 삼키듯이 말했다.

"나를 좋게 생각하지 않는군요. 하지만 나는 달라요. 니키를 사랑해요."

이렇게 말하고는 한 발자국 그에게 다가섰다.

"목사, 가까이 오면 죽이겠어." 그가 짜증나는 목소리로 말했다.

"당신은 나를 죽일 수 있어요. 나를 칼로 찢어서 수천 조각을 내어 길거리에 던져 놔도 그 조각 모두가 당신을 사랑할 겁니다."

입으로는 이렇게 말하고 있었지만, 속으로는 이렇게 생각하고 있었다.

'너는 좋은 것이라곤 한 조각도 없어, 니키. 지구상에서 너에게 다가갈 수 있는 사람은 하나도 없다.'

우리는 브루클린을 떠나기 전에 벅보드와 스테이지코치가 영적 성장통을 이길 수 있도록 도와줄 지역교회 목회자를 연결해 주었다.

"종종 그들을 점검해 보는 것이 좋을 것 같네." 내가 지미에게 말했다.

솔직히 말해서, 그 소년들이 우리를 가지고 논 것이 아닐까 하는 의심을 떨칠 수 없었다.

집으로 돌아가 아내에게 그런 마음을 넌지시 비치자, 나를 나무랬다.

"당신이 바라는 대로 정확하게 이루어지지 않았나요? 성령님께 기적이 일어나게 해 달라고 기도해 놓고는 이제 와서 의심하는 거예요? 기적을 믿지 못하는 사람은 그걸 요청하지도 말아야 해요."

8장
이층과의 만남

꿈을 향한 여정의 첫 번째 이정표를 지난 것 같았다.
 나도 모르게 감당할 수 없는 수준의 희망을 품게 되었다. 심지어 루이스를 만나게 될지도 모른다는 희망까지 가졌다. 안젤로의 말에 의하면, 루이스는 뉴욕의 엘미라 교도소로 이송될 예정이었다.
 "그를 만날 수 있을까?" 내가 물었다.
 "거의 불가능해요, 목사님. 여러 통로를 통해 시도해 볼 수는 있겠지만 그 재판에서 소란을 피웠던 목사인 것을 알면 들여보내주지 않을 거예요" 안젤로가 말했다.
 그래도 시도해 보고 싶었다. 엘미라 교도소 근처에서 설교할 기회가 생겨서 한 소년을 만나기 위한 절차를 알아 보았다. 어떤 사람은 편지를 써서 그 소년과의 관계와 왜 그를 만나보기 원하는지 전달해 보라고 했다. 그러면 그 요구가 관철될 수도 있을 것이라고 했다.
 하지만 좋은 방법은 아니었다. 사실을 말하면 절대 나를 들여보내주지 않을 것이기 때문이다.
 그런데 바로 그 날 어떤 소년들이 엘미라로 이송된다고 해서 기차역으로 가서 기다렸다. 기차가 도착하자, 20여 명의 소년들이 나왔다. 그들을 꼼꼼히 살펴봤지만 루이스는 없었다.

"루이스 알바레즈를 아나요?"

지나가고 있는 소년들 중 한 명에게 물었다. 하지만 경호원이 막아서서 모른다는 말만 겨우 들었다.

필립스버그로 돌아가면서 나는 스스로에게 말했다.

"그래. 이 소년들을 만나기는 어려울 것 같다. 결코 못 볼 지도 몰라. 주님, 그것이 당신의 뜻이라면 받아들일 수 있는 은혜를 허락하옵소서."

****

그런데 성령님께서 그 문은 닫으셨지만, 다른 문을 열고 계셨다.

1958년 따스한 초봄 저녁, 시끄럽고 복잡한 히스패닉 빈민가를 걷다가 노랫소리를 들었다.

스페인어였지만 멜로디를 들으니 놀랍게도 복음성가였다. 근처에 교회는 없었다. 내가 지나가고 있는 건물 창가에서 흘러나오는 것 같았다.

"누가 노래를 하고 있는 거죠?"

자동차 범퍼에 앉아서 담배를 피우고 있던 청년에게 물었다.

그가 고개를 들고 잠시 들었지만 그 노래는 이미 그 도시의 소음의 일부가 된 것인 양 더 이상 듣지 않았다.

"일종의 교회입니다."

그가 손가락으로 문 쪽을 가리키며 말했다.

"계단으로 올라가세요, 2층으로요."

계단으로 올라가서 문을 두드렸다. 문이 천천히 열리고 빛이 내 얼굴을 비추자, 안에 서 있던 여인이 작은 탄성을 질렀다.

그녀는 흥분하여 문을 닫지도 않고 안쪽을 향해 스페인어로 뭔가 말했다. 곧 문가에는 미소를 지으며 나를 반기는 사람들로 가득했다. 그들은 내 팔을 붙들고 아파트 안으로 들어갔다.

"데이빗 목사님이시군요, 그렇죠? 법정에서 쫓겨났던 분요."

이곳은 하나님의 성회(the Assemblies of God) 히스패닉 사람들의 지성전으로 알려져 있는 곳이었다. 그 '지성전' 사람들은 건축할 여유가 없어서 개인 집에서 모임을 가지고 있었다. 그들은 마이클 파머 재판을 주시하고 있었으며 내 사진을 보았다.

"우리가 목사님을 위해 기도하고 있었는데 지금 여기에 오셨네요."

그 중의 한 사람이 말했다.

그의 이름은 빈센트 오르띠즈로 작은 교회의 목회자였다.

"그 재판정에 어떻게 해서 가시게 되었는지 듣고 싶습니다."

그래서 그 날 밤에, 하나님이 나를 뉴욕거리로 인도하신 것처럼 보였던 방식에 관해 그들에게 말할 기회를 갖게 되었다.

갱단과 관계하고 있는 소년소녀들의 문제점, 특히 술과 마약에 관해 이야기했다. 또한 나의 꿈과 내가 첫 번째 통과한 여정에 대해 말했다.

"내가 생각하기에 그런 마음을 주신 것은 하나님이십니다. 그들은 다시 시작해야만 하고 사랑받아야만 합니다." 내가 요약해서 말했다.

"우리는 성령님께서 그들의 마음에 어떻게 다가가시기를 원하는지 봤습니다. 그건 정말 대단한 시작입니다. 그들이 그들 자신의 집을 소유하게 될 지 누가 압니까?"

그것은 정말 열정적인 설교였다. 나는 청소년들이 직면해 있는 문제 때문에 정말 많이 흥분했다. 내 설교가 끝날 즈음, 이 좋은 사람들이 나의 슬픔과 절박한 필요에 공감하는 것이 느껴졌다.

마침내 내가 자리에 앉자, 이들 중 몇몇 사람들이 간단하게 의논을 했다. 그들이 흥분하여 몇 분동안 대화를 했고, 오르띠즈 목사님이 대변인 역할을 했다.

"목사님 말씀을 들어야 할 목회자들이 더 있는데 내일 오셔서 다시 메시지를 전해 주실 수 있으세요?"

나는 할 수 있다고 대답했다.

이렇게 하여 새로운 사역이 조용하게 탄생했다. 성령님이 하시는 대부분의 다른 사역들처럼, 이것도 간단하고 초라하며 팡파르도 없었다. 확실히 우리들 중 어느 누구도 무엇이 시작되는지 알지 못했다.

"주소가 어떻게 되세요? 모임 시간과 장소를 어디로 알려드릴까요?"

오르띠즈 목사님이 물었다.

주소가 없다는 것을 말했다. 싼 여관방 잡을 돈도 없었다.

"사실은, 제 차 안에서 자고 있습니다."

오르띠즈 목사님은 내 말을 듣고 놀라는 기색이 역력했다.

"그렇게 하시면 안 됩니다."

그가 말하고는 나의 말을 통역해서 전달하자, 모두가 동의했다.

"그건 정말 위험합니다. 알고 계신 것보다 그 이상으로 위험합니다. 여기 우리 집으로 오세요. 오늘 밤에 우리와 함께 계시고, 여기 오실 때마다 그렇게 하십시오."

그들의 친절을 나는 감사함으로 받아들였다.

오르띠즈 목사님은 나를 자신의 아내 델리아에게 소개하고는 침대만 하나 있는 방으로 안내했다. 방은 조촐했으나 환영받는다는 느낌이 들었고 거리에서 잠을 잔 첫날 밤과는 비교할 수 없을 만큼 편안한 밤을 보냈다.

나중에 알았지만 이 부부는 수입 중에서 생활에 필요한 최소 비용을 제외하고는 모두 하나님의 영광을 위해 드리고 있었다.

다음 날 아침, 기도 시간을 가졌다. 내가 작은 그 가정교회에 가게 된 것은 결코 우연이 아니었음을 깨달았다. 어떤 일이 일어날 지 알 수는 없지만, 성령님이 지시하시는 방향으로 걸음을 내딛을 수 있도록 유연하게 대처해야겠다고 생각했다.

내가 기도하고 있을 때, 오르띠즈 목사님 부부가 계속 전화로 연락한 것이 틀림없었다. 우리가 그 집회가 있는 교회에 도착하자 하나님의 성회의 65명의 대표자들이 내 설교를 듣기 위해 와 있었다.

강단에 올라갔을 때 무엇을 말해야 할지 전혀 떠오르지 않았다.

'이 사람들에게 무슨 말을 해야 할까? 왜 이 사람들에게 말할 기회가 주어졌을까?'

나는 이 도시에 오게 된 계기를 말하고, 재판정에서의 황당했던 사건 그리고 겉으로 볼 때 이러한 실수 뒤에 아직 모호하기는 하지만 하나님의 어떤 뜻이 있을 거라는 혼란스럽고 힘든 느낌을 이야기했다.

"솔직히 말해서 앞으로 어떻게 해야 할지 갈피를 못 잡겠습니다. 포트 그린에서의 경험은 그냥 한 번의 행운일 수도 있습니다. 앞으로 그런 큰 기적이 또 반복될 것이라고 생각하지는 않습니다."

그 모임이 끝나기 전에, 65명의 교회지도자들은 그것이 한 번으로 끝난 경험인지 아닌지를 가늠해 볼 행동계획을 제시했다. 그것은 뉴욕의 성 니콜라스 프로권투 경기장에서 십대들을 위한 대형집회를 열어서 많은 갱단들에게 복음을 전하자고 했다.

나는 주저했다. 먼저 대형집회가 옳은 방법인지 확신이 서지 않았다.

그래서 내가 말했다. "실질적으로 재정적인 문제도 고려해야 합니다. 큰 경기장을 빌리려면 수천달러가 필요할 것입니다."

갑자기 뒤쪽에서 동요가 일어났다. 어떤 사람이 일어서서 무언가를 외치고 있었다. 그가 무슨 말을 하는지 겨우 파악했다.

"데이브 목사님, 이것은 옳은 일입니다. 그리고 옳은 일은 모두 실행되어야 합니다."

내가 생각하기에, 그는 제정신이 아닌 것 같아서 주의를 기울이지 않았다. 하지만 모임이 끝난 후 그 사람이 내게 와서 자신을 소개했다. 그는 베닝고 델가도라는 변호사였다. 그는 옳은 일은 모두 실행되어야 한다고 다시 한 번 언급했다.

"목사님, 성 니콜라스 경기장에 가셔서 아이들에게 복음을 전하십시오. 모든 것이 잘 진행될 것입니다." 하고 그가 말했다.

솔직히 나는 그가 교회에 해를 끼치지는 않지만 많은 사람에게 주목받지 못하는 몽상가이고 흥분 잘 하는 사람들 중에 한 명이라고 생각했다. 그러나 델가도는 혼란스러워하는 내 얼굴을 감지하고는 주머니에서 내가 구경해보지 못했던 금액의 돈을 꺼냈다.

"목사님, 아이들에게 복음을 전하세요. 내가 경기장을 빌리겠습니다."

이렇게 해서 말 그대로 하룻밤 사이에 1958년 7월, 두 주 동안 성 니콜라스 경기장에서 개최된 대형 청소년집회가 열리게 되었다.

필립스버그로 돌아가서 이 소식을 전하자 모두가 흥분했다.

아내만 조용했다.

"알고 있듯이, 우리 아기 출산예정일이 바로 그 때예요."

나는 전혀 알지 못하고 있었다. 하지만 남편으로서 아내에게 어떻게 그렇게 말할 수 있겠는가? 출산일이 늦어질 수도 있지 않겠냐고 우물쭈물하며 말했다. 아내는 그 말에 그냥 웃어 넘겼다.

"예정일이 늦어지지는 않을 거예요. 그리고 당신은 어딘가를 돌아다니다가 아이가 태어난 것도 모를 거예요. 어느 날 당신에게 아기 바구니를 보여주면 당황하며 쳐다볼 걸요. 아이가 당신한테 걸어가서 '아빠'라고 부를 때까지 아이가 존재한다는 것도 모를 거구요."

이 말은 그대로 이루어지게 되었다.

* * * * * * * * *

필립스버그 교회 교우들은 그 후 두 달 동안 거의 신경을 쓰지 못했는데도 물심양면으로 후원할 정도로 너무 관대했다.

내가 그 도시로 여행하고 나서 12-14세 소년 소녀들이 직면하고 있는 엄청난 문제들에 대하여 반드시 전 교인에게 알려주었다. 따라서 그들은 뉴욕을 향한 주님의 계획에서 얼마나 많은 부분을 차지하고 있는지 알고 있었다.

휴가를 집회기간에 맞춰 잡아 가능하면 교회는 비우지 않으려고 했다. 하지만 7월이 가까워질수록 오르띠즈 목사의 아파트에서 점점 더 많은 시간을 보내게 되었다. 히스패닉 교회들이 우리를 열정적으로 도와주었다. 그들은 일주일간의 집회에 관한 벽보를 뉴욕 전체에 붙일 홍보 인력을 보내 주었다.

또한 경기장 내의 탈의실을 상담실로 바꾸고 상담자들을 훈련시킨 후 새로운 삶을 시작하려는 청소년들을 도울 수 있도록 했다. 게다가 음악과 안내원들을 조율하고 경기장 사용 문제를 실제로 담당했다.

내가 할 일은 십대들이 모이게 하는 것뿐이었다. 그것은 처음에 제안 받았을 때 간단한 것처럼 보였다. 하지만 집회 날짜가 다가올수록 이러한 대형집회가 현명한 방법인지 점점 더 의구심이 들었다.

거리를 다니면서 수백 명의 소년 소녀들과 이야기 해 보았지만, 그들의 내면에 내재해 있는 절망이 어떤 것인지 제대로 이해하지 못했다.

몇 마일을 벗어나서 큰 건물에 들어가는 것이 여러분이나 나에게는 간단하고 일상적인 일이지만, 그들에게는 대단히 위험한 일이었다. 무엇보다도 그들이 자신들의 구역을 떠나는 것 자체를 두려워했고 다른 갱단의 영역에 들어가서 공격을 당할까봐 무서워했다.

그들은 많은 사람들이 운집해 있는 장소를 두려워하고, 자신의 증오와 편견을 무서워했으며, 분노와 불안감 때문에 자제하지 못하고 피 투성이 싸움판에 뛰어들게 될까봐 걱정했다.

가장 이상한 것은 그들이 그 집회에서 어떤 요인 때문에 울게 될까봐 걱정한다는 점이다. 조금씩 이들이 눈물 흘리는 것을 무서워한다는 것을 알게 되었다.

"눈물 흘리는 것을 왜 그렇게 두려워할까?"

내가 반복해서 그들에게 질문을 했고, 그들에게 눈물은 강한 자만 살아남는 거친 세상에서 유약함과 약점 그리고 어린아이 같은 존재의 표식으로 받아들인다는 인상을 받았다.

하지만 교회에서 목회를 하면서 사람을 온전하게 만드는데 눈물이 얼마나 중요한 역할을 하는지 많이 보아 왔다.

하나님이 우리의 내면을 만져주시면 대체로 눈물을 흘리게 된다고 생각했다. 성령님이 우리 안의 지성소에 거하시면, 그 반응이 우는 것으로 나타난다고 생각했다. 그리고 그러한 일들을 여러 번 목격했다. 그들은 울부짖기보다는 영혼이 흔들리는 흐느끼는 눈물을 흘린다. 그것은 마지막 장벽이 무너지고 건전함과 온전함에 자신을 항복시킬 때 나온다.

그리고 그것이 흘러나오고 새로운 인성에 이를 때, 예수님 이후로 그 경험은 중생한 것으로 간주되었다. 예수님께서는 "거듭나야만 한다"고 말씀하셨다. 이것은 역설적이다. 즉, 중생한 인성의 중앙에 기쁨이 있지만 그 기쁨은 눈물로 표출된다.

이 소년 소녀들은 하나님을 만나면 울지도 모른다는 것을 본능적으로 알지 않았을까? 그들은 두려움을 표출하는 자신들만의 방식이 있었다.

나는 내가 만났던 갱단들, 즉 레블스, 지지아이, 채플린, 그리고 마우마우를 차례로 방문해 집회에 초대했지만 대답은 모두 동일했다.

"목사님, 귀찮게 하지 마세요. 짜증나서 폭발할 것 같거든요."

그들 모두 모르는 사람들을 두려워했고, 아무리 비참해도 익숙한 일에만 매달렸으며, 변화를 거부했다.

어느 날 밤, 지지아이의 지하 은신처에 가서 집회소식을 전하고 돌아온 지 얼마 안 되어 누군가가 오르띠즈의 아파트 문을 노크했다.

오르띠즈의 부인이 눈짓으로 누군지 아느냐고 남편에게 묻는 표정을 지었지만, 그는 고개를 흔들어 올 사람이 없다고 표현했다. 오르띠즈 부인은 고기를 썰던 칼을 내려놓고 문으로 걸어갔다.

마리아가 서 있었다. 그녀가 집안으로 들어왔을 때, 그녀가 헤로인에 완전히 취해 있었다는 것이 느껴졌다. 눈빛이 이상했고, 머리카락이 얼굴 전체를 덮고 있었으며, 손도 떨고 있었다.

"마리아, 어서 와요!" 내가 일어서면서 말했다.

마리아가 방 중앙으로 와서 퉁명스럽고 싸우려는 태도로 왜 자신들의 오래된 갱단을 해체시키려느냐고 따졌다.

"무슨 말이지요, 마리아?"

오르띠즈 목사 부인이 말했다.

"아이들을 불러서 교회 예배에 참석하게 하려는 것 말이에요. 당신들이 무엇을 하려는지 알아요. 우리를 흩어버리고 싶겠죠."

마리아가 노골적으로 욕설을 퍼붓기 시작했다. 오르띠즈 목사는 그녀를 제지하기 위해 반쯤 일어섰다가 다시 앉으며 말했다.

"마리아, 계속해 봐요. 길거리보다는 여기서 하는 것이 나을 거예요."

오르띠즈 부부의 자녀들 중 한 명이 방으로 들어왔다.

델리아는 본능적으로 아이 옆에 섰다. 그 순간에 마리아는 델리아가 부엌칼을 놔둔 테이블로 달려갔다. 순식간에 칼이 그녀의 손에서 번득이고 있었다. 델리아는 재빨리 마리아와 아이 사이를 막아섰다. 빈센트도 일어나 방을 가로질러 가기 시작했다.

"물러서요!" 마리아가 크게 소리쳤다.

그녀가 칼을 자신의 목에 갖다 대자 빈센트가 멈춰 섰다.

"내 목을 찌를 거예요. 돼지를 잡는 것처럼 내 몸을 난도질 할 거예요."

방 안에 있던 우리 모두는 마약 중독자가 절망에 빠져 있기 때문에 그러한 행동을 하면 연기나 장난으로 그렇게 하지 않는다는 것을 충분히 알고 있었다.

델리아는 그녀 앞에서 벌어지고 있는 놀라운 일에 대해 재빨리 이야기하기 시작했다.

"하나님은 마리아를 필요로 하세요." 델리아가 반복해서 말했다.

델리아가 5분 이상을 쉬지 않고 말하자, 마리아의 칼은 그녀의 목에서 천천히 엉덩이까지 내려왔다. 델리아는 계속 말을 하면서 천천히 다가가 민첩하게 그녀의 손을 쳤다. 칼이 바닥에 떨어지며 덜커덕 소리가 났다. 떨어진 칼은 몇 번을 굴러갔고, 칼을 본 아이는 울기 시작했다.

마리아는 칼을 다시 주우려고 하지 않았다. 그녀는 방 중앙에 그냥 서 있었다. 지금 그녀보다 더 절망적이고 외로운 모습을 본 적이 없었다. 그녀는 갑자기 신음소리를 내기 시작했다. 손으로 얼굴을 감쌌다.

"난 탈출구가 없어요. 완전히 막혀서 나갈 수가 없어요." 그녀가 말했다.

"왜 하나님께 맡겨보지 않나요?" 내가 그녀에게 물었다.

"나에게는 부질없는 일이에요."

"그러면 다른 아이들이라도 오게 해줘요. 생각해봐요. 그 아이들은 너무 늦기 전에 탈출구를 찾을 수 있을 거예요."

마리아가 똑바로 섰다. 약간 평정심을 되찾은 듯했다. 그녀가 팔을 벌리며 어깨를 으쓱거렸다.

"당신들이 어떤 것을 보여주느냐에 따라 달라질 수 있죠."

마리아가 말했다. 그리고는 고개와 엉덩이를 흔들며 오르띠즈의 아파트를 나갔다.

9장
성 니콜라스 경기장의 집회

7월은 놀라운 속도로 다가왔다.

우리가 성 니콜라스 경기장에서 개최하는 이 집회는 여러 가지 측면에서 많은 것을 보여주어야 하는 쇼에 가까웠다. 하지만 이 일을 치르기 위해 얼마나 많은 허드렛일을 해야 할지는 전혀 알지 못했다.

그들이 무서워하는 라이벌 관계에 있는 갱단들의 영역을 무사히 통과할 수 있도록 하기 위하여, 그들을 그들의 영역에서 버스에 태워 경기장까지 논스톱으로 가도록 특별 편성을 했다. 65개의 후원 교회에서 온 봉사자들은 거리를 돌아다니며 갱단 조직원들을 만나서 싸움에 연루되지 않도록 주의를 주었다.

집회가 시작되기 전에 나는 아내를 만나려고 집에 들렀다.

"여보, 아이가 태어날 때 당신이 없어도 괜찮은 척 하는 건 못하겠어요."

"알아."

별로 말하지 않은 대화 주제였다.

장모님은 출산 예정일이 가까워오는데 멀리 간다고 역정을 내셨다. 남자들은 모두 동일하며, 진정한 기독교는 가정에서 시작하고 아내를 더 잘 존중하지 않는다면 아내와 함께 할 자격이 없다고 말씀하셨다. 그 말씀은 어느 정도 사실이었기에 내 폐부를 더 깊이 찔렀다.

"하지만 여보, 전에도 아빠의 도움이 없이도 아이들은 잘 태어났어요. 출산할 때 당신이 내 손을 잡아주면 좋겠지만 의사는 어차피 허락하지 않을 거예요. 당신이 옆방에 있어도 어차피 볼 수 없구요. 집회하러 가야만 하죠, 그렇죠?" 아내가 말했다.

"가야지."

"여보, 어차피 가야 한다면 기쁜 마음으로 가세요. 하나님이 당신과 함께 하실 거예요."

임신해 몸집이 커진 아내가 손을 흔들며 서 있는 것을 보면서 집회 장소로 떠났다. 다음에 아내를 만날 때는 출산 후일 것이다. 나도 이번 집회에서 아이들이 새롭게 태어났다고 아내에게 말할 수 있을지 궁금했다.

* * * * * * * *

집회 4일째까지는 기대를 가질 수가 없었다. 너무 열심히 준비했기에 집회에 대한 실망감을 극복하기가 어려웠다. 집회란 단어는 열정적인 사람들이 벌떼처럼 모여 드는 장면을 연상시킨다. 하지만 우리 집회와는 상관 없는 일이었다.

넷째 날 밤, 백명 정도가 참석했다. 경기장 수용인원은 7,000명이었다.

발코니 창가에 서서 십대 청소년들이 도착하는 것을 몰래 지켜보던 내 모습이 생각난다. 매일 밤 희망적인 상황을 기대했다. 버스는 매일 밤 몇몇 아이들만 내려놓고 경기장을 떠났다.

무대 뒤로 갔다. 교회들이 파송한 상담자와 자원봉사자들이 내 옆을 지나갈 때마다 내게 위로의 말을 건넸다.

"목사님, 숫자가 중요한 것은 아니잖아요. 중요한 것은 양이 아니라 질이죠."

그러나 양 뿐만 아니라 질적인 수확도 기대할 수 없다는 것을 모두가 알고 있었다. 참석한 십대들마저도 공연을 보러 온 구경꾼에 불과했기 때문이었다.

운동장은 거의 텅 비어있고, 있는 아이들은 담배연기로 도넛 모양을 만들면서 음담패설을 하고 있는 상황에서 설교를 한다는 것이 정말 어려운 일이었다.

제일 심각한 것은 아이들이 대놓고 방해하는 것이었다. 어떤 것을 이해하지 못하거나 믿지 못하겠으면 웃기부터 했다. 나는 그러한 웃음소리가 두려워 강단에 올라가기가 싫었다.

네 번째 날 밤은 최악이었다. 집회가 어느 정도의 위엄과 엄숙함을 잃지 않도록 최선을 다했지만, 주동자들 중 한 명이 갑자기 낄낄거리며 웃었다. 다른 몇몇이 따라 웃었고 모두가 배를 잡고 웃어대서 내가 할 수 있는 것은 아무것도 없었다.

그 날 밤, 그 집회를 짧게 끝내고 낙담하여 그만 둘 생각까지 하면서 숙소로 돌아갔다.

"주님, 이 소년 소녀들에게 다가가지도 못했습니다. 어떻게 하면 좋을까요?" 내가 화가 나서 말했다.

그런데 여느 때처럼 이 사실을 다시 한 번 깨달았다. 내가 실제로 기도로 요청하면, 실제로 응답받는다는 것이다.

* * * * * * * *

다음날 브루클린에서 리틀 조조를 만났다. 조조는 그 도시에서 가장 큰 갱단인 코니 아일랜드 드래곤의 두목이었다. 그를 알려준 소년은 우리에게 그를 직접 소개시켜주지 않았다.

"리틀 조조는 소개받는 것을 좋아하지 않을 거예요, 목사님."

그래서 나는 직접 그에게 혼자 걸어가서 악수를 청했다.

조조의 첫 번째 행동은 악수를 청하는 내 손을 쳐내는 것이었다. 그리고 몸을 조금 앞으로 기울이더니 내 구두에 침을 뱉었다. 갱들 사이에서 이것은 가장 심한 경멸의 표식이다. 그는 벤치로 걸어가서 내게 등을 보인 채 앉았다.

그에게로 걸어가서 그의 뒤에 앉았다.

"조조, 어디에 사나요?"

"목사하고는 말하고 싶지 않아요. 당신하고는 어떤 것도 엮이고 싶지 않아요."

"하지만 난 당신과 관계를 맺고 싶네요. 어디에 사는지 알려줄 때까지 여기에 있을 거예요." 내가 말했다.

"당신은 지금 내 방에 앉아 있잖아요." 조조가 말했다.

"그러면 비가 오면 어떻게 하죠?"

"지하철에 있는 내 방으로 가죠." 그가 말했다.

조조는 오래된 캔버스화를 신고 있었다. 오른발 발가락이 튀어나와 있었고, 더러운 검은 셔츠와 정말 커 보이는 카키색 바지를 입고 있었다. 그는 내 신발을 쳐다보았다. 내 신발은 새 것이었는데 갑자기 할아버지의 진흙투성이 부츠가 생각났다.

조조가 말했다.

"이봐요, 부자 양반. 뉴욕에 와서 하나님이 삶을 변화시켜 준다고 떠벌리는 것은 괜찮아요. 하지만 당신은 새 신발을 신고 그것에 잘 어울리는 양복을 입었어요. 나를 봐요! 나는 집 없는 부랑자에요. 우리 가족은 아이들만 열 명이에요. 구호품으로 연명하고 있죠. 먹을 게 없다고 날 쫓아내더군요."

조조의 말이 옳았다.

나는 공원 벤치에서 신발을 벗어 그에게 신어보라고 말했다.

"무슨 속셈이에요? 뭘 증명하고 싶은 거죠? 당신이 좋은 사람이라고 말하고 싶은 건가요? 당신의 냄새 나는 신발은 안 신어요."

"신발이 필요하잖아요. 신어 봐요."

"새 신발은 신어본 적이 없어요." 조조가 말했다.

"신어 봐요."

조조는 마지못해 신발을 신었다.

그 때 나는 일어나 내 갈 길을 갔다. 양말만 신고 두 블록 정도 떨어져 있는 차 쪽으로 걸어갔다. 사람들은 서커스 구경하듯이 나를 보며 웃었다. 차까지 걸어왔을 때 조조가 내 뒤에 와서 말했다.

"신발을 가져가야죠."

"그건 이제 내 신발이 아니에요." 내가 차에 타면서 말했다.

"목사님, 악수를 안 했잖아요."

조조가 열려 있는 창문사이로 손을 내밀며 말했다.

우리는 악수를 했다.

"이봐요. 조조가 잘 곳이 없듯이 나도 마찬가지 신세인데, 어떤 사람들이 침대 하나 내줘서 살고 있어요. 그 집에 소파가 있는데 거기서 잘 수 있도록 해 줄 수는 있을 거예요. 같이 가서 부탁해 볼까요?"

"좋아요."

조조가 흔쾌히 대답했다. 그를 차에 태우고 아파트로 갔다.

"오르띠즈 부인, 이 친구는 코니 아일랜드 드래곤 두목이에요. 조조, 이 분이 나에게 잠자리를 제공해 주신 분인데, 소개해 주고 싶네요."

내가 약간 주저하며 말했다. 그리고 며칠간 조조가 그녀의 집에 머물 수 있을지 오르띠즈 부인에게 물어보았다.

그녀는 자신의 두 어린 아이들을 보고 조조의 주머니에서 삐져나와있는 스위치블레이드 나이프(날이 튀어나오도록 만든 칼-역주)를 보았다. 그리고는 아주 친절하게 그를 안아주며 말했다.

"이 소파에서 자요."

그와 같이 폭력적인 소년들을 잘 알고 있으면서 그러한 결정을 내린다는 것은 절대로 쉬운 일이 아니었다.

조조를 한 쪽으로 데리고 가서 말했다.

"옷에서 냄새가 나네요. 이제 집 안에 있으니 대책을 세워야겠어요. 나한테 8달러가 있어요. 아미-네이비(Army-Navy, 육해군 불하품 전문점)매장에 가서 셔츠와 바지를 사는 게 좋을 것 같네요."

예전에 신던 신발을 신고 조조를 데리고 가장 가까이에 있는 아미-네이비에 갔다. 그는 탈의실로 가서 옷을 갈아입고 입고 있던 옷은 버렸다. 집으로 돌아가면서, 조조는 상점 창문을 지날 때마다 자신의 모습을 비쳐보았다.

"괜찮은데, 괜찮아."라고 그는 계속 말했다.

지금까지 내가 조조에게 해 준 것은 사회사업 단체가 행하는 것과 다를 바가 없었다. 마침내 이 소년이 신발과 셔츠를 얻고 그 날 밤 지하철에서 잠을 잘 필요가 없다는 것은 좋은 일이었다.

그러나 조조의 마음은 전혀 변화가 없고 그대로였다. 조조가 변하려면 내가 먼저 변해야 했다. 그리고 이러한 변화는 우리 둘의 삶에 전례 없이 영향을 끼쳤다.

성 니콜라스 경기장에서의 그날 저녁 집회는 별반 다르지 않았다. 동일하게 방해, 비웃음, 야유가 있었다. 주먹질과 협박도 있었다. 소녀들 쪽에서 유혹의 제스처를 보내면 소년들은 음담패설로 반응했다. 조조도 거기 있으면서 모든 것을 보았다. 그는 호기심 때문에 왔지만 그 모든 것이 부질없는 짓이라고 말하고 싶어 하는 눈치였다.

나중에 아파트로 돌아올 때 나는 아무 말도 하지 않았다. 반응이 너무 없는 것이 내게 상처가 되었고, 운전하면서도 우울했다.

"목사님, 지나치게 애쓰는 것 같아요."

변화는 이렇게 시작되었다. 시종일관 무뚝뚝하던 집 없는 소년에게서 예리하고 놀라운 통찰력이 나왔다.

그의 말이 가져온 파장은 엄청났다. 그것은 하나님의 말씀처럼 나의 폐부까지 파고 들어왔다. 갑자기 그를 응시하자, 그는 내가 화가 난 줄 알고 방어 자세를 취했다.

"물론이다! 삶을 변화시키기 위해서 내 힘으로 해보려고 발버둥쳤다. 갱 조직원들에게 성령님을 모셔들이지 않고, 나 혼자 다 했다. 조조에게 신발을 줄 때에도 내가 너무 앞서 나갔다. 내 힘으로 조조를 도울 수 없다는 것을 그 순간에 깨달았다. 나는 갱단을 절대로 도울 수가 없다. 내가 할 수 있는 전부는 하나님을 그들에게 소개하고 옆으로 물러나는 것이다."

"지나치게 애를 쓰는 것 같아요."라는 그의 갑작스런 말에 웃음이 터졌고, 이로 인해 조조는 불안해 했다.

"그만하세요, 목사님."

"조조, 네가 나를 돕고 있기 때문에 웃는 거라네. 이제 너무 지나치게 애를 쓰지 않을 거야. 성령님께서 역사하실 수 있도록 옆으로 물러설 거라네."

조조는 한동안 아무 말도 하지 않았다.

그가 고개를 들면서 말했다.

"아무 느낌이 없어요. 전혀요. 어떤 것도 기대가 되지 않아요."

그가 말했다.

우리는 오르띠즈의 아파트로 올라갈 때까지 아무 말도 하지 않았다. 그러다 갑자기 조조는 노골적으로 거래를 했다.

"목사님, 곧 아이가 태어날 거라고 하셨죠, 그렇죠?"

일전에 내 아내가 출산을 앞두고 있어서 병원에 가 있다고 말했다.

"그리고 하나님은 살아계시고 그분은 나를 사랑하신다고 말했죠, 맞죠?"

"맞아."

"좋아요. 만일 하나님이 계신다면 그리고 내가 그분께 기도한다면 내 기도를 들으실 거예요, 그렇죠?"

"당연하지."

"그렇다면, 아들을 원하세요, 딸을 원하세요?"

함정에 빠지는 느낌이 들었지만, 뭐라고 말할 수는 없었다.

"조조, 기도는 동전을 집어넣으면 캔디가 나오는 슬롯머신이 아니야."

"그렇다면, 하나님이 움직이실 것을 확신하지 못하시겠다는 말이네요."

"그런 의미는 전혀 아니야."

"딸을 원하세요, 아들을 원하세요?"

우리는 이미 두 명의 딸을 두었기 때문에 아들을 원한다는 것을 인정했다. 리틀 조조는 내 말에 귀를 기울였다. 그리고 그는 모세가 사막에서 바위를 쳐서 물을 나오게 해달라고 요청하는 만큼 어려운 기도를 했다.

그는 이렇게 기도했다.

"하나님, 하나님이 살아계시고 나를 사랑하신다면 목사님에게 아들을 주세요."

조조의 기도였다. 이것은 실제로 일어난 일이었고, 그는 기도를 끝냈을 때 눈을 심하게 깜빡거렸다.

나는 몹시 당황했다. 나는 내 초라하고 작은 침대로 가서 기도하기 시작했다. 뉴욕에 와서 그렇게 간절히 기도한 적이 없었다.

새벽 2시 30분에 전화벨이 울렸다. 조조와 오르띠즈 부부는 듣지 못하고 자는 것 같았다. 나는 그 때까지도 기도하고 있었다. 나가서 전화를 받았다. 장모님이셨다.

"여보게, 아침까지 기다릴 수가 없었네. 아이가 태어났다고 전해주려고 전화했네."

나는 정작 묻고 싶은 질문을 할 수가 없어서 가만히 있었다.

"여보게, 여보게, 듣고 있나?"

"예, 듣고 있습니다."

"아들인지 딸인지 알고 싶지 않나?"

"그 누구보다도 더 궁금하지요."

"여보게, 자네는 이제 크고 다부진 4kg짜리 아들을 두었네."

물론 회의론자들은 조조의 기도가 이루어질 확률이 반반이었다고 말할 것이다. 그러나 그 날 밤에는 좀 달랐고, 확률을 넘어서는 어떤 것이 진행되었다. 조조에게 가서 깨우고는 이 소식을 알려주자, 그는 머리를 긁적거렸다.

"어떻게 된 거지요? 무슨 일이 일어난 거지요? 난 모르겠어요."

날이 밝았을 때 조조는 완전히 달라져 있었다. 눈물을 흘리기 시작했다. 그는 비통함과 증오를 눈물로 씻어냈다. 의심과 두려움도 씻어냈다. 그리고 이러한 일이 일어나자 크리스천만이 알 수 있는 사랑을 받아들일 여지가 생겼다. 그 사랑은 부모나 목사 혹은 우리가 생각하는 방식으로 응답된다고 여겨지는 기도에 따라 좌지우지되지 않는다.

그 날부터 조조는 항상 간직해야 할 사랑을 소유했고, 나에게는 내가 항상 간직해야 할 교훈을 주었다. 우리 인간은 서로를 위하여 일할 수 있고 그렇게 해야만 한다. 그러나 실제로 일하시며 치유하는 분은 하나님이시다.

10장
주님 뜻대로 하소서

집회 시작 시간이 거의 다가왔다. 이 집회의 마지막 날 밤 청중이 채워지고 있었다. 이미 다른 날보다 더 많은 청소년들이 참석했다. 채플린, 드래곤, 그리고 지지아이도 보였다. 그 중에 유독 마리아가 내 시선을 사로잡았다. 하지만 주위를 아무리 살펴봐도 붉은 자켓에 대문자 M을 크게 새긴 마우마우갱단 아이들은 보이지 않았다.

마우마우의 두목 이스라엘의 매력적인 얼굴과 호의적인 태도가 머릿속에서 떠나지 않았다. 이들을 개인적인 손님으로서 직접 초대했고 특별 버스를 마련해 보내주겠다고 말했다. 그들을 위해 앞자리를 비워놓겠다고 말하자, 이스라엘은 다른 아이들도 함께 데리고 오겠다고 약속했다.

마지막 밤인데도 불구하고 그들은 보이지 않았고, 이유를 알 것 같았다. 분명히 니키 때문일 것이다. 이스라엘과 내가 이야기하고 있을 때 그는 나와 내가 상징하는 것에 대한 증오심을 억누른 채 조용히 서 있었다.

창가에 서서 거리를 내려다 봤더니, 버스 한 대가 들어오고 있었다. 마우마우가 탄 버스인 것을 직감했다. 버스가 빠르게 정차하는 모습만 봐도 알 수 있었다. 운전자가 승객들을 빨리 내리게 하려는 의지가 역력하게 보였다.

앞뒤 문이 열리자, 50여 명의 청소년들이 소리를 지르고 서로를 밀치면서 쏟아져 나왔다. 어떤 아이는 내리면서 빈 포도주병을 던졌다. 버스정류장에서 경기장 입구까지 그 짧은 거리에서 그들은 아주 짧고 노출이 심한 옷을 입은 십대 소녀들을 집적거렸다.

"주님, 제가 도대체 무슨 일을 저질렀는지요?"

안내자들에게 경기장 앞의 세 줄은 비워놔달라고 요청했지만 누구를 위한 자리인지를 알려주지 않았다. 이 때 안내 총책임자가 흥분한 채 당황한 목소리로 내게 달려왔다.

"목사님, 어떻게 해야 될지 모르겠습니다."

그는 나를 발코니로 데리고 가서 경기장 아래쪽을 가리키며 말했다. 거기서 이스라엘과 니키가 지팡이로 바닥을 두들기며 휘파람을 불면서 소리지르고 있었다.

"마우마우 갱단 아이들인데요. 예약석에 앉지 못하게 막을 수가 없어요." 그가 말했다.

"잘 됐네요. 거기는 그들 자리예요. 그들이 내 친구들이죠."

내가 말했다.

나는 내가 느끼는 것보다 더 확신 있게 말했다.

눈을 깜빡거리며 나를 쳐다보고 있는 그 안내원을 뒤로한 채 서둘러서 탈의실로 내려갔다. 그곳은 불길한 예감에 긴장감마저 감돌았다.

"느낌이 좋지 않아요. 라이벌 관계에 있는 갱단들이 모여 있어서 대규모 싸움이 벌어질 수도 있어요."

경기장 관리자가 말했다.

"만약에 대비해서 경찰을 부를까요?"

갱단들을 잘 아는 어느 목사님이 물었다.

나는 다시 밖을 내다 보았다.

우리의 십대 소녀들 중에 노래 잘 하고 영화배우처럼 예쁘게 생긴 소녀가 경기장 한쪽 끝에 설치된 무대 중앙으로 가고 있었다.

"메리가 어떻게 하는지 지켜보죠. 경찰을 부를 필요가 없을지도 몰라요. 그 아이의 노래가 그들의 동물같은 야성을 부드럽게 해줄 수도 있죠." 하고 내가 말했다.

그런데 메리 아귄조니가 노래하기 시작하자 고함과 휘파람 소리가 두 배로 더 커졌다.

"헤이, 베이비. 몸매 좋은데!"

"쇼가 끝나면 이 불쌍한 죄인을 위해 시간 좀 내 주지?"

"자기, 이름이 뭐야?"

소년들은 의자 위에 올라서서 성적인 농담을 했고, 노출이 심한 옷을 입은 소녀들은 메리가 부르는 복음성가에 맞추어 빙빙 돌며 춤을 췄다.

메리는 내가 서 있는 곳을 바라보며 눈빛으로 어떻게 하면 좋겠냐고 물었다. 환호와 박수 그리고 앙코르가 이어졌지만, 그녀에게 들어오라는 신호를 보냈다.

"목사님, 집회를 끝낼까요?"

"아니요. 아직요. 조금 더 기다려보죠. 그들에게 이야기를 해볼게요. 만일 상황이 안 좋게 진행되면 그 때 알아서 하세요."

내가 걸어 나갔다. 무대 중앙까지가 먼 길처럼 느껴졌다. 물론 이스라엘이 자기가 있는 위치를 알려주었다.

"헤이, 목사님! 나 여기 있어요. 내가 애들 데리고 온다고 했죠."

그를 향해 미소를 지어주는데 니키의 굳어있는 눈동자와 마주쳤다. 그 때 갑자기 어떤 영감이 떠올랐다.

내가 마이크를 잡고 말했다.

"오늘 밤에는 좀 다른 것을 하려고 합니다. 갱 단원에게 헌금을 걷도록 하겠습니다."

니키를 바라보며 말했다.

"자원자 6명을 보내줄래?"

니키는 만감이 교차하는 표정을 지으며 일어섰다. 그는 마우마우 갱 단원 중에 5명을 지명했고 6명이 무대 앞으로 올라와 섰다.

내 결정이 이미 좋은 결과로 나타났다. 모두의 주의를 끌었기 때문이다. 수백명의 십대 청소년들이 날뛰던 것을 멈추고 무슨 일이 벌어질지 기대하며 숨을 죽였다.

무대 옆쪽으로 가서 안내자들로부터 종이 밀크셰이크 상자를 몇 개 받아왔다. 소년들에게 그것을 나눠주며 말했다.

"이제 통로를 지나가면서 헌금을 걷은 후에 커튼 뒤로 가서 무대 위로 올라와 나에게 갖다주세요."

니키의 얼굴을 보면서 그 장소를 가리켰다. 그 커튼 뒤에는 무대용 계단 뿐만 아니라 거리로 나가는 문도 있었다. 큰 화살표에 이렇게 써 있었다. '출입구.'

니키는 그 종이 상자를 엄숙하게 받았지만 그의 눈에는 조롱과 경멸이 서려있었다. 오르간이 연주되는 동안 니키와 다섯 명의 소년들은 헌금을 모았다. 게다가 그는 기금조성자 역할을 잘 해냈다. 니키는 칼로 찌른 전과 16범으로, 브루클린 아이들뿐만 아니라 맨해튼과 브롱크스의 갱들 사이에서도 칼잡이로 악명이 높았다.

그는 또한 야구방망이를 사용하는 것으로 유명하다. 신문은 그를 "쓰레기통 싸움꾼"으로 묘사했다. 왜냐하면 패싸움을 할 때 깡통을 머리에 쓰고 달려가면서 야구방망이를 사정없이 휘두르기 때문이다. 니키가 좌석의 끝줄에 서서 헌금 상자를 흔들면, 아이들은 주머니를 뒤적여 돈을 꺼냈다.

헌금이 충분히 모아지자 그는 다른 소년들에게 신호를 하여 함께 앞으로 가서 커튼 뒤로 갔다. 나는 그들이 무대로 올라올 때까지 기다렸다.

아이들이 킥킥거리며 웃는 소리가 경기장 전체로 퍼져갔다. 1분이 지났다. 소녀들은 흥분상태를 참느라 손으로 자신들의 입을 막았다.

2분이 지났다. 억제했던 웃음이 터져 나오고, 나의 영감은 내 눈 앞에서 완전히 미친 짓으로 바뀌었다. 아이들은 일어서서 발을 구르며 조롱하는 소리를 냈다.

그러더니 전체가 조용해졌다. 나는 고개를 돌려보았다.

니키와 다른 소년들이 헌금으로 가득한 상자를 들고 무대를 가로질러 나에게 오고 있었다. 니키는 자신이 무엇을 하고 있는지 모르겠다는 듯이 당황하며 신경이 예민해진 눈으로 나를 쳐다보았다.

"돈 받아요, 목사님."

그가 화가 나서 무례하게 말했다. 그의 말이 그에게서 질질 끌려나오는 것 같았다.

"니키, 고마워요."

일상적인 목소리로 들리길 바라며 내가 말했다. 그들이 강단까지 걸어 올라오는 내 생애 최악의 2분이 지난 후 강단으로 걸어갔다.

여섯 명의 소년들이 천천히 자기들 자리로 돌아갈 동안에는 쥐 죽은 듯이 고요했다.

나는 희망에 부풀어 말하기 시작했다. 하지만 아이들이 내 메시지에 공감한다고 생각했다면, 그것은 큰 착각이었다. 그들의 귀만 울릴 뿐 마음까지 울리지는 못한 것 같았다.

내 설교가 어떤 면이 부족한지 이해할 수가 없었다. 설교를 잘 하기 위하여 내가 할 수 있는 모든 것을 했다. 많은 시간을 할애하여 설교를 준비했고 모든 문장을 기도하면서 써 내려갔다. 심지어 설교가 잘 전달되어 아이들을 설득할 수 있게 해달라고 금식기도까지 했다.

그러나 강단에 서서 마치 주식시장 보고서를 읽는 것 같았다. 어떤 말을 해도 그들에겐 비현실적이었고, 그들의 마음에 다가가지 못한 것 같았다.

약 15분 정도 설교를 하고 나서 느낀 것은 아이들이 점점 더 웅성거리기 시작한다는 것 뿐이었다. 설교를 하다가 '서로 사랑하라'는 예수님의 말씀을 인용하게 되었다.

두 번째 줄에 앉았던 누군가가 일어섰다.

그가 의자 위로 올라가더니 소리쳤다.

"잠깐만요, 목사님! 잠깐만요! 나보고 드래곤 애들을 사랑하라고요? 저 놈들 중 한 녀석이 나에게 칼자국을 만들어 줬어요. 좋아요, 그들을 사랑해 줄게요. 쇠파이프로요."

그리고 헬 버너스에서 온 다른 소년이 일어나 셔츠를 풀어 헤쳤다.

"목사님, 여기 총알 자국을 보세요. 저 흑인 갱단 단원 중 한 명이 이렇게 했어요. 그런데 그들을 사랑하라고요? 당신은 비현실적이예요."

증오로 가득 차 있는 그곳에서 그것은 비현실적인 말이었다. 그것은 불가능한 말로 들렸다.

"우리의 노력으로는 어떤 것도 할 수 없습니다." 내가 인정하며 말했다.

"나는 하나님의 사랑을 말하고 있습니다. 우리는 단지 하나님의 사랑을 우리도 갖게 해 달라고 기도해야 합니다. 우리의 힘으로는 사랑할 수가 없습니다."

그리고 갑자기 이 말이 바로 나 자신을 위한 말이란 사실을 명확하게 깨달았다.

'이것은 조조에게서 배웠던 바로 그 교훈이 아닌가?'

우리 인간은 우리 자신이나 다른 사람들을 거의 변화시킬 수 없고, 그들을 치유할 수도 없으며, 미움을 사랑으로 대치하는 것도 거의 불가능하다. 우리는 우리의 마음과 정신을 하나님께로 가져가서 그곳에 그것들을 내려놓아야 한다.

예전에 거리에서 했던 것처럼 고개 숙여 기도했다.

바로 이 순간에 집회의 주도권을 하나님께 넘겨드렸다.

"주님, 제가 할 수 있는 것은 더 이상 아무것도 없습니다. 여기에 이 젊은 친구들을 초대했습니다. 이제 저는 뒤로 물러나겠습니다. 성령님께서 와 주십시오. 이 소년 소녀들의 마음에 원하시는 대로 임재해 주옵소서. 주님 뜻대로 하옵소서. 주님 뜻대로 하옵소서."

* * * * * * * *

3분은 생각보다 긴 시간이었다. 청중들 앞에서 고개를 숙이고 기도하면서 3분 동안 서 있었다. 아무 말도 하지 않았고 움직이지도 않았다. 조용히 굴복하며 기도 드렸다.

아이들 중 일부가 비웃어도 더 이상 신경 쓰이지 않았다. 천천히 집회

장소가 조용해졌지만 놀라지 않았다. 먼저 앞의 세 줄이 조용해졌다. 이스라엘의 목소리가 들렸다.
"이제 됐어! 그만해."
경기장 뒤쪽과 발코니 위까지 고요해졌다. 3분이 채 지나기도 전에 경기장은 숙연한 분위기로 완전히 바뀌었다. 그리고 누군가 우는 소리가 들렸다.

눈을 뜨고 앞을 보았다. 앞줄에 앉아있던 이스라엘이 주머니에서 손수건을 꺼내고 있었다. 그것을 펴서 코를 풀고는 눈을 연신 깜빡거리며 코를 훌쩍였다.

나는 계속 기도했다.
"주님, 이 아이들 모두를 받아 주옵소서."
그리고 내가 기도할 때 니키가 손수건을 꺼냈다.
나는 내 눈을 믿을 수가 없어서 다시 쳐다 보았다. 지팡이에 기대고 서서 코를 훌쩍거리고 눈을 깜빡거리며 울고 있는 자기 자신에 대해 화가 나 있었다. 소년들 중 하나가 그의 어깨에 손을 얹었다. 니키는 그의 손을 떨쳐냈다.

말해야 할 시간이 왔다. 큰 소리로 내가 말했다.
"좋아요, 여러분도 하나님을 느끼고 있군요. 하나님은 여기에 계십니다. 특별히 여러분을 위하여 이곳에 오셨습니다. 만일 여러분의 삶이 변화되길 원한다면, 지금이 바로 그 때입니다. 일어나서 앞으로 나오세요!"
이스라엘은 주저하지 않았다.
그는 일어서서 자신의 친구들에게 말했다.
"얘들아, 3년 동안 나는 너희들의 리더였다. 내가 가라고 하면 너희는 갔다, 그렇지?"

"당연하지." 마우마우 갱단들이 말했다.

"좋아, 나는 앞으로 나갈 건데 너희들도 오는 거야. 일어서자."

그들은 한 사람처럼 일어나서 이스라엘의 뒤를 따랐다. 아니, 그들은 먼저 가려고 서로를 밀어내면서 뛰어나왔다. 니키도 그들 중에 있는지 살펴봤다. 그도 있었다.

앞으로 나가는 분위기가 점점 더 확산되었다. 다른 갱단에서 온 30명 이상의 소년들이 마우마우 갱단을 따라 탈의실로 내려왔다.

그곳에는 교회에서 파송한 상담자들이 대기하고 있었다. 바빠서 정신을 못 차릴 정도였다. 방마다 돌아다니면서 최선을 다해 돕다가 갑자기 이상한 점을 발견했다. 새로운 삶을 살겠다고 작정하며 앞으로 나온 소년들은 수십 명인데 소녀들은 세 명 뿐이었다는 점이다.

청중석에서 휘슬소리가 들려서 문을 열고 내다봤다. 어떤 소녀가 블라우스 단추를 풀고 가슴을 내보이며 같이 온 소년들을 부르고 말했다.

"너희들 거기에 들어가면 이거는 더 이상 없어."

그 행동을 제지시키기도 전에 다른 소녀들도 그대로 따라했고, 몇몇 소년들을 다시 끌어내는데 성공했다.

황당했다. 내가 생각하기에 이 소녀들은 사랑에 관해 이야기하는 것을 듣고 질투를 느꼈던 것 같다. 그녀들은 사랑을 뺏기고 싶지 않아 했고, 초라하고 보잘 것 없는 싸구려 사랑을 붙잡기 위해 애를 썼다.

* * * * * * * *

무엇보다도 니키의 회심이 가장 믿기 어려웠다. 그는 그곳에 서서 환한 미소를 지으며 긴장되고 머뭇거리는 말투로 말하고 있었다.

"하나님에게 제 마음을 드리고 있습니다."

나는 믿어지지가 않았다. 그의 변화가 너무 갑작스러웠기 때문이다. 그는 담배연기를 뿜으면서 마음속에 새로운 어떤 일이 일어났다고 말했다.

'마약중독은 어떻게 된 것인가? 도둑질, 폭력, 만취, 칼질, 그리고 변태적 성욕은 또 어떻게 된 것인가?'

그는 내 생각을 파악했는지 자신이 알고 있는 유일한 방어수단인 욕설을 퍼부었다:

"제기랄, 목사님, 하나님에게 내 마음을 드렸다고요."

"그랬군요. 좋아요, 니키."

그에게 어떤 확신을 주고 싶어서 그와 이스라엘을 따라서 앞으로 나온 마우마우 갱단들에게 성경책을 나눠주게 했다. 성경책은 휴대용과 큰 것 두 종류가 있었다. 소년들은 작은 것은 좋아하지 않았다.

"목사님, 큰 것을 주세요. 큰 것을 들고 다녀야 사람들이 알아볼 수 있 잖아요."

대부분의 소년들을 성경책을 옆구리에 끼고 담배를 피우면서 나갔다.

* * * * * * * * *

다음 날 아침 일찍 전화가 왔다. 오르띠즈 부인이 내 작은 방의 문을 열면서 얼굴을 들이밀고 물었다.

"목사님, 경찰서에서 전화가 왔어요."

"경찰서라고요?"

나는 심장이 덜컥 내려앉는 것 같았다.

전화를 받았을 때 안 좋은 말을 들었다.

그 경관은 마우마우 갱단을 아느냐고 물었고, 내가 그렇다고 대답하자 경찰서로 즉시 나오라고 했다.

에드워드 스트리트 프리신트 경찰서에 도착했을 때 6명의 갱단원들이 있었다. 그들을 지나서 담당 경사에게 가서 내 소개를 했다.

그런데 그 다음에 일어난 일은 내가 평생 잊지 못하는 일이다.

그 경사가 경찰서장에게 전화했고, 그가 경찰 전체를 소집했다. 경찰서장이 내게 악수를 청했다.

"목사님, 당신과 악수하고 싶습니다."

내가 손을 내밀자 그는 내 손을 꽉 잡았다.

"어떻게 그렇게 하셨습니까? 이 소년들은 몇 달 전에 경찰과의 전쟁을 선언했었습니다. 몇 년 동안 말썽만 일으켰지요. 그런데 오늘 아침에 한꺼번에 몰려와서는 자신들이 무엇을 원하는지 아느냐고 묻더군요."

나는 고개를 가로저었다.

"자기들 성경책에 서명을 해달라는 거예요!"

나는 그들과 함께 온 니키와 이스라엘을 바라보았다. 그들도 나를 보고 싱긋이 웃었다.

"목사님, 집회를 또 여시면 우리가 도와드리겠습니다. 연락만 주십시오." 하고 경찰서장이 들뜬 목소리로 말했다.

우리가 브루클린 인도쪽으로 나갈 때, 책상에 앉아있던 경사가 이해하기 어렵다는 듯이 고개를 저었다.

****

내가 알고 있는 소년들은 대체로 밤에 성경을 읽었다. 그들은 특히 구약의 이야기에 매료되었다.

"목사님, 내가 성경에 나와요! 도처에 제 이름이 있어요."

이스라엘이 기분 좋아하며 말했다.

그날 밤 병원에 있는 아내에게 전화를 했는데, 집회에 대해 말하느라 다른 이야기는 거의 하지 못했다.

"여보, 지난 밤에 모든 일이 다 잘 되었어. 당신이 여기 같이 있었더라면 정말 좋았을 텐데." 내가 아내에게 말했다.

"여보, 나도 바빴어요. 집에 돌아오면 제 이야기도 좀 해 달라고 해 주세요." 그녀가 받아 말했다.

11장
빈민가 출신의 성자, 니키 간증

고속도로 톨게이트를 통과하자 찌는 듯한 뉴욕거리에서 시원한 펜실베이니아의 언덕으로 급변했다. 날씨가 너무 뚜렷하게 대조를 이루었다. 그런데 차를 타고 가는 동안 벅보드와 스테이지코치, 니키와 이스라엘, 마리아와 조조 그리고 안젤로가 계속 생각났다. 참으로 기이하게 내 인생과 얽혀버린 조폭들이다.

필립스버그에 돌아와서도 마찬가지였다. 뒤뜰 나무그늘에 앉아 아내가 만든 오렌지에이드를 마시면서 바구니 안의 우리 아기를 보고 있었다. 후덥지근한 공원 한 구석에서 자리싸움하고 있을 뉴욕의 아이들에게 생각을 빼앗기지 않도록 마음을 다잡았다.

"당신 교구는 필립스버그에요."

목사가 되기로 결심했지만 입학금이 없는 안젤로 모랄레스 걱정에 한참 빠져있던 어느 날 밤, 아내는 내게 부드럽게 상기시켜주었다.

"교회를 소홀히 하시면 안 돼요." 아내의 말은 옳았다.

나는 그 후 6개월 동안 내가 가진 모든 것을 이 산골 교구에 쏟아 부었다. 사역은 만족스러웠고 모두를 사랑했지만, 뉴욕은 내 머릿속에서 절대 떠나지 않았다.

한 교인이 은근히 말했다. "목사님은 그 도시 아이들에게 하시는 것만큼 이곳 일에 열정적이지 않으신 것 같습니다."

나는 침을 꿀꺽 삼켰다.

교인들이 나를 이렇게 파악하고 있을 거라고는 미처 생각지도 못했다.

그러나 표가 나든 안 나든, 나는 스스로에게조차 놀랄 생각을 조금씩 하고 있었다 – 가족들을 데리고 뉴욕으로 가서 이 소년들을 위해 전임 사역자로 섬기리라.

그들에게 집을 사줄 수는 없을 것이다. 하지만 거리에서 그들과 함께 사역할 수는 있을 것이다. 이 생각이 머릿속에서 계속 떠나지 않았다.

그 해 가을과 겨울, 심방을 다니면서 더 깊이 생각해봤다. 인도하심을 바라면서 사람들에게 하나님의 뜻을 아는 것에 관한 말씀들을 전했다.

나는 다른 어떤 곳보다 언덕 꼭대기에서 그 생각을 했다. 어릴 때부터 어려운 문제들은 나만의 특별한 언덕에 올라가서 생각하곤 했었다. 어린 시절부터 지금까지 내 불만을 들어주는 특별한 존재, 즉 펜실베이니아 주 바네스보로에 있는 우리 집 근처의 작고 멋진 산 올드 발디였다.

올드 발디에서 우리 집을 내려다보면 엄마와 아빠 그리고 친구들이 나를 찾기 위해서 주변을 뛰어다니는 모습이 보였다. 어떤 때는 하루의 대부분을 그곳에 머물면서 소년으로서 정복해야 할 문제들을 고심하곤 했다.

집에 들어가면 언제나 호되게 얻어 맞았지만 아빠의 회초리도 나의 하는 일을 막지는 못했다. 그곳에 올라가면 내게 필요한 무관심과 초연함을 발견할 수 있었기 때문이었다.

내겐 지금 그것이 너무 필요하다. 우리 교회에서 그리 멀지 않은 곳에 노천 채굴장이 있었다. 나는 그곳을 올드 발디의 어른 버전으로 선택했다. 이 언덕에서는 교회가 보였고, 내 차를 한 곳에 주차해놓으면 아내는 그것을 보고 내가 오랫동안 사라져도 걱정하지 않을 것이다.

나만의 언덕에 올라가 나는 그 문제를 고심했다. 뉴욕행의 충동이 하나님으로부터 온 것인지 알고 싶었다. 나는 진실로 이 교회를 내려놓고 일상생활의 모든 문제가 가득한 마약의 도시를 향해 그웬과 세 아이들을 데리고 떠나야 하는가?

분명하고도 확실한 대답은 금방 나오지 않았다. 대부분의 인도하심이 그렇듯이 한 번에 한 걸음씩이었다.

첫걸음은 뉴욕을 다시 방문하는 것이었다.

"파머 재판이 있은 지도 벌써 1년이 됐다는 걸 알고 있어요?"

어느 2월의 아침 내가 아내에게 물었다.

"어머!" 하고 그웬이 말했다.

"무슨 뜻으로 말씀하시는 거예요?"

"당신, 뉴욕으로 돌아갈 준비를 하고 있는 거군요, 그렇죠?"

나는 가볍게 웃었다. "아주 짧게 다녀올까 해요. 1박 2일로."

"흠…."

* * * * * * * *

조지 워싱턴 다리 그리고 브루클린 다리를 다시 운전해서 건너니 기분이 좋았다. 이 도시에 처음 왔을 때 그랬던 것처럼 쌓인 눈더미를 뛰어 넘으며 거리를 다시 걷는 것도 좋았다. 얼마나 마음이 편안한지 스스로 놀랄 정도였다. 오랜 친구들을 찾아보고 싶어졌다. 소년들의 가슴에 기적이 일어났던 장소로 다시 가보고 싶었다.

그 중 하나는 포트 그린 주택단지였다. 지미 스탈과 내가 연기를 했던 장면을 생각하면서 거리를 걷고 있는데 갑자기 누가 내 이름을 불렀다.

"데이빗 목사님!"

고개를 돌리니 체격 좋은 두 명의 아프리카계 미국인 군인 두 명이 나를 향해 달려오고 있었다. 그들은 새로 다림질을 한 단정한 제복을 입고 있었는데, 구두는 눈이 부실만큼 반짝거렸다.

그들을 빤히 쳐다보던 내가 외쳤다.

"벅보드! 스테이지코치!"

그들을 거의 알아볼 수가 없었다. 둘 다 10킬로는 늘은 게 틀림 없었다.

"네!"

둘은 차렷 자세를 취하며 힘차게 대답했다.

"좋아보이세요, 목사님."

주택단지에 사는 많은 소년들에게 군 입대는 일종의 최후 수단이다. 읽고 쓸 줄 알고 건강하기만 하면 제복을 입을 수 있는 자격이 되었다.

벅보드, 스테이지코치 그리고 나는 이렇게 멋지게 재회했다.

그들은 정말 잘 해오고 있다고 내게 말해주었다. 우리의 거리 집회 후에 갱을 그만두었고 다시는 그곳으로 돌아가지 않았다고 한다.

"사실, 목사님," 스테이지코치가 말했다,

"채플린이 지난 여름에 해체됐어요. 아무도 싸우고 싶어하지 않아요."

나는 아쉬운 마음을 뒤로 한 채 벅보드와 스테이지코치와 헤어졌다.

이 예상치 못했던 만남에 대한 나의 반응과 의지에 스스로 놀랐다. 내가 아는 것 이상으로 나는 이 소년들을 좋아했고 그리워하고 있었다.

하지만 더 놀랄만한 사건이 나를 기다리고 있었다.

지미와 함께 말씀을 전했던 가로등을 지나 에드워드 거리를 걸으며 이스라엘과 니키를 찾고 있었다. 히스패닉계로 보이는 한 청소년에게 마우마우단의 니키와 이스라엘의 행방에 대해 물어봤다.

이 소년은 나를 이상하다는 듯 쳐다보았다.

"성인군자가 된 그 별종들을 말하는 거군요?"

농담으로 속삭이는 이 소년의 말에 내 심장이 고동쳤다.

'하나님께 영광을!' 하며 나는 생각했다.

'아이들이 잘 해내고 있구나!'

그 다음 내 귀에 들린 말은 현기증을 일으킬 정도였다.

그들은 잘 해내고 있었고, 니키는 성공적 삶을 살고 있었다.

"아, 니키는 말이죠!"

경멸하는 듯이 코웃음을 치며 소년이 말했다.

"걔는 미쳤어요. 멍청하게 목사가 되려고 해요."

내 입은 여전히 벌어져 있었다.

"내가 똑바로 들은 게 맞니? 니키가 목사가 되고 싶어한다고?"

"그렇게 말하던데요."

나는 어딜 가야 그를 찾을 수 있을지 알고 싶었다.

'언제 설교에 대해 말했을까? 누구에게 말했을까? 첫걸음을 내딛긴 했을까?'

소년은 알지 못했기에 나는 그 자리를 떠나 직접 니키를 찾아야 했다. 잠시 후 나는 공동주택 계단에 앉아 한 소년에게 복음을 이야기하고 있는 그를 발견했다.

"니키?" 내가 그를 불렀다.

니키가 내 쪽으로 고개를 돌렸다.

이전에 보지 못했던 환한 얼굴이었다. 사납고 방어적인 모습은 온데간데없이 태도가 개방적이었고 생기가 넘치고 매력적이며 열정적인 소년의 얼굴이었다. 그의 눈은 기쁨이 가득한 채 반짝였다.

"데이빗 목사님!" 그가 벌떡 일어나 나를 향해 달려왔다.

그는 함께 있던 소년을 향해 말했다.

"이 분은 내가 전에 말했던 목사님이셔. 나를 괴롭혔던 분이시지."

니키를 보고 있는 이 순간이 참으로 놀랍기만 했다. 이야기를 나누면서 나는 니키에게 목사가 되고 싶어 하는 게 사실이냐고 물었다.

니키의 시선이 인도 쪽을 향했다.

"무언가를 이토록 원했던 적은 없었어요, 목사님." 그가 말했다.

"정말 놀라운 소식이구나!" 하고 나는 기뻐했다.

"그럼, 뭔가 진전이 있나?"

"어떻게 시작해야 할지 모르겠어요."

나는 여러 가지 생각들로 가득 찼다.

여러 신학교에 편지를 보내보라고 조언해 주었다. 그를 직접 후원하고 싶었다. 말투가 어눌하기에 음성 클리닉도 다녔으면 했다. 이 모든 것을 위해 필요한 돈을 마련할 생각까지 했다.

몇 주 뒤, 나는 뉴욕 엘미라의 한 교회에서 도시 청소년들의 문제에 대한 강연을 하기로 되어 있었다. 그 도시에 루이스 알바레즈가 수감되어 있다는 게 아이러니컬하다는 생각이 들었다.

소년들은 엘미라에서 오래 머물지 않는다. 루이스는 지금쯤 이송되었을 것이고 그가 어디 있는지 나는 알 수 없었다.

"니키," 내가 말했다.

"나와 함께 엘미라로 가보겠니? 그 곳에서 너의 간증을 사람들에게 말해줄래? 그들이 너를 도와줄 수 있을 거야."

이렇게 제안하자마자 양심의 가책이 생기기 시작했다.

니키의 이야기는 뉴욕 엘미라에서는 거의 이해할 수 없을 만큼의 잔혹함과 기이한 행위들이 너무 많아서 그곳 사람들이 매우 불쾌하게 생각할 수 있다. 뉴욕거리의 오싹한 장면과 소리에 익숙해진 나조차도 그의 이야기는 충격적이었다.

그러나 나 자신을 설득했다. 엘미라 교회 교인들은 갱단에 대해 알고 싶어 하는 마음을 표출했었다.

'이보다 더 확실한 소개가 어디 있겠는가!'

나로서는 니키의 간증을 처음부터 끝까지 들을 수 있는 기회였고 무엇보다도 빈민가 출신의 성자 니키의 체험을 알 수 있는 기회였다.

니키는 몇 주 뒤 뉴욕 엘미라의 한 강단에 서서 자기 인생에 대한 간증을 하게 되었다. 그와 같은 소년들이 가난과 외로움 때문에 얼마나 힘들게 사는지를 강조하면서 시간을 할애하여 그를 소개했다. 청중들이 그의 간증을 듣기도 전에 그를 너무 무심하게 판단하지 않도록 돕고 싶었다. 그러나 나의 예방조치는 불필요했다.

그가 말하는 순간부터 그곳을 가득 메운 사람들은 그의 편이었다. 니키의 말, 애처롭기만 한 그만의 고유한 경험, 과장하거나 꾸미는 법을 배운 적이 없는 한 소년이 들려주는 단조로운 음조의 이야기는 그가 속했던 폭력세계에 대한 수많은 사회학 책들보다 더 많은 것을 말해주었다.

"저는 대부분 거리에 있었습니다."

그의 간증은 이렇게 시작되었다.

"우리 가족이 살던 곳을 찾아오는 손님들이 있었습니다. 낮과 밤을 가리지 않았기에 아이들은 모두 나가 있어야 했습니다. 부모님은 심령술사였습니다. 그들은 히스패닉 신문에 죽은 자와 말하고 병자를 고치며 돈이나 가족 문제에 대한 조언을 해 준다는 광고를 냈습니다. 집에는 방이 하나 뿐이어서 저는 거리로 나올 수밖에 없었습니다. 거리의 다른 아이들에게 처음으로 맞은 이후 저는 늘 두려웠습니다. 그러다 싸우는 법을 배웠고 어느새 그들이 오히려 저를 두려워하게 되고 아무도 나를 건드리지 않았습니다. 그렇게 되니 저는 집에 있는 것보다 거리에 있는 게 더 좋았습니다. 집에서는 제가 막내인데다 아무것도 아니었지만, 거리에서는 모두가 제가 누군지 알아봐 주었으니까요."

"우리 가족은 이사를 많이 다녔습니다. 대부분 저 때문이었어요. 문제가 생겨서 경찰이 주변을 조사하면, 우리가 어디서 살든 관리인은 부모님에게 이사하라고 조치하곤 했습니다. 자기 건물이 시끄러운 일에 휘말리게 되는 걸 원하지 않기 때문이었죠. 경찰이 푸에르토리코 출신의 한 소년에게 질문만 하면 늘 그랬습니다. 그가 무엇을 했는가는 문제가 되지 않았습니다. 경찰이 그에 대해 묻기 시작하는 순간 그와 가족들은 이사를 해야 했습니다.

제가 왜 그런 행동을 했는지 모르겠습니다. 제 안에 있는 두려움이 저를 언제나 괴롭혔고 멈출 수가 없었습니다. 불구자 아이들을 보면 그런 감정이 생겼습니다. 죽이고 싶었습니다. 눈 먼 사람도 아주 어린 아이들도, 약하거나 상처 입은 사람이라면 누구나 싫었습니다.

어느 날 저는 아버지에게 이 문제에 대해서 말씀 드렸습니다. 평소에 아버지와 대화를 하지 않았지만 그 때는 너무 무서웠습니다. 아버지는 제 안에 악마가 있다고 했습니다. 그는 제게서 악마를 불러내려고 시도했지만 나타나지 않았습니다.

제 안의 광기는 점점 더 심해졌습니다. 누군가가 목발을 짚고 걸으면 저는 그것을 차 버렸고, 수염이 있는 노인에게는 다가가서 수염을 뽑았으며, 어린 아이들에게는 폭력을 휘둘렀습니다. 그러는 동안 저는 무서워서 울고 싶었지만 제 안에 있는 어떤 존재는 계속 웃고 있었습니다. 다른 하나는 피였습니다. 피를 보는 순간 저는 웃기 시작했고 멈출 수가 없었습니다."

"포트 그린 주택단지로 이사했을 때 저는 마우마우단에 들어갔습니다. 그들은 제가 두목이 되길 원했습니다. 그러나 갱들과 싸움을 할 때 두목은 교통정리를 해야 하는데(명령을 내려야 하는데) 저는 싸우고 싶었습니다. 그래서 저는 부두목이 되었습니다."

"저는 또한 경비대였습니다. 무기고를 제가 맡고 있었다는 뜻입니다. 저희한테는 군용벨트, 총검, 잭나이프, 수제 권총이 있었습니다. 그곳에 들어가서 무기들을 보는 게 좋았습니다. 자동차 안테나를 훔쳐서 권총을 만들었습니다. 기계 해머에 도어 래치(문 잠금장치)를 사용하여 총을 제작했습니다.

그런데 저는 싸울 때 야구 방망이가 좋았습니다. 쓰레기통의 구멍으로 앞을 볼 수 있도록 한 다음, 머리에 뒤집어쓰고 방망이를 휘둘렀습니다. 마우마우 단원들은 제 곁에서 함께 싸우지 않았습니다. 제가 완전 미치면 물불 안 가리고 누구든지 팼기 때문입니다.

저는 또 칼로 찌르는 법을 배웠습니다. 누군가를 칼로 베어 버리긴 해도 죽이지는 않는 법이지요. 저는 16명을 찔렀고 12번 감옥에 갔습니다. 어떤 때는 제 사진이 신문에 나서 거리를 걸어가면 사람들이 저를 알아보고, 엄마들은 아이들 이름을 불러 들이느라 정신없었습니다. 갱들 역시 저를 알고 있었습니다.

어느 날 지하철을 기다리고 있는데 남자 다섯 명이 제 뒤에 섰습니다. 제 목을 가죽 벨트로 감고는 비틀어 돌렸습니다. 죽지는 않았지만 그 일 이후 저는 말을 제대로 할 수 없게 되어 차라리 그때 죽었으면 하고 바라기도 했습니다. 그 후로 제 목에서는 이상한 소리가 납니다. 몸에 문제가 있는 사람들에게 가졌던 증오가 이제 저한테도 생겼습니다. 이 일 이후 저는 사람들의 관심을 잃지 않기 위해 언제나 폭력을 휘둘렀습니다."

"저희 갱단의 구역은 코니아일랜드와 랄프까지였습니다. 우리는 MM이라고 적힌 빨간 재킷을 입었고, 싸우기에 편한 콘티넨탈 구두를 신었습니다. 어느 날 저희는 플랫부쉬 가의 어느 과자점에 있었습니다. 여섯 명이 소다를 마시고 있었는데, 마우마우단과 싸우고 있는 비숍 갱단 일곱 명이 들어왔습니다.

"그들 중 한 명이 마치 자기 것인 것처럼 사탕 판매대로 가까이 갔습니다. 제 부하들은 저를 보고 있었습니다. 저는 걸어가서 그를 밀쳤습니다. 그가 다시 저를 밀쳤고 곧 모두가 싸우기 시작했습니다. 가게 안주인이 비명을 지르기 시작했습니다. 손님들은 전부 밖으로 나갔습니다. 판매대 위에 정육점용 칼이 있었는데, 부하 중 한 명이 그것을 집어 들어 비숍 단원 한 명의 머리를 다섯 번이나 찔렀습니다. 피가 보이자 저는 웃기 시작했습니다. 그가 죽었다는 것을 알았고 무서웠지만 웃음을 멈출 수가 없었습니다. 가게주인이 경찰에 전화를 하려고 하자 우리 단원 중 한 명이 그 칼을 그녀의 가슴에 꽂았습니다. 그리고 우리는 도망쳤습니다.

저는 그 칼에 손을 대지 않았기에 감옥에 가진 않았습니다. 그러나 부모님께서 법정에 출두해야 했고, 아마 그 때 부모님이 처음으로 저를 바라봐 준 때인 것 같습니다. 부모님은 제 모습에 겁에 질렸고, 뉴욕을 떠나 푸에르토리코로 돌아가기로 결심했습니다.

제 형과 저는 공항에서 그들에게 작별인사를 했습니다. 형의 차를 타고 집으로 돌아오는 길에 형은 제게 32구경 권총을 주며 말했습니다.

"니키, 이제 네 마음대로 살아라."

"저는 무엇보다도 잠자리를 해결해야 했습니다. 총으로 어떤 남자를 위협해서 10달러를 얻었습니다. 그리고 머틀이란 거리에서 방 하나를 빌렸습니다. 그때가 열여섯 살이었습니다. 그 후에도 사람들을 위협해서 돈이나 저당 잡힐만한 것을 강탈하면서 살았습니다.

낮 동안은 괜찮았습니다. 단원들과 함께 있었으니까요. 부하들은 두목과 나의 말에 철저히 복종했습니다. 하지만 밤이 되어 제 방에 돌아가야 할 때는 너무 끔찍했습니다. 그 과자점에서 죽은 두 사람이 생각났습니다. 그 장면을 잊으려고 바닥에 머리를 찧기도 했습니다. 한밤중에 일어나 울며 어머니를 찾기 시작했습니다. 어머니가 떠나시기 전에도 함께 대화를 하지 않았고 무언가를 같이 하지도 않았지만 어머니가 돌아오셔서 나를 돌봐주기를 바랐습니다."

"이제 열여덟 살이 되었습니다. 7월 어느 날 드래곤 갱단 단원들이 우리 부하들 중 하나를 죽였습니다. 우리는 그들 중 한 명을 잡으려고 지하철을 향해 가고 있었습니다. 갱단의 규칙은 우리애들이 한 명 죽으면 드래곤단 한 명을 죽이는 것이었습니다. 에드워드 가를 걷고 있는데 주차되어 있는 경찰차 한 대와 주변을 어슬렁거리는 채플린 한패가 보였습니다. 채플린은 포트 그린의 아프리카계 흑인 갱단입니다. 그들과는 서로 싸우지 않고, 다른 갱단이 침범할 경우 서로 도와주겠다고 약조를 했습니다.

사건이 생긴 것 같아 저희는 그리로 갔습니다. 채플린 단원들은 제가 한 번도 본 적이 없는 두 명의 모르는 남자를 둘러싸고 있었습니다. 한 명은 트럼펫을 가지고 있었고, 다른 한 명은 아주 마른 남자였습니다. 그때 누군가가 국기를 가져왔고 경찰차는 어디론가 가버렸습니다. 이 두 남자는 거리 집회를 열려고 했었습니다.

국기가 오자마자 이 빼빼마른 남자가 피아노 의자 위에 서더니 책을 펴서 읽기 시작했습니다.

"하나님이 세상을 이처럼 사랑하사 독생자를 주셨으니 이는 그를 믿는 자마다 멸망하지 않고."

그 설교자가 말했습니다.

"이제, 믿는 자마다에 대해서 말씀드리겠습니다. 믿는 자마다는 아프리카계 미국인들 그리고 푸에르토리코인들 그리고 특별히 갱단들을 의미합니다. 사람들이 예수님을 십자가에 못 박을 때 갱단들도 못 박았다는 것을 여러분은 알고 있습니까? 그분 옆에 나란히 한 명씩 말입니다."

이런 소리는 질색이었습니다.

저는 "얘들아 가자, 우리 할 일을 해야지."라고 말했습니다.

그런데 한 명도 내 말에 움직이지 않았습니다. 제 명령을 따르지 않은 건 처음이었습니다. 저는 갑자기 겁이 났고 이 설교자를 향해 내가 알고 있는 모든 추악한 이름들을 다 갖다 붙였습니다. 그러나 그는 그런 것엔 신경도 쓰지 않고 계속 오랫동안 이야기했습니다.

갑자기 채플린의 두목이 털썩 무릎을 꿇더니 울기 시작했습니다. 부두목과 행동대장 두 명도 두목 옆에 앉더니 우는 것입니다.

제가 참을 수 없는 또 다른 한 가지가 울음이었습니다. 채플린 단원들이 떠나자 저는 기뻤습니다. 우리도 가야겠다고 생각했습니다.

그런데 이 설교자가 이스라엘에게 다가왔습니다. 이스라엘은 마우마우단의 두목이었습니다. 그는 이스라엘의 손을 잡고 흔들기 시작했습니다. 저는 그가 우리를 해산시키려한다고 생각해 그를 밀치려고 다가갔습니다. 이스라엘은 마치 저를 처음 보는 사람인양 저를 쳐다봤습니다.

그 설교자가 다시 제게 다가오더니 말했습니다.

"니키, 난 너를 사랑한단다."

그런데 지금까지 제 인생에서 사랑한다고 말을 해 주는 사람은 아무도 없었습니다. 저는 어찌 할 바를 몰랐습니다. 오히려 저는 "가까이 오면 죽여 버릴꺼야!"라고 말했습니다. 진심이었습니다.

이스라엘과 그 설교자는 얼마간 더 이야기를 나누더니 결국 그는 떠났고 저는 이걸로 끝났다고 생각했습니다. 드래곤 갱단을 쫓아가는 일만 빼구요. 그런데 이 설교자가 나중에 돌아와서는 맨해튼에서 그들이 개최할 갱단을 위한 큰 집회에 대해, 그리고 오는 방법에 대해 말했습니다.

이스라엘은 "우리도 가고 싶습니다, 목사님. 그런데 칭크 타운을 어떻게 통과하죠?"라고 물었습니다.

"내가 그러면 버스를 보내줄게."

그러자 이스라엘이 그것을 타고 가겠다고 말했습니다.

"저는 제외시켜주라고 말했습니다. 그런 모임에 가느니 차라리 죽는 게 나을 것 같았습니다. 하지만 그들이 가고 나면 저는 혼자 있게 됩니다. 저는 단원들과 함께 있지 않으면 두려웠어요. 그래서 저는 가서 이 작은 기도모임을 손 좀 봐야겠다고 생각했습니다."

그곳에 도착하자 밧줄로 구획이 쳐져 있는 앞쪽에 의자가 세 줄로 놓여있었습니다. 저는 조금 놀랐습니다. 그 목사님은 우리 자리를 마련해 놓겠다고 말했지만 진짜 그렇게 하리라고는 생각하지 않았기 때문이었습니다.

어떤 부인이 오르간을 연주하고 있었습니다.

저는 부하들에게 내가 신호하면 발을 구르고 소리치도록 명령해두었습니다. 그 때 어린 소녀 한 명이 무대로 나와 노래를 부르기 시작했습니다. 저는 그녀에게 휘파람을 불었고 모든 사람들이 웃었습니다. 모든 게 제 뜻대로 되었고 기분이 좋았습니다.

마침내 목사님이 나오더니 말했습니다.

"오늘 밤 말씀을 전하기 전에 헌금을 드리겠습니다."

저는 그의 목적을 파악했다고 생각했습니다. 오는 내내 이 사람이 어떤 인물인지 궁금했는데 그 역시 다른 사람들처럼 돈이라면 사족을 못 쓰는 사람이라고 생각되었습니다.

"여기 갱 단원들에게 헌금을 거두도록 부탁하겠습니다"라고 목사님이 말했습니다.

"그들이 이 커튼 뒤에서 헌금을 모아 무대 위로 오르겠습니다."

저는 그가 어리석다고 생각했습니다. 거기 있는 사람이라면 누구나 뒷문이 있다는 걸 알고 있었습니다!

"자원할 사람 여섯 명 있나요?" 그가 말했습니다.

저는 즉각 일어섰습니다. 그리고 부하들 중 다섯 명을 지명했고 재빨리 줄을 섰습니다. 그를 망신시킬 절호의 기회였습니다. 그가 우리에게 헌금 상자를 주었습니다. 즉시 시작하고 싶었으나 그의 기도가 길었기 때문에 그대로 서 있어야 했습니다. 저는 웃지 않으려고 노력했습니다.

우리는 그렇게 그곳에서 헌금을 걷었습니다. 누군가가 넣는 액수가 마음에 들지 않으면 더 많이 넣을 때까지 꼼짝 않고 그 앞에 서 있었습니다. 그들은 모두 내가 니키인지 알고 있었으니까요. 그리고 우리는 커튼 뒤에서 만났습니다.

그곳엔 문이 활짝 열려 있었습니다. 거리 불빛도 보이고 거리에 물을 뿌리는 트럭도 보였습니다. 몇몇은 웃고 있었습니다. 우리가 무엇을 들고 있는지 알고 있었으니까요. 부하들은 명령을 기다리며 나를 쳐다보고 있었습니다.

전 우두커니 서 있었습니다. 이게 무슨 일인지 헷갈리는데다 기분도 묘했습니다. 그런데 갑자기 목사님이 나를 신뢰하고 있다는 것을 깨닫게 되었습니다. 제 인생에서 그런 적은 한 번도 없었습니다. 저는 꼼짝하지 않고 그 자리에 서 있었고 부하들은 나를 쳐다보고 있었습니다.

무대 쪽에서 우리 단원들이 목사님을 난처하게 만들고 있는 소리가 들렸습니다. 고함치고 발을 굴렀고 목사님은 그저 그곳에 서서 그들을 바라보면서도 나를 신뢰하고 있었습니다.

"좋아, 애들아," 하고 내가 말했습니다.

"무대 위로 가자."

그들은 내 정신이 어떻게 된 게 아닌가 싶어 나를 쳐다봤지만 따지지 않았습니다. 저는 그 순간에도 부하들이 저를 어떻게 하지도 못할 정도의 그런 사람이었습니다.

우리는 계단을 올라갔고 사람들은 순식간에 고요해졌습니다. 우리는 그에게 헌금상자를 내밀었습니다.

"목사님, 여기 있습니다," 하고 내가 말했습니다.

그는 마치 내가 그것을 가지고 올 것을 처음부터 알았다는 듯 전혀 놀란 기색 없이 헌금을 받았습니다. 저는 제자리로 돌아와서 이전보다 깊은 생각에 빠졌습니다. 그는 이야기를 시작했고, 내용은 전부 성령에 대한 것이었습니다. 그는 성령이 사람 안에 들어가면 그 사람을 깨끗케 하실 수 있다고 말했습니다. 이제까지 무엇을 했는지는 전혀 문제가 되지 않으며, 아기처럼 새롭게 시작하도록 만드실 수 있다고 말했습니다.

갑자기 저는 견디지 못할 만큼 간절히 성령을 원했습니다. 마치 처음으로 나 자신이 보이는 것 같았습니다. 모든 더러움, 증오, 부정함이 내 눈앞에 그림처럼 스쳐지나갔습니다.

"당신은 달라질 수 있습니다!" 라고 그가 말했습니다.

"당신의 인생은 변할 수 있습니다!"

나는 그것을 원했습니다. 간절히 필요했습니다. 하지만 그것이 저한테 일어날 수는 없을 거라고 생각했습니다. 목사님은 우리에게 변화되고 싶다면 앞으로 나아오라고 말했습니다. 하지만 저에겐 그것이 아무 소용이 없을 거라고 생각했습니다.

그러자 이스라엘이 우리 모두에게 일어서자고 말했습니다.

"나는 두목이야, 그리고 우리 모두 저기 올라간다!" 그가 말했습니다.

제가 제일 앞에 있었습니다. 무릎을 꿇었고 제 생애 처음으로 기도를 드렸습니다.

"하나님, 저는 뉴욕에서 가장 비열한 죄인입니다. 당신이 저를 원하시리라고는 생각하지 않습니다. 만약 저를 원하신다면 저를 소유해주세요. 이전에 더러웠던 것만큼 이제 예수님을 위해 착해지고 싶습니다."

"나중에 목사님은 저에게 성경책 한 권을 주셨고, 저는 성령이 정말 내 안에 계신지 내가 어떻게 알 수 있는지 궁금해 하며 집으로 돌아갔습니다. 방에 들어가 문을 닫은 후 내게 일어난 첫 번째는 두려움이 사라졌다는 것이었습니다. 마치 친한 친구와 방 안에 있는 것 같은 기분이었습니다. 엄마가 돌아온 것 같은 기분이었습니다.

제 주머니에는 마리화나 담배 네 개비가 있었습니다. 저는 그것을 찢어 버린 후 창문 너머로 던졌습니다.

다음 날 니키가 종교를 가졌다는 소문이 퍼지더니 모든 사람들이 나를 쳐다보았습니다. 그런데 그것이 사실임을 알게 해주는 일이 생겼습니다. 어린 아이들은 저를 보면 늘 피하고 달아나곤 했는데 그 날 두 명의 어린 소녀들이 저를 보고 다가왔습니다. 그들은 자신들 둘 중에 누가 더 큰지 키를 재 달라고 했습니다. 사소한 것이었습니다. 저는 그들 머리 위로 팔을 둘렀습니다. 아이들에게만 보인다 할지라도, 저는 제가 달라졌다는 것을 깨달았습니다.

그 후 몇 주 뒤, 드래곤파 한 명이 저에게 오더니 말했습니다.

"더 이상 무기를 들고 다니지 않는다던데 사실이야?"

제가 진짜라고 말하자 그는 10센티 정도 되는 칼을 꺼내서 내 가슴에 들이밀었습니다. 저는 손으로 칼을 그대로 잡았습니다. 왜 그런지는 모르겠습니다. 그는 달아났고 저는 제 손에서 떨어지는 피를 쳐다보며 한동안 서 있었습니다. 언제나 피는 저를 미치게 만드는 것이었습니다. 그러나 그 날은 그렇지 않았습니다. 성경에서 읽은 말씀이 생각났습니다.

"예수의 피가 우리를 모든 죄에서 깨끗하게 하실 것이요."

저는 셔츠를 찢어 제 손을 동여 매었고, 그 날 이후 피는 더 이상 저를 괴롭히지 못했습니다."

* * * * * * * * *

니키가 간증하는 동안 쥐 죽은 듯이 조용했다. 기적을 목도하는 것처럼 숨을 죽이고 있었다. 그날 밤 엘미라에서 기적을 보거나 들을 때, 모두가 그것에 빠졌고, 니키 자신도 숨을 헐떡일 만큼 뜨거운 간증이었다.

시작할 때 긴장하고 고통스러우며 웅얼거리던 니키의 목소리는 간증을 하면서 바뀌었다. 그의 말은 점차 자연스럽고 명료해졌으며 마침내 그곳에 앉아 있는 사람들만큼 분명하고 쉽게 말하고 있었다. 니키 자신은 그 사실을 인식하고 강단에 전율하며 서 있었고, 눈물을 흘리며 말을 잇지 못했다.

목을 졸려서 부상을 입어 그런지 아니면 의사가 말한대로 '히스테리성' 고통 때문인지 니키의 언어 장애 원인을 알 수가 없었다. 물론 니키는 자신의 형편 때문에 이 문제로 의사에게 진찰을 받아본다는 것을 상상도 못할 일이었다. 그러나 그날 밤 그의 목소리가 치유되었다는 것을 나는 알 수 있었다.

그날 밤 니키를 위한 헌금시간이 있었고, 그 헌금으로 니키는 길고도 주목할 만한 여정을 시작했다.

12장
밀밭에서 들리는 주님의 음성

서재의 갈색 가죽 의자에 앉아 만족스러웠던 지난 몇 달을 되돌아보았다. 낡은 TV를 시청하는 시간이었으며, 그동안 내가 결정한 선택들에서 감사할 이유들이 충분한 것 같았다.

나는 캘리포니아 라푸엔테에 있는 라틴아메리카 성경학교에 니키의 사역에 대한 꿈을 편지로 써 보냈다. 나는 니키의 과거 이력을 숨기지 않았다. 그 또한 스스로를 증명하기에 충분할 만큼 새 인생을 시작한 지 오래되지는 않았음을 솔직히 인정했다. 그리고 그를 견습 학생으로 받아들여 줄 것인지 질문했다.

학교 측은 긍정적 답장을 보내왔다. 뿐만 아니라 거리 출신의 소년이 변화된 간증에 깊은 관심을 보였으며, 얼마 지나지 않아 안젤로 모랄레스도 학교의 초청을 받았다.

절대 의심할 여지가 없었다. 벅보드와 스테이지코치도 잘 하고 있고, 니키와 안젤로도 사역자가 되는 길에 서 있다. 이 모든 것이 내가 그들을 돕기 위해 부르심 받은 과업을 기쁘게 완성해가고 있었다.

그러나 이 평정 상태는 그리 오래가지 않았다.

봄이 되었다. 새 소식을 듣고 다시 일어나 오래 걸리지는 않을 것이라고 생각했던 여정에 오르게 되었다.

이스라엘이 수감되었던 것이다. 가벼운 죄가 아니고, 살인혐의였다. 나는 이스라엘의 어머니를 만나러 뉴욕으로 갔다.

"한동안 우리 아들이 너무 착했어요."

이스라엘의 어머니가 고통 가운데 몸을 부르르 떨며 말했다.

"아이는 안정을 찾고 학기가 시작되자 공부를 했어요. 그런데 갱단이 활동을 재개했어요. '선발'이 뭔지 아시죠, 목사님?"

나는 그것이 무엇인지 잘 알고 있었다.

갱단이 활동을 시작하거나 어떠한 이유로 그들의 등급이 낮아지면 인근의 소년 한 명은 그 갱단의 가장 사악한 발명품이 되어야 한다. 그냥 뽑히는 것이다. 길거리에 멈춰 세우고는 이 순간부터 너는 갱 단원이며 싸움에 참여하며 갱단의 모든 명령들에 복종해야 한다고 말하는 것이다.

만약 거절한다면, 먼저 이유 없는 구타가 따른다. 그래도 거절하면 엄지손가락이나 팔 하나 정도가 부러진다. 다시 거절하면 생명이 위험해진다. 갱단을 아는 자라면 이러한 위협을 결코 가볍게 대하지 않는다. 대부분의 소년들이 가입한다.

사실 이스라엘은 갱단으로 돌아가기 전에 여러 번 거절했었다.

"우리 아들, 너무 겁먹고 있었는데," 이스라엘의 어머니가 말했다.

"그가 돌아갔어요. 어느 날 밤 싸움이 크게 났어요. 애들 중 한 명이 죽었어요. 이스라엘이 그 아이를 쏘았다고는 아무도 말하지 않는데, 같이 있었다는 이유로 아이를 감옥에 넣었어요."

이스라엘의 어머니는 그에게서 받은 편지 한 장을 보여 주었다.

손때가 많이 탔고 눈물 자국도 보였다. 이러한 비극에 대해서 엄마에게 죄송하다는 내용이었다.

그는 고통스러워 보이진 않았다. 출감할 날짜에 대해서 이야기했고 나에 대해서도 언급하면서, "목사님이 알면 슬퍼하실 거예요. 목사님한테 연락 기다린다고 전해주세요"라고 적혀 있었다.

'우리가 무엇을 할 수 있는가? 어떻게 이스라엘을 감옥에서 나오게 할 수 있는가? 내가 가까이 있어 조언과 우정을 나누는 게 도움이 될 것인가? 그를 선발하고 인생을 망치게 한 갱단으로부터 그를 멀리 데려가는 것이 도움이 될 것인가?'

나는 이스라엘의 어머니에게 물어 보았다. 그녀는 슬픔으로 신음하며 고개를 저었다.

"글쎄요."

그녀가 말했다.

"저도 모르겠어요. 아이가 한동안은 착했는데. 다시 옛날로 돌아갔어요. 착해지고 싶어했어요. 우리 아들을 도와주세요, 목사님."

내가 할 수 있는 모든 일을 하겠다고 약속했다. 우선 적어도 이스라엘을 감옥 통신 교육과정으로 보낼 수 있을 것이라고 말했다.

밤이나 낮이나 그 아이 생각뿐이었다. 아내에게도 말했다. 또한 나는 어느새 교회 사람들에게 이 상황에서 그를 위해 무엇을 해 줄 수 있는지 묻고 있었다. 그에게 편지를 썼지만 그가 답장을 할 수 없다는 것이 확인되었다. 직계 가족에게만 답장을 쓸 수 있었다. 그의 통신 교육 과정도 교도소 원목을 통해서 보내야 했다.

초여름 펜실베이니아의 들판이 다시 푸르러질 때쯤, 이스라엘은 어느 때보다도 내 마음속에 있었다. 기회가 있을 때마다 나는 나만의 언덕에 올라가 그를 위해 기도했다. 그 이상 내가 할 수 있는 일을 찾을 수가 없었다.

이 글을 쓰는 지금도 이스라엘은 감옥에 있다. 만난 소년들 중 내가 가장 좋아했고, 처음 봤을 때부터 좋았던 그 아이가 말이다.

처음 그의 범죄와 처벌을 보면서 나의 무능함을 인식했을 때만큼 좌절과 번민이 컸다. 하지만 그냥 기다렸다. 그것 밖에 할 수가 없었다.

그러나 그 와중에도 적절한 기회가 되면 사람들에게 이스라엘에 대한 이야기를 했고 아이를 위해 무엇을 더 할 수 있을 지 물어보았다. 시간은 갔지만 동일한 대답만이 돌아왔다. "후속조치."

이런 아이들을 변화되게 해놓고 내버려 둔 게 내 잘못이었다. 그러나 후속조치는 현장에 있는 것을 의미했다.

내 인생의 전환점이 다가오고 있었다. 그리고 곧 일어났다.

* * * * * * * *

무더운 8월의 밤이었다. 소심했던 첫 뉴욕행 이후 1년 반이란 시간이 흘렀다. 수요예배 시간에 강단에 서 있었는데 손이 갑자기 떨리기 시작했다. 기온이 29도였는데 오한이 나듯 떨고 있었다. 그러나 괴롭거나 아프다는 느낌이 아니라 엄청난 희열이 느껴졌다. 그곳에서 나는 성령님의 임재를 체험했다. 그날 예배를 어떻게 마쳤는지 아직도 모르겠다.

어느새 성도들은 다 집으로 돌아갔다. 밤 10시 반에 교회를 정리하고 후문으로 나왔다. 그 다음 순간 일어난 일은 아주 단순했지만 평생 절대 잊지 못할 생생한 경험이었다.

나는 교회 뒷뜰로 갔다. 평소보다 달이 훨씬 더 밝게 빛나고 있었다. 차갑고도 신비한 빛이 잠든 마을을 뒤덮었다.

그런데 유독 빛나는 곳이 있었다. 교회 뒷편에 곡식을 심어 놓은 5000여평의 밭이 있었다. 밀은 약 50센티미터 정도 자라 있었다. 어느새 한밤의 미풍에 몸을 흔들며 이 밀밭 한 가운데로 들어가고 있었다. 갑자기 추수에 대한 성경 말씀이 생각났다.

"너희 눈을 들어 밭을 보라 희어져 추수하게 되었도다. 거두는 자가 이미 삯도 받고 영생에 이르는 열매를 모으나니 이는 뿌리는 자와 거두는 자가 함께 즐거워하게 하려 함이라. 그런즉 한 사람이 심고 다른 사람이 거둔다 하는 말이 옳도다. 내가 너희로 노력하지 아니한 것을 거두러 보내었노니 다른 사람들은 노력하였고 너희는 그들이 노력한 것에 참여하였느니라"(요 4:35-38).

내 눈에는 밀 잎사귀들이 새로운 시작을 갈망하는 거리의 아이들로 보였다. 그리고 눈을 돌려 아내와 세 명의 아이들이 안전하고 행복하고 걱정 없이 인생의 한때를 보내고 있는 우리 교회와 사택을 바라보았다. 그런데 그 순간 마치 친구가 내 옆에 서 있는 것처럼 고요한 목소리가 마음 속에서 뚜렷하게 들렸다.

'그 교회는 더 이상 네 목회지가 아니다. 너는 떠나야 한다.'

내가 사택을 쳐다보자 그 동일한 목소리가 다시 말했다.

'이 집은 더 이상 네가 거할 곳이 아니다. 떠나라.'

그리고 고요하고 느린 내면의 목소리에 나는 대답했다,

"네, 주님. 제가 가겠습니다."

나는 목사관으로 발걸음을 옮겼다.

그웬이 잠옷 차림으로 나를 기다리고 있었다. 그녀의 얼굴에서 나는 그녀에게도 무슨 일이 생겼다는 것을 알 수 있었다.

"여보, 무슨 일이에요?"

"무슨 뜻이죠?"

"당신 뭔가 달라 보여요."

"여보, 제게 말씀 안 하셔도 되요. 전 이미 알고 있어요. 교회를 떠날 거죠, 그렇죠? 당신은 떠나야 할 거예요." 그웬이 말했다.

나는 아내를 한참 바라보다 대답했다.

사택의 침실로 새어 들어온 달빛에 아내의 눈에 맺힌 눈물이 반짝였다.

"저도 들었어요, 데이빗." 그웬이 말했다.

"우리, 떠나는 거죠?"

어둠 속에서 나는 아내를 꼭 안으며 말했다.

"그래요, 여보. 우리는 떠날 거예요."

* * * * * * * *

돌아오는 주일은 필립스버그 교회에 온 지 5주년 되는 날이었다. 그 날 오전 강단에 서서 너무나 친숙한 얼굴들을 바라보았다.

"사랑하는 성도 여러분," 하고 나는 마음을 가다듬으며 말했다.

"제가 오늘 창립기념 설교를 할 거라고 예상하고 계신 줄 압니다."

"여러분과 함께 보낸 지난 5년은 저와 우리 가족에게 너무나도 행복하고 놀라운 시간들이었습니다. 우리 아기 두 명이 여기 필립스버그에서 태어났습니다. 이 소중한 우정의 시간들을 우리는 영원히 기억할 것입니다. 그런데 지난 수요일 밤 아주 특별한 일이 일어났습니다. 한 가지로 밖에는 설명할 수 없는 일이었습니다."

그리고 나는 성도들에게 밀밭에서 내가 경험한 일과 놀랍게도 아내가 사택에서 겪은 비슷한 경험을 말했다.

그 목소리는 주님의 음성임을 의심치 않으며 우리는 순종할 수밖에 없다고 이야기했다. 우리가 어디로 가는지에 대한 그들의 질문에 대답할 수 없었다. 뉴욕이라고 생각은 하고 있었으나 확신은 없었다.

내가 아는 것은 조금도 지체하지 말고 필립스버그를 떠나야 한다는 것뿐이었다. 성령님이 인도하시는 삶을 산다는 것은 얼마나 놀라운 일인가!

그 날 오후 사택으로 돌아오자 전화가 울리기 시작했다. 먼저 플로리다의 어느 목사님에게서 전화가 왔다. 그는 나를 초청하여 몇 번의 수련회를 인도해 달라는 부담감을 떨쳐버릴 수가 없었다고 했다. 그리고 다른 전화, 또 다른 전화, 하루가 끝나기도 전에 전국에서 강연할 12주의 일정이 다 잡혔다. 3주 동안 우리는 가구를 정리하고 목사관을 떠나 처가로 이사했다.

그리고 나의 일정이 시작되었다. 그 해 여름 내내 그리고 이듬해 겨울까지 나는 전국의 여러 도시에서 집회를 인도했다.

우스운 것은 내가 새로운 곳을 갈 때마다 거리를 계산할 때 그 당시 있던 곳에서부터가 아니라 뉴욕에서부터 측정했다는 점이다. 뉴욕은 나를 자석처럼 끌어당겼다. 가능하면 크고 복잡하며 고통으로 가득하고 내가 그토록 특별하게 사랑했던 뉴욕과 가까운 곳으로 일정을 잡았다.

이듬해 겨울에 그러한 일정 중 하나로 뉴저지의 어빙턴에 갔다. 그곳에서 레지널드 야케라는 목사와 함께 지내면서 다른 이들에게 그랬던 것처럼 뉴욕에서 있었던 경험들을 간증했다. 그는 한 시간 동안 소파 팔걸이에 걸터앉아서 경청하며 질문을 했다.

"목사님," 하고 그가 말했다.

"내 생각에는, 뉴욕의 갱단들을 위하여 일할 전임 사역자가 필요할 것 같습니다. 뉴욕에 있는 친구들에게 전화해서 알아봐 드릴까요?"

그가 전화한 사람들 중의 하나는 펜 스테이션 근처 웨스트 33번가 글래드 타이딩 교회의 협동목사인 스탠리 버그였다. 뉴욕의 갱단에게 관심 있는 목회자들이 그의 교회에서 모이기로 결정했다.

아주 평범한 모임이었다. 누군가가 경찰서장 케네디의 편지를 읽었다. 젊은이들에게 영향을 끼치는 문제들에 대해 교회가 더욱 분명한 입장을 취해야 한다고 촉구하는 내용이었다. 스탠리 버그 목사는 일어나서 내가 이미 하고 있던 사역들에 대해서 간략히 소개했다. 그리고 내가 일어나서 십대 사역이 나아가야 할 방향들에 대해서 언급했다.

모임 중에 새로운 사역이 탄생했다. 주목적은 하나님의 사랑의 메시지를 가지고 어린 소년 소녀들에게 다가가는 것이었다. 그래서 이 사역을 십대 선교회(Teenage Evangelism)라 명명했다.

이미 사역 중인 내가 대표로 선출되었다. 버그 교회의 성도인 경감 폴 디레나씨가 총무 겸 회계로 뽑혔다. 그는 모임에 없었기에 임원으로 선출된 것을 무를 기회도 없었다.

다음 문제는 재정이었다. 하지만 이 문제는 아주 간단하게 처리되었다. 우리는 사무소, 인쇄비, 급여 등등을 포함해 최소 예산 2만 달러를 잡고 예산 집행계획도 세웠다.

물론 현금은 없었다. 스탠리 버그 목사가 폴 경감에게 전화해서 회계로 선출되었음을 알렸다.

"폴, 좋은 소식이 있어요. 당신이 방금 십대 선교회의 회계로 뽑혔어요.

젊은이들을 위한 이 영적 전투에서 데이빗 윌커슨이 당신의 상관입니다. 그리고 첫해 예산으로 2만 달러가 잡혔어요. 기쁘시죠?"

"데이빗 윌커슨은 누구고, 장부는 누가 가지고 있으며, 돈은 어디 있나요?" 디레나 경감이 물었다.

"폴," 버그 목사가 말했다.

"우린 장부도 없고, 돈도 없어요. 윌커슨은 자신의 소속이 뉴욕이라고 믿는 펜실베이니아 출신 목사님입니다."

폴이 웃으며 말했다. "너무 순진하군요."

"폴, 우리는 세상을 몰라요. 막대기와 물맷돌만 가지고 하나님 편에 서서 골리앗에게 나아간 다윗처럼 순진합니다."

13장
십대 선교회의 출발

비바람이 몰아치는 2월 아침이었다. TV를 처분하고 이 기묘한 모험에 뛰어든 지 정확히 2년이 지났다.

우리가 꿈을 향해 얼마나 큰 걸음을 내디뎠는지 거의 인식하지 못한 채, 스태튼 아일랜드 페리호에 승선하여 유리 문 안쪽에 서 있었다. 거친 파도가 일으킨 물결이 갑판 위에까지 튀었다.

우측에 자유의 여신상이 보였다. 아침마다 그녀를 지나쳐가는 것은 정말 시의적절하다는 생각이 들었다. 왜냐하면 우리는 특별하고도 희망찬 사명, 즉 젊은이들이 자유를 누릴 수 있도록 하기 위한 새 프로그램 준비— 왜 시작했고, 그 사역을 위한 사무실을 찾기 위해 스태튼 섬에 가고 있었기 때문이다.

내 주머니에는 주소의 느낌이 상당히 좋은 쪽지도 있었.

'빅토리 1865번지.'

이곳을 우리 사역의 본부로 사용하자는 제안이 있었다. 그러나 그곳에 도착했을 때 어이가 없어 웃음이 나왔다. 멋진 주변에 비해 다소 더럽고 세 칸으로 구분되어 있는 집이었다. 안쪽 사무실, 바깥쪽 사무실 그리고 우편물 발송실이 전부였다.

"주님," 하고 내가 말했다.

"근사하거나 멋있는 장소를 주시지 않아서 감사합니다. 그런 장소였다면 정말 부담스러웠을 겁니다."

십대 선교회는 이렇게 방 세 칸짜리 집에서 출발했다. 유급 직원은 한 명이었다. 바로 나였다. 봉급은 가장 저렴한 여인숙에 가장 싼 방 하나를 얻을 정도도 되지 않았기 때문에 사무실 책상 옆 소파에서 기거했다. 끼니는 직접 요리를 하여 해결했고, 가끔은 뉴욕의 친구들이 찾아와서 앙상하게 마른 나를 보고는 외식을 시켜주었다.

그러나 가장 큰 어려움은 가족이 떨어져 살아야 한다는 것이었다. 그웬은 아이들과 함께 처가인 피츠버그에 가 있었다. 그녀는 가능하면 빨리 나와 함께 있길 원했다.

"여보, 당신이 옳은 일을 하고 계시다는 것을 알아요."

전화로 아내가 말했다.

"하지만 외롭네요. 막내 게리는 아빠 얼굴이 어떻게 생긴 지도 모른 채 태어나 자라고 있구요."

아내와 나는 공원 벤치에서 잠을 자는 한이 있더라도, 보니와 데비가 방학을 하는 대로 뉴욕으로 이사하여 함께 거주하기로 결정했다.

그런데 수도원 같은 이 공간에서 특별한 장점을 발견했다. 이 작은 나만의 공간은 기도하기에 완벽한 장소였다는 것이다. 정신을 산만하게 할 만한 어떠한 물리적 안락함도 없었다.

가로세로가 3미터 4미터인 공간에는 책상과 딱딱한 의자 그리고 소파뿐이었다. 이 너무 단촐한 환경에서 기도하는 것은 아주 기쁜 일이었고, 자정에서 새벽 2시까지 TV를 시청하며 보내던 시간을 새로 힘 얻는 시간으로 전환할 수 있었다. 따라서 아침에 일어날 때마다 새로운 힘과 용기를 얻고 새로운 열정으로 가득할 수밖에 없었다.

사역 초기는 흥분의 연속이었다. 뉴욕의 몇몇 교회들이 사역을 시작하도록 1,000달러를 후원해주었다. 이 후원금의 대부분을 두 번의 실험을 하는데 사용했다.

첫 번째 실험은 '포화작전' 이라 불렀다. 이것은 인쇄물을 제작하여 도시의 문제 지역에 거주하는 모든 고등학생들에게 배포하는 프로그램이었다. 인쇄물에 약물중독, 난교, 음주, 자위행위, 갱단 폭력과 같은 문제들을 다루며 성경적 조언을 실었다. 우리는 이 프로그램에 전력을 기울였고 지역 교회의 수백 명의 젊은이들이 소책자 배포 사역에 참여했다. 그러나 석달 후 진실로 변화된 소년 소녀는 소수뿐이라는 결과가 나왔다.

그래서 두 번째 실험을 시작했다. 텔레비전 방송이었다. 과거에 문제에 빠졌다가 벗어난 청소년 백명을 모았다. 십대 합창단을 조직하여 13주 동안 매주 텔레비전 쇼를 방송했다. 구성은 단순하면서도 신선했다. 아이들이 노래를 부르고 나면 그중 한 명이 자신의 변화에 대하여 간증을 했다.

이 프로그램의 시청률 덕분에 우리는 한껏 고무되었다. 뉴욕의 십대들 사이에서 우리는 아주 유명해졌다. 그러나 한 가지 문제가 있었다. 비용이 막대하게 소요된다는 점이었다. 전국 대도시 지역 아이들이 용돈을 모아 이 프로그램을 후원해 주었는데도 불구하고, 13주가 지나자 4,500달러의 빚을 졌다.

"결과를 실제적으로 평가해보기도 전에 프로그램을 중지해야할 상황에 처했습니다."

나는 위기상황을 논의하기 소집된 특별모임에서 위원들에게 말했다. 위원들은 대체로 내 말에 공감하는 분위기였다. 13주간 진행되는 실험을 한 번 더 하고 싶었지만 방도가 보이지 않았다.

모임의 뒷자리에 앉아있던 한 사람이 갑자기 일어섰다. 처음 보는 분이었다. 둥근 칼라 셔츠를 입은 것을 보고서 처음에는 성공회 신부일 것이라고 생각했다.

"제안을 하나 하고 싶습니다." 그 신사가 말했다.

그는 뉴욕 마운트 버논에서 온 네덜란드 개혁교회의 목사 해럴드 브레드슨이라고 자신을 소개했다.

"여러분의 방송을 보았습니다. 프로그램이 신선해서 제 개인적으로는 참 마음에 들었습니다. 프로그램 중단을 최종 결정하기 전에 제 친구와 상의해 볼 수 있으신지 궁금합니다."

나는 어떤 상황인지 잘 파악되지 않았지만, 성령님께서 우리에게 문을 여실 때의 오묘한 방법들에 대해서 충분히 알고 있기에 어깨를 으쓱이며 동의했다.

다음 날, 해럴드와 나는 맨해튼에서 잡지 편집장으로 있는 체이즈 워커를 방문했다. 워커는 우리 사역 이야기에 귀를 기울였다. 관심을 보이는 듯 했지만 대화의 말미에선 그 역시 곤혹스러워 하는 것 같았다.

"어떻게 해드리길 원하십니까?" 하고 그가 말했다.

"숨김없이 말씀드리겠습니다." 라고 해럴드가 말했다.

"만 달러가 필요합니다."

워커의 얼굴이 창백해졌다. 나 역시 그랬다.

그리고 그가 웃기 시작했다.

"여하튼, 저를 대단한 사람으로 여겨주셔서 감사합니다. 하지만 만 달러나 되는 돈은 제게 없습니다. 그리고 모금은 제 선에서 할 수 있는 문제가 아닙니다. 그런데 어떻게 이 일로 저를 찾아오실 생각을 하셨습니까?"

"그 질문에 명확히 대답해 드리기가 어렵습니다."

해럴드가 말했다.

"이 프로그램이 중단될지도 모른다는 것을 안 이후부터 왠지 당신이 열쇠를 가지고 있다는 이상한 생각이 계속 찾아들었습니다. 이 문제에 대해 생각할 때마다 체이스 워커라는 이름이 생각났습니다! 그 뿐입니다."

해럴드는 희망에 부풀어 잠시 말을 중단했다.

워커는 아무 말이 없었다.

씁쓸한 기색을 보이며 해럴드가 말했다.

"아마 제가 틀릴 수도 있겠죠. 하지만 이러한 느낌이 이토록 강하게 다가올 때는 대개 특별한 의미가 있기 마련이거든요."

워커는 의자에서 일어났고 인터뷰는 이렇게 끝이 났다.

"생각나면 연락드리겠습니다. 오셔서 이야기 나누어주신 것 감사합니다."

사무실 밖으로 나왔는데, 갑자기 워커가 우리를 다시 불렀다.

"잠깐만요, 해럴드, 데이빗, 목사님. 잠깐만 기다리세요."

우리는 가던 길을 멈추고 워커의 사무실로 다시 들어갔다.

"오늘 오전에 재미있는 일이 있었습니다. 이해하기 어려운 전보를 받았거든요."

그는 자신의 책상 위에 있는 서류더미를 뒤지더니 그 전보를 꺼냈다.

워커의 친구인 시카고 합동보험회사의 대표 클레멘트 스톤에게서 온 것이었다.

"이전 전보는 무시. 수요일 사보이 힐튼 호텔에 있을 예정"이라고 쓰여 있었다.

"수요일은 오늘입니다." 라고 워커가 말했다.

"그런데 저는 전보를 받은 적이 없습니다. 그리고 함께 모일 계획이 없는데, 왜 스톤은 자신이 거기에 있을 것을 저한테 알린 걸까요? 그의 비서가 내 이름을 다른 누군가와 혼동한 것 같습니다."

워커는 잠시 해럴드를 신기하다는 듯이 응시하더니 펜을 꺼내 메모를 써주었다.

"사보이 호텔로 가보세요."

그는 봉투에 메모지를 넣어 봉하지 않은 채 우리에게 건네주며 말했다.

"클레멘트 스톤씨를 만나러 왔다고 하세요. 만약 그가 있으면 이 메모를 소개장으로 사용하실 수 있을 겁니다. 그리고 상황이 어떻게 될지 두고 보죠. 원하시면 메모 내용을 보서도 상관없습니다."

우리는 복도로 나와 엘리베이터를 기다리면서 메모를 꺼내 보았다.

"친애하는 클레멘트에게,

이 도시에서 십대를 위해 훌륭한 사역을 하고 계시는 데이빗 윌커슨 목사님을 소개하네. 데이빗 목사님은 그 사역을 위해 만 달러가 필요하네. 그의 이야기를 들어보고 관심이 있다면 도와주기 바라네. 체이스."

"정말 황당한 시도일 것 같은데요."

나는 해럴드에게 말했다. "이 분을 정말 만나뵈야 할까요?"

"물론입니다," 해럴드가 말했다.

그의 마음엔 조금의 의심도 없었다.

20분 후 우리는 사보이 호텔 스위트룸의 문을 두드리고 있었다.

오후 5시 반이었다. 한 신사가 큰 나비넥타이를 매면서 문을 열었다. 저녁 만찬을 위해 정장을 입고 있는 것이 틀림 없었다.

"스톤씨 되십니까?" 그가 고개를 끄덕였다.

"실례합니다. 체이스 워커씨의 편지를 가지고 왔습니다."

스톤은 문간에 서서 읽어 보더니 들어오라고 했다. 그는 이 상황에 대해 우리만큼이나 당황한 듯이 보였다. 그는 잠시 후 아래층에 내려가 봐야 하지만 옷을 입을 동안 이야기를 하고 싶다면 기꺼이 듣겠다고 했다.

15분 후 스톤은 떠날 준비가 되었고, 나는 십대선교회에 대하여 본격적으로 이야기하려고 했다.

"이제 가야만 합니다." 스톤이 부드럽게 말했다.

"하지만 체이스 워커가 추천했다면 그것만으로도 충분합니다. 지금까지 하신 말씀만으로도 훌륭한 사역을 하고 계신다는 생각이 듭니다. 지불내역서를 보내주세요. 만 달러까지 지불해드리겠습니다."

해럴드와 나는 놀라 서로를 쳐다보았다.

"그럼 이만 실례하겠습니다."

스톤은 문 쪽으로 걸어갔다.

"그 이야기를 마무리하셔서 테이프에 담아 보내 주시면 어떨까요? 다음번에 뉴욕에 오면 여러분을 방문하도록 하겠습니다. 자세한 건 그때 이야기를 나누면 좋겠습니다."

이 말을 남긴 채 그는 밖으로 나갔다.

만 달러로 빚을 갚고 두 번째 실험, 그리고 뉴욕 십대들 사이의 마약 중독에 대한 영화 '내 혈관 위의 독수리'(Vulture on My Veins) 제작비용까지 해결했다.

하지만 이 돈은 단순히 영화제작과 TV 출연만 하게 해준 것은 아니었다. 이 물질로 인해 우리 사역에 대한 새로운 관심이 일어났다. 그리고 주님의 손이 우리의 사역에 함께하시는 것이 더 분명해졌다. 하나님의 인도하심에 맡기면 이 여정 내내 기적은 우리의 것이 될 것이다.

14장
십대 도전센터의 꿈

대중매체 사역을 시작한 지 6개월이 경과한 후 평가해 보았다. 텔레비전 방송에 대한 평판이 좋고 시청률도 높았다. 하지만 매우 중대한 한 가지를 놓치고 있다는 생각을 떨쳐버릴 수가 없었다. 바로 사람과의 대면 접촉이었다.

나는 텔레비전 방송 2차 시리즈가 끝나기도 전에 거리로 나가서 청소년들을 직접 만나서 대화를 시작했다. 그 일을 시작한 지 얼마 안 되어, 효과적인 사역의 생생하고 결정적인 열쇠는 사람들을 직접 대면하는 것이라는 사실을 깨달았다.

예수님도 텔레비전이나 인쇄물의 도움을 받지 않으셨다. 대면 접촉은 예수님 사역의 기본이었으며, 언제나 따스한 성품을 보여주셨다. 원래의 사역방식대로 거리로 직접 나가서 전도를 시작하자마자 이것이 나에게 적합한 방식이라는 것을 다시 알게 되었다.

나는 매일 아침 빅토리에 있는 본부의 문을 닫고 페리호와 지하철을 이용해 브루클린에 나가 거리에서 만나는 소년들과 대화하기 시작했다.

그들은 계속 반응을 보였다. 성 니콜라스 경기장 집회에서처럼 아이들이 변하는 것을 볼 수 있었다.

그러나 거리 사역이 성공적일수록, 후속조치를 취해야 한다는 책임의식이 점점 더 강해졌다. 대부분 청소년들의 경우에는 좋은 지역 교회에 정착하도록 도와주면 만족스러웠다. 그러나 심각한 곤경에 빠져 있거나 집 없는 청소년들의 경우에는 더 구체적 형태의 후속조치가 필요했다.

어느 날 아침, 페리호에서 내려 브루클린으로 가는 지하철을 타기 위해 계단을 내려가고 있었다. 이 지점에서 지하철은 크게 곡선을 그리며 도는데, 귀청이 찢어질 정도로 큰 소리가 났다.

그 날 이후 그곳은 나에게 있어 언제나 특별한 의미를 주는 곳이 되었다. 지하철의 쇳소리 가운데서 나의 옛 꿈이 구체화되는 환상을 보았기 때문이다. 그것은 내 마음속에 갑자기 떠올라 완전한 형태로 자리잡았다.

내가 꿈꾸어온 집은 도시의 가장 거친 곳 한복판에 세워질 것이다. 그리고 그것은 '틴 챌린지'(Teen Challenge Center) 즉 십대 도전센터라 불릴 것이다.

젊은이들을 향한 나의 소망을 나누고, 그들의 놀라운 잠재력과 그들의 황무지 같은 처참한 상황을 돌볼 수십 명 혹은 그 이상의 전임 사역자들이 모이는 본부가 될 것이다.

각 사역자들에게는 전문 분야가 있을 것이다. 이 사역자들은 전문분야에 따라 갱단 출신의 소년, 약물 중독 소년, 그 청소년들의 부모들, 그리고 일반 시민들을 담당할 것이다. 여성 사역자도 있을 것이다. 일부는 소녀 갱단을 전문적으로 책임지고 다른 이들은 성적 문제가 있는 소녀들을 돌보며, 그리고 또 다른 이들은 마약중독에 빠진 소녀들을 맡을 것이다.

거리에서 놀라운 회복의 사랑을 지켜 봤는데, 그것으로 충만한 환경을 십대 도전센터에 조성할 것이다. 그리고 센터 안으로 들어가기만 하면 즐거운 어떤 일들이 생길 것이라는 기대감을 갖게 할 것이다.

특별히 돌보아줘야 할 청소년들을 데려올 수 있을 것이다. 그들은 질서와 애정 속에서 생활할 것이다. 예배와 학습도 함께 할 것이다. 함께 생활하고 함께 일하는 그리스도인들을 볼 것이다. 그리고 그들을 지켜보면서 스스로 일하는 법을 배울 것이다. 그들이 성령 충만한 삶을 살도록 유도하는 센터가 될 것이다.

여름이 왔다. 이 도시에서 1년 가까이 사역한 후 그 비전에 대해서 공개적으로 이야기하기 시작했다. 후원금 마련을 위해 출장을 갈 때마다 그 필요성에 대해서 전했다. 뉴욕에서 동역하는 교회들과도 내 비전을 구체적으로 나누었다. 그러나 언제나 동일한 질문을 받았다.

"데이브 목사님, 목사님 비전에는 한 가지 문제가 있습니다. 돈이 많이 필요하다는 겁니다."

물론 정확한 말이었다. 우리 계좌에는 백 달러 이상이 예치되어 있던 적이 없다.

아내에게 따끔한 충고를 듣고서야 돈 때문에 네 번째 실험을 시작하지 못하는 두려움에서 벗어날 수 있었다.

아내는 아이들이 방학하자마자 뉴욕으로 올 준비에 들어갔다. 나는 스태튼 아일랜드 사무실 근처의 작은 아파트를 알아보았다.

"호텔 수준은 아니지만 적어도 우리가 함께 있을 수는 있어요. 이사할 준비를 해요. 내가 데리러 갈 게요." 장거리 전화로 아내에게 말했다.

"여보," 아내 그웬이 말했다.

"우리가 함께 살 수만 있다면 거리에서 살아도 괜찮아요."

이렇게 해서 아내는 동부로 이사했다. 4개의 방에 가구들을 밀어 넣기도 어려웠지만 우리는 매우 행복했다.

아내는 새로운 사역의 모든 흐름들을 주도면밀하게 도왔다. 그녀는 특히 자체 센터를 세우고 그곳에 사역공동체를 이루려는 나의 비전에 큰 관심을 보였다.

어느 날 밤 또 다시 자금이 부족하다고 불평하자 그녀가 말했다.

"여보, 부끄러운 줄 아셔야 해요. 순서가 바뀌었잖아요. 먼저 돈을 모으고 그 다음에 집을 구입하려고 하고 계시잖아요. 이 일을 믿음으로 하신다면 우선 센터를 세우세요. 그 다음에 돈을 마련하세요."

처음에는 아내의 충고를 가볍게만 생각했다. 그러나 생각해볼수록 성경의 여러 기사들이 떠올랐다.

'하나님이 놀라운 기적을 행하시기 전에는 언제나 사람의 어리석은 행동들이 선행되지 않았던가?'

모세는 홍해가 갈라지기 전에 자신의 팔을 펼쳐야 했다. 여호수아는 여리고성이 무너지기 전에 양각나팔을 불어야 했다. 아마도 나 역시 기적이 일어나기 전에 센터를 먼저 구입하는 것에 전념해야 할 것이다.

먼저 중앙위원회를 소집했다. 사실상, 이름은 그럴 듯했다. 하지만 여섯 명의 목회자와 세 명의 평신도로 이루어진 모임에 불과했다. 하지만 그들 모두는 놀라운 영적 비전을 가지고 있으며 청소년들에 대한 관심이 커서 우리 단체에 철저히 헌신하고 있었다.

갱단 아이들과 마약 중독자들이 기독교 사역자들과 교제할 수 있는 집이 점점 더욱 절실해지고 있다고 말했다. 그리고 장소를 먼저 물색하고 구입비용은 그 다음에 생각해야 한다는 아내의 생각을 전했다. 위원회는 그 생각에 기꺼이 찬성했다.

"우리의 믿음을 시험해 볼 좋은 기회이군요."

위원 중 한 명인 아더 그레이브스가 말했다.

건물을 먼저 구입하기로 결정한 후 상황이 이렇게 전개되었다.

1960년 12월 15일 새벽 2시, 기도에 몰두해 있는데 갑자기 브루클린의 어느 거리에 가보라는 강력한 감동을 받았다. 위험한 베드포드 스타이브센트 지역과 가까운 곳에 센터를 세워야 한다고 판단하여 풀턴가(Street)에서부터 적절한 건물이 있는지 우선적으로 물색하고 있었다. 그런데 갑자기 클린턴 애비뉴라는 이름이 떠올랐다.

나는 재빨리 지도를 꺼내 그 거리를 찾아 보았다. 그 거리는 지도에서 검은 선 하나에 불과했지만, 마치 여기가 '십대 도전센터'의 미래 주소가 될 것을 미리 정한 것처럼 표시해 놓았다.

다음 날 위원회 몇 명에게 연락하여 클린턴 애비뉴에서 만나 적당한 건물이 있는지 찾아보기로 약속했다. 출발하기 전에 회계인 폴 디레나에게 전화를 걸어 공급이 얼마나 있는지 물어보았다.

"왜 그러십니까?" 하고 폴이 물었다.

"음, 클린턴 애비뉴의 집들을 보러 가려고 합니다."

"말도 안 됩니다. 현재 은행잔고가 125.73달러입니다."

"음…"

"걱정되지 않으십니까?"

"우리의 시도가 성공한다면 괜찮습니다. 새로운 소식이 들어오는 대로 알려드리겠습니다."

제일 처음 본 집은 우리의 필요에 잘 맞을 듯 보였다. 집 앞에 붙은 '매매' 간판이 삭을 정도로 건물이 낡은데다가 왠지 울적해보였지만 17,000달러라는 가격만큼은 적당해 보였다.

나보다 연배가 많아 보이는 중개인이 내부를 구경시켜 주었다. 마침내 가격 흥정을 해야 할 단계까지 이르렀다. 조건은 좋아 보였다. 우리는 이 모든 일이 얼마나 빨리 진행되는지 의아해하면서 돌아갔다.

그런데 다음날 다시 갔을 때 이 남자는 교묘히 발뺌을 하기 시작했다. 실랑이가 며칠간 계속 되었고 결국 다른 곳을 찾아 볼 수밖에 없었다.

결국 창문에 '매매중' 이라는 간판이 걸린 클린턴 애비뉴의 다른 집을 보기로 결정했다. 잔금을 확인했다. 이제 은행잔고는 백 달러도 되지 않았다. 그리고 이번에는 17,000달러짜리 집과는 비교도 안 되는 34,000달러 집이었다. 이 건물은 요양원이었다. 여러 면에서 센터에 이상적이었다. 침대, 사무실, 스태프를 위한 숙박 설비도 완전히 갖추어져 있었다.

우리와 이야기하는 동안 남자는 자신의 가격을 제시했다. 우리에겐 백 달러도 없고, 건물은 축축하고 획일적인 느낌이 들긴 했지만, 계약서에 서명을 하려고 했다.

그런데 위원회의 젊은 장로교 목사인 딕 시몬스가 말했다.

"결정을 내리기 전에 길 건너편에 있는 건물을 한 번 보는 게 좋을 것 같습니다. 그 집 열쇠를 제가 가지고 있습니다. 제 생각엔 그곳을 한 번 봐야 할 것 같아요."

"거긴 얼만가요?"

"거기는, 음. 65,000달러입니다." 딕이 망설이며 말했다

"좋아요." 하고 내가 말했다.

"새 집을 볼 때마다 가격은 높아지고 우리 잔고는 낮아지네요. 우리가 125달러 있을 때 17,000달러짜리 집을 생각했습니다. 100달러가 있을 때는 34,000달러짜리 집을 보았습니다. 이제 우리는 65,000달러짜리 집

을 만나게 되는군요. 하나님께서 큰 일을 준비하고 계신 것 같습니다."

시가(市價) 65,000달러나 되는 그 집은 대저택이었다.

건물을 보는 순간 심장 박동수가 급격하게 상승했다. 붉은 벽돌로 지어진 위엄 있는 조지왕조 풍의 집으로 몬티첼로('작은 언덕'이라는 뜻으로 미국 제3대 대통령 토머스 제퍼슨이 직접 설계한 사저-역주) 만큼이나 견고해보였다.

그러나 안으로 들어갔을 때 충격적인 광경이 펼쳐져 있었다. 그러한 난장판을 본 적이 없었다. 그 집은 2년 동안이나 방치되어 있었다. 전에 수년 동안 근처 대학교 학생들의 비밀 모임장소 겸 매음굴로 사용됐다.

지금은 은둔 중에 있는 노인이 불법으로 거주하고 있었다. 그는 폐기물을 쌓아 놓아야 안정감을 느끼는 부류에 속했다. 집 안의 모든 방을 신문, 깨진 병, 우산 살, 유모차, 넝마조각으로 채워 놓았다. 매일 아침 슈퍼마켓용 카트를 끌고 나가 이웃집 쓰레기통에서 폐기물을 수집하여 집 안에 쌓아 놓았다. 엄밀히 말해서 그가 관리인이었지만, 내가 생각하기에 건물주는 그에게 오래 전부터 아무것도 기대하지 않는 것 같았다. 배수관은 대부분 부서졌고, 천정과 벽에서는 석고 조각이 떨어졌으며, 계단 난간은 양쪽으로 내려앉았고, 문은 경첩이 빠져 널브러져있었다.

하지만 이 모든 것에도 불구하고 이 집이 한때 멋진 집이었다는 것을 쉽게 알 수 있었다. 2층으로 올라가는 개인용 엘리베이터가 있었다. 지붕 밑층 전체는 하인방이었다. 지하는 습기가 없고 손상되지 않았다. 우리는 이 서글픈 파편들 사이를 걸어 다녔다. 침묵이 흘렀다.

그런데 갑자기 마운트 버논에서 온 우리의 네덜란드 개혁교회의 목사 해럴드 브레드슨이 마치 설교라도 하듯이, 크고도 분명한 목소리로 말했다.

"바로 여깁니다. 이곳이 하나님이 우리에게 주시는 집입니다."

그의 목소리는 너무나 당당하여 예언을 하는 듯했다. 급박하고도 확신에 찬 그의 목소리는 다음 날까지도 내게 생생했다. 그리고 우리가 시도하는 사역의 특징과 많은 연관이 있다는 생각이 들었다.

딕 시몬스가 건물주에게 열쇠를 돌려주면서 완벽한 상태라면 65,000달러가 적합하겠지만 최근의 집 상태를 가서 보았냐고 솔직하게 물었다.

건물주는 가격을 좀 내려 주었다. 딕이 좀 더 흥정을 했다. 건물주는 가격을 더 내렸다. 결국 딕은 건물주가 강경하게 "이게 하한선입니다!" 라고 말하기 전에 가격을 42,000달러로 하자고 제시하여 합의를 보았다!

"그렇군요. 흥정이 아주 잘 되었네요. 하지만 은행 잔고는 여전히 100달러뿐이네요." 내가 딕에게 말했다.

사실 나는 클린턴 애비뉴 416번지 집을 사는데 혈안이 되어 있지 않았다. 그 곳을 쓸만하게 수리하려면 몇 주일은 걸리고 처리해야 할 것도 산더미 같았기 때문이다. 낡은 건물을 고치는데 시간을 허비하기보다는 센터의 사역을 창조적으로 진행시키고 싶었다.

다른 한편으로는 만일 이 건물로 이사하는 것이 하나님의 뜻이라면 내가 왜 반대하겠는가? 나는 또 다른 발걸음을 내딛기 전에 우리가 하나님의 뜻 안에 있는지를 더 확실히 하고 싶었다.

그래서 그날 밤 기도 시간 중에 주님께 질문을 했다.

"주님, 과거에는 저에게 사인을 주셔서 제가 당신의 뜻을 알 수 있도록 하셨습니다."

나는 필립스버그에서 목회를 계속 해야 할지, 그리고 텔레비전을 팔아야 하는지를 결정할 때에도 하나님의 도움을 구했던 일들을 되새겨 보앉다.

"주님, 주님 앞에 한 번 더 양털을 놓도록 허락해 주옵소서."

다음 날 글래드 타이딩스로 가서 유서 깊고도 멋진 스탠리 버그 교회의 협동목사 마리 브라운과 오랫동안 이야기를 나누었다. 그녀에게 우리의 필요, 센터를 만들려는 이유를 이야기하면서 우리가 찾은 건물에 대해서도 언급했다.

"목사님," 브라운이 말했다.

"하나님의 뜻인 것 같습니다. 건물을 사신다면 가계약은 언제인가요?"

"일주일 안에 해야 합니다."

"주일 오후에 교회에 오셔서 후원 요청 설교를 해보시겠어요? 오후인데다 크리스마스를 앞두고 있어서 시기가 좋지는 않겠지만 원하시면 오셔서 하셔도 됩니다."

아주 좋은 기회였다. 나는 그러겠다고 기쁘게 말했다.

그러나 여전히 나는 하나님께 기적을 간구했다. 하나님이 우리 계획에 함께 계신지 확실하게 알고 싶었다.

국내 전도를 위한 한 번의 후원 요청 설교로 글래드 타이딩스에서 2,000달러까지 모아진 적이 있었다. 우리는 그 액수의 2배 이상이 필요했다. 10퍼센트 계약금만 해도 4,200달러였다.

"하지만 주님," 나는 그날 밤 기도했다.

"우리가 그 건물을 갖길 원하신다면, 그날 오후에 그 만큼의 자금이 모이게 함으로써 우리가 확신할 수 있도록 해주십시오."

어려운 일이지만 나는 기드온처럼 일을 더 어렵게 만들었다.

"그리고 주님, 우리가 얼마나 필요한지 제가 말하지 않고도 그 금액이 모이게 해주십시오."

나는 잠시 호흡을 멈추었다.

"그리고 또한 제가 호소를 하지 않아도 그 금액이 모이게 해주옵소서. 사람들이 자신의 마음에서 우러나와서 행하게 해주옵소서."

주님 앞에 이러한 양털들을 내려놓고 나니 바보 같다는 느낌이 들었다. 솔직히, 청소와 일거리가 넘쳐나는 그 건물에는 가고 싶지 않았다. 하지만 나는 기도했고, 상황이 어떻게 되어 가는지 지켜보기로 했다.

* * * * * * * *

1960년 크리스마스 한 주 전, 주일 오후가 되었다. 나는 아주 간단하게 설교했다. 일부러 냉정하고 사실적으로 설교했다. 우리의 문제, 우리의 희망을 이야기하고 우리가 만났던 청소년들에 대하여 이야기했다. 예배가 끝날 무렵 성도들에게 말했다.

"여러분, 저는 감정에 호소하진 않을 것입니다. 성령님이 이루시는 일이 되길 원합니다. 그분은 우리에게 얼마가 필요한지 아십니다. 저는 이제 나가서 지하로 내려갈 것입니다. 여러분 중 이 사역에 일정 금액을 드리고 싶다는 생각이 드는 분이 계시다면 저는 기쁘게 기다리겠습니다."

그리고 나는 강단에서 나와 지하로 가는 계단을 내려갔다. 그곳의 낡은 제단 뒤에 앉아 기다렸다. 흘러가는 몇 분이 그토록 긴장됐던 적은 처음이었다.

갑자기 땀이 나기 시작했다. 그 때서야 내가 클린턴 애비뉴 416번지 그 건물을 진심으로 원한다는 것을 깨달았다.

1분이 흐르고 발자국 소리는 전혀 없었다. 2분이 흘렀다. 5분, 10분이 지나자 포기의 마음이 들었다. 이 모든 것이 다 끝났다는 것이 사실 더 기뻤다. 적어도 나의 양털 실험으로 하나님 뜻이 아니라는 것을 확인했기 때문이다.

그런데 지하 예배실 문이 부드럽게 열리더니 한 나이 지긋한 부인이 들어왔다. 그녀는 눈물을 머금은 채 내게로 다가왔다.

"윌커슨 목사님," 하고 그녀가 말했다.

"저는 이 일이 일어나도록 15년을 기도해왔습니다. 여기 10달러를 받아 주세요. 제가 드릴 수 있는 전부이며, 가난한 과부의 헌금입니다. 하지만 이것이 토대가 되어 하나님의 놀라운 기적이 일어날 줄 믿습니다."

그런데 그녀가 떠나기 전 뒷문이 다시 열리더니 교역자 한 명이 문을 활짝 열고는 문이 닫히지 않도록 의자로 받쳐 놓았다. 그러더니 사람들이 끊임없이 들어왔다. 다음 사람은 50세 정도의 부인이었다.

"윌커슨 목사님, 저는 사회보장 혜택으로 받은 돈이 좀 있습니다. 이것을 목사님의 청소년들에게 주고 싶습니다."

아무 말도 할 수 없었다. 이런 일은 본 적이 없었다.

그 다음에 온 남자는 2백 달러를 주었다.

다음 사람은 3백 달러를 헌금했다.

한 소년은 오더니 14센트 밖에 없다면서 말했다.

"하나님이 이 안에 계셔요. 제가 가진 전부를 드리는 거예요."

각 사람마다 드려야 할 특정 금액이 있는 것만 같았다.

교사인 팻 룬지는 오더니 말했다.

"목사님, 제가 많은 돈을 벌지는 못하지만 목사님처럼 십대들을 돌보고 있습니다. 그리고 지금 목사님이 어떤 상황이신지도 알아요. 후불 가계수표도 받으신다면 25달러를 기부하고 싶습니다."

사람들이 내게로 와서 그저 책상에 기부금을 올려두는 데만 15분이 걸릴 정도로 줄이 길었다. 그러나 이들 한 명 한 명이 가져온 것은 단순히 물질만이 아니었다. 격려 그리고 자원하여 하나님께 드린다는 기쁨이었으며, 그 기쁨을 나도 느낄 수 있었다.

마침내 마지막 사람이 떠났을 때 나는 지폐와 수표 뭉치를 들고 브라운의 사무실로 갔다. 거기서 계수해 보았더니 금액이 4,400달러였다!

주님 앞에 놓은 양털들에 대해서 브라운 목사에게 말했다.

그녀는 나만큼이나 흥분했다. 그녀는 그 교회에서 그녀가 한 번도 경험하지 못한 기적이라고 표현했다. 그녀는 하나님이 우리의 계획과 함께 하고 계신다는 것을 이전보다 더 확신하게 되었다.

내가 그녀에게 털어놓지 못한 한 가지는 2백 달러나 더 모금된 이유를 모르겠다는 점이었다. 우리는 계약을 위해 4,200달러를 간구했는데 4,400달러를 받았다. 기적이 그렇게 딱 맞아 떨어질 것을 기대하다니 나도 참 유치하다고 생각했다.

하지만 왜 2백 달러가 더 모금됐을까? 하나님의 풍성하심인가, 아니면 천국의 부가 넘쳐흐른 것인가? 실수인가, 아니면 누군가가 지불하지 못할 수표를 쓴 것인가?

그 어느 이유로도 설명되지 않았다. 분명한 것은 우리가 간구한 것보다 더 넘치게 2백 달러를 더 받았다는 사실이다.

며칠 뒤 사무실에서 우리 측 변호사 줄리어스 프라이드와 계약금 4,200달러를 두고 상의하고 있었다.

"4,200달러짜리 수표를 가지고 계시죠, 목사님?"

감사의 기도를 드리며 그에게 전했다.

그런데 줄리어스는 말 못할 일이라도 생긴 것처럼 안절부절 못하며 앉아있었다.

"목사님도 아시다시피, 저는 제가 하는 일에 대해 비용을 한푼도 청구하지 않습니다만……"

그는 말하기에 참 불편해했다. 줄리어스는 우리 위원회 사람이었고, 나는 언제나 그의 시간은 우리 스케줄에 대한 선물이라고만 생각했었다.

"하지만 다른 변호사들에게는 비용을 지불해야 합니다, 그리고……"

"무슨 뜻입니까, 줄리어스?"

"예상치 못한 돈이 좀 필요할 겁니다. 계약할 때 수표가 있어야 할 겁니다."

"얼마나 드나요, 줄리어스?"

"2백 달러입니다."

* * * * * * * * *

나머지 계약금 12,000달러도 마찬가지로 특별한 방식으로 마련되었다. 다음 주일 롱아일랜드 베스페이지에 있는 어느 교회의 성도들이 내 손에 3,000달러를 꼭 쥐어주고 갔다.

다음 주 아더 그레이브스는 내게 전화해서 자신의 교회가 내린 결정을 발표했다.

"목사님," 하고 그가 말했다,

"우리 위원회에서 저를 보내어 백지수표로 결산을 하도록 투표했습니다. 계약을 매듭짓는데 필요한 금액을 적으시면 됩니다."

'십대 도전센터'를 만들기 위해 필요한 금액을 하나님은 이렇게 정확하게 공급해주셨다. 조금의 오차도 없이 우리는 공급받았다. 클린턴 애비뉴의 아름다운 조지왕조 풍의 저택 열쇠를 건네받은 그날 아내에게 말했다.

"여보, 당신이 옳았어요. 당신이 우리에게 길을 보여준 거예요. 당신이 내게 믿음으로 시작하라고 도전을 주었던 그 때로부터 정확히 한 달 동안 우리는 12,200달러를 모금했다는 거 알고 있어요?"

나만큼이나 즐거워하며 아내가 물었다.

"중도금 지불 날짜는 언제죠?"

"내년 가을까지니까 시간이 있어요."

참 멀게 느껴졌다. 앞으로 우리 앞에 있는 시간들에 대하여 전혀 감을 잡지 못했다. 일년이 복잡하고 정신없이 지나갈 것이기 때문에 중도금 15,000달러를 지급해야 하는 그 가을이 순식간에 찾아올 것이란 사실을 전혀 체감하지 못했다.

15장
사역의 확장

노인 혼자서 어떻게 그렇게 많은 폐기물을 쌓아 놓을 수 있었는지 믿을 수가 없었다. 우리가 미처 발견하지 못한 방들이 더 있었다. 쓰레기가 천정까지 쌓여 있어서 방 문을 보지 못했던 것이다.

"그런데 이 많은 쓰레기를 어떻게 치우지요?"

어느 날 아침 나와 함께 집을 보러 온 아내가 물었다. 그리고는 잠시 후 직접 해결책을 제시했다.

"목사님 몇 분에게 부탁해서 청소년들이 치우도록 하면 어떨까요?"

우리는 아내의 제안대로 하기로 했다.

구름이 잔뜩 낀 1월 마지막 토요일 아침, 자동차 3대가 서더니 어떤 폐기물이든 금방 처리할 수 있다고 재잘거리며 떠드는 15명의 소년들로 집 앞이 북적거렸다.

그러나 이런 분위기는 건물 밖에서 뿐이었다. 건물 안으로 들어와서 다락방부터 지하까지 둘러보자 아이들의 열정은 어느새 다 사라지고 없었다. 한 걸음 걸을 때마다 발을 높이 들어야만 했다. 신문과 유리더미를 오르락내리락하며 해야 할 일의 분량을 대충 파악해 보고는 아연실색했다.

하지만 이들은 그 일을 놀라울 정도로 잘 해냈다. 건물 앞부터 통로를 내더니 모든 방과 바닥의 쓰레기들을 하나도 남김없이 꺼내어 뒤뜰에 쌓아놓았다.

다음 단계는 폴이 책임졌다. 그는 시청의 환경위생과에 연락하여 쓰레기를 실어가도록 조치해 놓았다.

"제 생각에 적어도 트럭 4대분은 나올 것 같습니다." 하고 그가 말했다.

나중에 폴은 현장주임과의 작은 사연을 이야기해 주었다. 그것은 그에게 우리 사역의 정신에 대해 이야기했더니 환경위생과에서 수고비를 받지 않은 이야기이다.

폴의 말에 따르면, 트럭이 예정대로 클린턴 애비뉴 416번지에 도착했지만 환경미화원들이 일을 시작하지 않은 거였다. 인도와 거리에 높게 쌓인 폐기물더미 주변에 인부들이 그냥 서 있기만 했다. 폴이 그 상황을 간파하고는 즉시 다가가서 말했다.

"얼마를 원하세요?"

"30달러입니다."

그들은 기다렸다는 듯이 바로 대답했다.

뉴욕의 방식에 익숙한 폴은 어깨를 으쓱거리고는 그들의 요구에 동의했다. 계획을 지연시키는 것보다는 일을 빨리 마무리하고 수고비를 주는 게 낫다고 생각했기 때문이었다.

몇 시간 뒤 마지막 트럭이 쓰레기를 가득 실었다. 6대의 쓰레기차가 폐기물의 무게에 신음하며 떠났다. 현장주임이 와서 모든 게 만족스러운지 물었다.

"완벽합니다," 하고 폴이 말했다.

"아주 일을 잘 하셨습니다. 이제 비용을 드려야겠지요."

그가 지갑에 손을 갖다 댔다.

"무슨 돈 말씀입니까?" 그는 묻고 나서 겸연쩍게 억지웃음을 지었다. 폴은 감정을 숨기고자 할 때 나오는 그런 웃음 같았다고 말했다.

"여러분들이 여기서 무슨 일을 하고 계신지 저 아이들에게 들었습니다. 저도 십대 아이를 키우는 사람입니다. 제가 어떻게 여러분들을 도와주고 돈을 받겠습니까?"

그리고 그는 트럭에 올라 시동을 걸더니 터프하게 속력을 내며 떠났다.

* * * * * * * *

3주 후 건물 단장이 시작되었다. 여러 교회에서 보낸 페인트공들은 근처 대학생들이 예술이랍시고 여기저기 그려놓은 그림들 위에 페인트를 칠했다. 배관공들은 동파된 배관을 찾아서 수리하기 위해 벽을 헐었다. 이 모든 비용은 전국을 순회하면서 후원을 호소해 마련해야 했다.

그런데 정말 어려웠던 것은 입주 허가를 받으려면 자동 소화장치를 완전하게 설치해야 한다는 시당국의 고지였다. 비용은 5천 달러에 달했다. 정말 하고 싶은 사역들은 하지 못한 채 수리비용을 마련하기 위해 계속 돌아다녀야 했다. 그런데도 혼자서 모금 활동을 해서는 그 비용을 다 마련할 수 없었다. 위원회의 모든 사람들이 각자의 방식으로 도움을 주었다.

예를 들어, 그래디는 전국을 돌아다니며 우리의 필요를 알렸다. 또 다른 위원인 마틴은 성공한 직업 가수로서 아서 고드프리 쇼의 마리너 중창단으로도 활동했었다. 음악 사역자로 우리를 위해 일하러 온 이후 그의 소득이 얼마나 줄어들었을지 상상할 수조차 없을 것이다. 마틴도 전국을 누비고 돌아다니며 우리의 사역을 홍보했다.

마침내 마지막 페인트공과 마지막 배관공이 센터를 떠나고 의자에 편히 앉아 우리 눈 앞에 어떤 일이 펼쳐졌는지 바라보았다. 통장에는 100달러도 없었지만 하나님께서 이 집을 주셨던 것이다. 하지만 이제 우리는 이 집을 사용해야 한다.

우리는 이곳을 하나님의 자녀들로 채우고 싶었다. 그러나 그 전에 우리는 그들이 사용할 가구를 마련해야 했다. 좋은 건물이 있음에도 그 안에는 아무것도 없었다. 하나님은 다양한 사람들이 우리 사역에 동참하기를 얼마나 원하시는지 이 때 경험으로 깨달았다.

처음 시작할 때는 대부분 하나님의 성회 사람들이었는데 미처 깨닫지 못한 사이에 감독교회, 장로교회, 침례교회, 네덜란드 개혁교회의 사람들이 위원회에 참여하고 있었다. 그리고 영향력 있는 사업가들도 많은 관심을 보여 주었다.

예를 들어, 뉴욕 소재 본윗 텔러 티파니의 대표 월터 호빙이다. 호빙 부부의 소개로 우리가 평생 얼굴조차 볼 수 없을 귀빈들을 만났다.

어느 날 오후 호빙 부인은 '사역에 대해서 알아야 할 몇 명' 만을 초대하여 고급 리버 클럽에서 오찬을 가졌다. 50명의 사람들이 모였다. 마약에 중독되었다가 변화된 소년 한 명이 자신의 삶이 어떻게 바뀌었는지 아주 간단히 간증했다. 그곳에 있던 모든 사람들이 큰 감동을 받았다.

월터 호빙은 우리 자문위원회의 회장이 되었다.

"호빙씨, 이제 저희와 한 팀이 되셨네요. 리버 클럽에서의 후한 식사에 대한 보답을 하고 싶습니다. 라자냐(이탈리아 북부에서 유래한 파스타의 일종으로 치즈와 토마토 소스로 요리한 음식) 좋아하세요?"

우리 총무인 폴 디레나가 말했다

호빙 부인은 "라자냐를 아주 좋아하지만 제대로 된 라자냐를 먹기가 참

어렵다"고 말했다.

이렇게 호빙 부부는 디레나의 집에 초대를 받아 군침이 도는 이탈리아 가정식 특별 요리를 대접 받았다. 디레나 부인이 마련한 식탁에 모두 둘러 앉았을 때, 하나님이 이 사역에 다양한 배경의 사람들을 붙여주신 것에 대하여 개인적인 감사 기도를 드리지 않을 수가 없었다.

'십대 도전센터'의 또 다른 사업가 친구로 시몬스 침대사의 CEO인 그랜트 시몬스 주니어가 있었다. 우리는 호빙 부부를 통해 그를 소개 받았고 특별한 부탁이 있어 그를 찾아 갔었다. 침대가 20개 필요했기 때문이다.

한 시간 동안 시몬스씨의 사무실에 앉아서 우리의 희망 그리고 하나님께서 이 도시에서 일하고 계시는 오묘한 방법들에 대해서 이야기했다. 시몬스씨는 시간 뿐만 아니라 물질에도 후한 사람이었다. 그날 이후 지하철역 벤치에 앉아 새우잠을 자던 많은 홈리스 소년들이 우리 센터의 시몬스 침대와 매트리스에서 단잠을 자게 되었다.

우리 사역의 실제적인 기능 중 한 가지는 월터 호빙, 그랜트 시몬스, 클렘 스톤과 같은 사람들이 오순절 사역에 관심을 갖도록 하는 것이다.

나는 종종 이런 말을 듣곤 한다.

"청소년들이 하나님을 찬양하며 기도할 때 손을 올리는 것을 처음 보았는데, 솔직히 충격을 받았습니다. 또한 우리 마음에 무언가 정말 특별한 일들이 일어나고 있다는 것도 인정합니다. 우리 성공회 사람들이 그리스도의 실제적 임재에 대해 이야기하고 있습니다. 그분이 정말 이곳에 계십니다"라고 우리 예배에 참여했던 성공회 소속 위원 중 한 분이 말했다.

우리 사역에 대한 최고의 칭찬이었다. '십대 도전센터'의 치유 사역을 가능케 하는 것은 바로 성령님의 임재였다. 성령님의 임재는 점점 더 강해졌는데, 가장 강력한 임재하심은 우리가 꿈을 행동으로 옮기기 시작할 때 일어났다.

* * * * * * * *

우리는 이 저택을 이렇게 사용하기로 했다. 우리 센터에는 20명의 사역자들이 거주한다. 매일 아침 이 젊은 사역자들이 잠자리에서 기상하면 아침식사를 하고 기도와 성경 공부로 오전을 보낸다. 이 시간은 우리 사역에서 중요한 부분이 될 것이다. 조용한 말씀묵상 시간 없이 활동만 하면 모든 것이 결국 헛되다는 것을 내가 오래 전에 깨달았기 때문이다.

점심식사 후에는 거리사역을 시작한다. 두세 명의 사역자로 한 팀을 구성하여, 정해진 지역을 순회하며 문제의 조짐을 살펴 볼 것이다. 마약중독 증상을 분별할 수 있도록 미리 교육을 받도록 한다. 십대 알코올 중독자나 십대 매춘부들이 있는지 주의 깊게 살펴본다. 갱 단원들, 특히 싸움 중인 갱 단원들과 대화를 시도해본다.

그들을 회심시키기 위해서가 아니라 필요를 채워주기 위해서 다가갈 것이다. 회심은 그들 자신의 문제이다. 우리는 단지 그들의 필요를 실질적으로 채워주면 세상 사람들은 그 소문을 듣고 센터로 몰려올 것이다.

이렇게 만난 십대들 대부분은 센터에서 거주하지 않을 것이다.

그들이 사는 근처의 사역자와 연결시켜주고 그 사역자를 통해 일할 것이다. 그 청소년들이 자립하고 있다는 것이 분명해질 때까지 주의 깊게 기록하고 정기적으로 점검할 것이다.

그렇지만 상태가 심각해서 특별한 관심을 필요로 하는 청소년들이 있다. 그들을 센터로 데려와 소년들은 남자 스태프와 맨 위층 숙소에서 지

내게 하고, 소녀들은 여성 사역자들과 함께 2층에서 머물도록 한다. 사역의 대부분은 소년들에게 집중될 것으로 예상되지만 도움이 필요한 소녀들이 있다면 절대 외면하지 않을 것이다.

이 사역의 열쇠는 사역자들이다. 밝고 적극적이며 교감 능력이 뛰어나고 건전하며 일주일에 10달러를 받고 사역할 젊은이 20명을 어디서 만날 것인가?

그들은 월급에 매이지 않고 청소년들을 위하여 생명을 걸고 헌신해야 할 것이다. 스태프를 발굴하는 문제에 직면했을 때 우리 아이들 중 하나가 거리에서 칼에 찔렸다. 그의 이름은 카를로스였다. 카를로스는 뉴욕 최악의 갱단 중 하나인 자살파 일원이었다.

삶이 변화된 후 카를로스는 갱단에 돌아가 자신에게 일어난 일을 간증하고 싶어 했다. 어느 날 그는 그것을 실행에 옮기려고 했다. 옛 동료들이 그를 만나자마자 순식간에 포위했다.

"너, 종교가 생겼다고 들었어." 라고 자살파 두목이 말했다.

"응,"

"그리고 더 이상 싸우지도 않는다면서?"

"맞아."

자살파 두목은 칼을 꺼내며 말했다. "내가 널 찌르면 안 싸울 수 없을 걸."

수년간의 갱단에서 훈련 받은 카를로스는 그의 말이 장난이 아니라는 것을 알고 있었다. 그는 차가 주차되어 있는 보도로 뛰어가서 자동차 라디오 안테나를 꺾어 들었다. 급조했지만 날카롭고 위험한 무기였다.

그런데 카를로스가 갑자기 마음을 바꾸었다. 그는 안테나를 부러뜨리고는 땅에 던져버렸다.

"아니, 싸우지 않겠어." 하고 그가 말했다.

그의 말이 끝나기가 무섭게 두목이 카를로스를 찔렀다.

그는 카를로스의 갈비뼈 사이로 칼자루를 깊이 쑤셔 넣었다. 칼에 찔린 부위에서 피가 쏟아져 나왔고 카를로스는 인도에 쓰러졌다. 도와달라고 울부짖는 카를로스를 버리고 자살파 단원들은 도망쳤다.

그가 컴벌랜드 병원으로 이송되었을 때는 위독한 상태였다. 나중에 건강을 되찾아 퇴원할 때 의사는 칼을 가지고 다니는 소년들에게는 설교하지 말라는 친절한 조언까지 해 주었다.

하지만 카를로스는 개의치 않고 바로 거리로 나가서 전도를 시작했다. 아마 이 사건으로 인해 그가 우리의 가장 효과적인 사역자들 중 한 명이 된 것 같다. 그러나 어느 누가 이런 위험을 감수하겠는가? 카를로스와 같은 소년들이 몇 명이나 있겠는가?

이 질문에 답이라도 하듯이, 건물을 수리하여 어느 정도 쓸 만한 상태가 된 직후인 어느 아침, 미주리 주 스프링필드의 센트럴 바이블 칼리지에서 전화가 왔다. 강연요청이었다.

나는 그 초대를 받아들였고 비행기를 타고 가서 전교생에게 우리의 거리 사역에 대하여 알렸다. 모든 이들이 성령님의 부드러운 인도하심을 동일하게 체험한 놀라운 예배였다.

내 강연이 끝나자 학장이 일어서더니 다소 놀라운 말을 했다. 우리의 사역이 사도시대 때의 도전에 가장 가깝다고 생각한다는 것이었다. 그는 뉴욕으로 가서 우리의 거리 사역에 합류하고 싶은 학생들 중에 물질적으로 어려운 사람이 있다면 재정적으로 후원을 하겠다고 제안했다. 그것에 관심 있는 학생들을 학교 도서관에서 만나기로 했다.

도서관에 들어서니 70명의 젊은이들이 줄지어 서 있었다! 그 70명 중에 20명 만을 선발해야 했다. 그래서 사역의 어려운 점들을 사실대로 먼저 설명해주었다. 사례비는 장담하지 못하며, 뉴욕으로 가는 경비도 자비로 해결해야 하고, 보장할 수 있는 것은 숙식뿐이라는 것을 알려주었다. 그리고 생명이 위태로울 수도 있다는 것을 강조했다. 나는 카를로스와 거리에서 두들겨 맞은 두 명의 다른 소년들에 대해서도 이야기했다. 그리고 설거지, 청소, 정리 정돈 등 잡일 역시 많다고 말했다.

놀랍게도 20명만 자리를 떠났다. 그래서 최종선발을 학교에 일임해야 했다. 스프링필드를 떠날 때 사역자로서 뉴욕으로 함께 갈 16명의 젊은 청년들이 선발됐다. 나머지 4명은 테네시 주 리 칼리지(Lee College)에서 선발됐다.

몇 주 뒤, 한 명씩 도착하기 시작했다. 그들은 여행 가방을 끌면서 머뭇거리며 들어왔다. 낯설고도 새로운 뉴욕의 광경에 약간 겁을 먹은 듯이 보였다. 황량하고 엉성한 위층 숙소로 데려갔을 때 학생들은 '내가 대체 어딜 와 있는 거지' 라는 표정이었다. 어느 여학생이 센터에 도착한 후 집으로 이런 편지를 보냈다.

너무 보고 싶은 우리 가족에게,
여기는 뉴욕이에요! 어젯밤 8시 15분에 이 대도시에 도착했어요. 사람들로 붐비지만 하나님이 저를 도와주셨어요. 이곳의 전화번호는 전화부에 안 나와 있었지만 번호를 알아냈고, 누군가가 차를 몰고 와서 태워 주어서 덕분에 친구들 모두 다 잘 도착했어요. 뉴욕까지 오는 길에도 아무 문제가 없었어요. 버스가 늦은 적도 없었답니다. 시카고에서 뉴욕까지 식사를 세 번하고 두 번 쉬었어요. 편안하게 잘 왔어요.

여기서 제가 하는 일과 일정은 다음과 같아요.

1. 십대 소녀들에게 복음 전도
    월요일-자유시간
    화요일-거리 전도와 거리 예배
    수요일-십대 소녀 병원 심방
    목요일-십대 소녀 교도소 심방
    금요일-거리 전도와 거리 예배
    토요일-여러 교파 교회들과 연합사역
    주일-오순절 교회들과 사역

2. 기숙사 사감. 소녀들의 생활을 관리하고 상담. 방의 청결상태와 숙제 점검 등.

3. 음악 담당

저와 함께 소녀전도팀을 맡을 사람을 두고 기도하고 있어요. 이번주 제 친구 조의 담당구역에서 3건의 살인이 있었어요. 이제 저녁 식사 준비를 도우러 가야겠어요. 교회 가는 거 잊지 마시구요. 사랑해요.

"마침내 아내에게 우리 이제 사역이 본격적으로 시작된 거야"라고 말할 수 있었던 그 저녁을 절대 잊지 못할 것이다.

우리는 센터의 작은 예배실에 서 있었다. 이 방은 전에는 거실이었는데, 한쪽 벽에는 큰 벽난로가 있었다. 멋지게 조각된 벽난로 장식이 두드러져 보였다. 아내와 대화를 나누면서 나는 그 장식에 몸을 기댔다.

1년 반 전, 필립스버그의 달빛 가득한 교회 뜰에 서서 미풍에 춤추는 밀밭을 보았던 그 저녁을 아내에게 상기시켜주었다. 이제 주님께서 우리를 추수할 밭으로 보내 주셨다. 우리에게 도구도 주셨다. 그것은 바로 20명의 훌륭한 사역자와 삶을 변화시키는 성령님의 역사하심에 대한 믿음이다.

"여보, 보세요!" 아내가 말했다

아내가 가리키고 있는 게 무엇인지 확인하려고 등을 곧추 세우고 돌아보았다. 이 아름다운 벽난로 장식에는 추수하여 묶어져 있는 곡식 한 단이 조각되어 있었다.

16장
사역자들의 현장체험

사역자들이 준비되자마자 그들을 예배실로 데려갔다. 곡식 한 단이 조각된 벽난로 장식 앞에 서서 뉴욕에서 활동 중인 갱단에 대해 간단한 설명을 했다.

"갱단들에 대해 기억해야 할 단어는 폭력입니다."

나는 젊은 사역자들에게 말했다.

"폭력은 소년들이 목숨을 잃기도 하는 격렬한 싸움, 강간, 살인, 또는 강도질처럼 직접적으로 나타날 수 있습니다. 혹은 새디즘, 동성애, 난잡한 성행위, 마약 중독, 술주정과 같이 간접적으로 나타날 수도 있습니다. 이렇게 위험한 일들을 뉴욕에서 활개 치는 갱단들은 거의 모두가 이런 일들을 행합니다."

내가 생각하기에, 젊은 사역자들은 이런 비참한 상황이 왜 일어나는지를 알아야 했다.

"목사님들은 단어를 가볍게 선택하여 사용하는 것 같습니다. 하지만 우리가 사용하는 일부 전문 용어들은 실제 의미를 다시 한 번 생각해보면 놀라울 정도로 사실적이라는 것을 알 수 있습니다.

예를 들어, '길 잃은 죄인들'이라고 흔히 말합니다. 갱단들을 알아가면서 저는 그들이 문자 그대로 자신이 길을 잃어버린 것처럼 행동하고 있다는 느낌을 떨쳐 버릴 수가 없었습니다. 그들은 겁에 질린 채 방황하고 어깨 너머로 곁눈질합니다. 미지의 위험에 대비해 무기를 소지하고 목숨을 위해 당장이라도 도망가거나 싸울 준비가 되어 있습니다. 길을 잃은 소년들은 스스로를 보호하기 위해 함께 무리를 짓고 갱단을 조직합니다."

나의 사역 경험에서 나온 가장 중요한 한 가지 사실이 있었다. 예외 없이 그들은 집이 없다. 집을 표현하는 그들의 은어는 '감옥'이나 '공포의 장소'였다.

우리 사역자들이 이러한 상황을 직접 체험함으로써 실상을 파악하도록 유도하고 싶었다. 그래서 내가 아는 거리 소년들 중 한 명의 집으로 사역자 몇 명을 데리고 갔다.

우리가 도착했을 때 문이 열려있었다. 집 안엔 아무도 없었다.

"왜 아이들이 '공포의 집'이라고 부르는지 알 것 같아요."

미주리 농장에서 온 한 여학생 사역자가 속삭였다. 그것은 사실이었다. 가족 다섯 명이 방 한 칸에 살았다. 수도, 냉장고, 그리고 난로도 없었다. 있는 것은 전선이 벗겨져 위험해 보이는 요리용 전기 철판뿐이었다. 화장실도 없었다. 복도 끝에 냄새나는 공동 화장실이 있었는데 여덟 가정이 수도 하나를 공동으로 사용하고 있었다. 내부 환기도 되지 않았고 심한 가스 냄새가 진동했다.

유일하게 하나 있는 창문도 30센티 간격으로 옆집 벽이 있어서 빛도 들어오지 않고 환기도 거의 되지 않았다. 이 집에 빛이라고는 천장 중앙에 벌거벗은 40와트 전구 하나가 전부였다.

"이 사람들이 이 공포의 집을 위해 얼마를 내야 하는지 아나요?"

내가 물었다.

"일주일에 20달러이고 한 달에 87달러입니다. 계산해 보니 이 건물 주인은 매달 900달러 이상을 법니다. 거의 순수익이죠. 빈민가의 집주인들은 투자는 거의 하지 않으면서 20% 이상의 순수익을 얻고 있습니다."

"그런데 왜 이사를 가지 않지요?"

"흑인이나 푸에르토리코 사람들은 자신이 원하는 데서 살 수가 없습니다."

나는 인정해야 했다.

"그들이 빈민가를 벗어나기는 어렵습니다."

"공영 주택단지로 들어갈 수는 없나요?"

이 질문에 대답하기 위해 차를 타고 2킬로 떨어진 대형 아파트 단지로 향했다. 많은 사람들은 이 단지들이 뉴욕 빈민가에 대한 해답이라고 생각했다. 우리가 방금 방문했던 곳처럼 혼잡한 지역이었는데 불도저 여러 대가 들어와서 낡은 건물들을 철거하고 새 건물을 지었다. 이론상으로는 이 아파트의 이전 거주자들, 낡은 구석에 있던 식료품점 주인, 그리고 인근의 변호사와 주치의들이 다시 들어와 살아야 한다.

그러나 사실상 그렇게 되지는 않았다. 이전 거주자, 가게 주인, 그리고 전문가들은 새 건물이 완공될 2년을 기다릴 수 없어서 다른 곳으로 이사했다. 그 후 단지가 완성되었을 때 누가 우선적으로 입주되었겠는가? 당연히 가장 절망적인 사람들이다. 정부는 구호대상 가정들을 먼저 입주시켰다.

그 결과는 이중적이었다. 우선, 이웃이 완전히 해체되었다. 그 안의 모든 사람들이 길을 잃어버렸다. 예전에 살던 어느 누구도 남지 않았고 안정적인 계층인 전문가 및 사업가들은 하나도 남지 않았다.

둘째, 구제대상에는 우선권이 있으므로 이 단지는 사실 어떤 비참한 이유든 간에 스스로를 돌볼 수 없는 뉴욕의 빈민들이 다시 몰려들어 또 다른 빈민가를 형성했다.

우리가 방문한 단지는 불과 몇 년 밖에 되지 않았지만 이미 심각한 붕괴의 조짐들이 확실하게 드러났다. 오래 방치되어 황폐해진 잔디가 보였다. 1층 유리창은 깨진 상태 그대로 방치되었고, 보수할 기미는 보이지 않았다. 벽에는 외설적인 낙서들로 가득했고, 곳곳에 소변과 싸구려 포도주 냄새가 진동을 했다.

내가 알고 있는 어느 가정을 방문했다. 모친은 술을 마시고 있었다. 집 안에 정돈된 침대는 하나도 없고, 주방에는 몇끼째 먹은 그릇들이 쌓여있었다. 소년은 찢어진 방석에 말 없이 앉아 있었는데 우리가 왔다는 것조차 인식하지 못하는 것 같았다.

"저 아이가 언제나 저렇지는 않습니다. 저렇게 지나치게 조용한 만큼 지나치게 활동적이기도 합니다. 대체로 거리에 있을 때는 매우 활동적이죠. 거리로 쫓겨나갔다가 엄마가 술에 만취되면 집에 들어 갈 수 있습니다."

밖으로 나가면서 사역자들에게 내가 말했다.

나는 이러한 상황들 때문에 십대 갱단이 형성될 수 밖에 없다는 것을 다시 한 번 강조했다. 인근에 천여 개의 결손가정이 모여 살면, 적대적이고 두려움에 휩싸여 있고 안정과 소속감을 찾아 한데 모여 방황하는 십대들의 숫자는 헤아리기 어렵지 않게 많다.

그들은 싸움을 해서라도 자신들의 '영역'을 구축하고 어떠한 외부인도 침범하지 못하게 한다. 그들은 그들만의 요새를 위하여 싸운다. 군사 분계선처럼 경계선을 명확하게 한다. 예를 들어, 북쪽 경계는 소방서, 남쪽은 고속도로, 서쪽은 강, 동쪽은 맥도널드 햄버거 가게 같은 방식으로 경계를 정한다.

이 소년들이 시간을 보낼 거리들은 많지 않다. 대부분이 극빈층이다. 이틀 동안 음식다운 음식을 먹지 못한 열네 살 소년을 만난 적이 있다. 그를 돌보는 할머니는 매일 아침 25센트를 주고 집에서 쫓아냈다. 아침으로 그는 7센트짜리 콜라를 마셨고, 점심으로는 거리에서 파는 15센트짜리 핫도그를 먹었으며, 저녁은 다이어트 할 거라면서 애써 웃음을 지어 보였다. 저녁 내내 아이는 1센트짜리 사탕을 빨아 먹었다.

그런데 이상하게도 내가 만났던 소년들은 음식 살 돈은 충분치 않지만 술을 살 돈은 항상 있는 것 같았다.

"이 아이들이 술을 얼마나 마시고 있는지 생각하면 정말 온 몸이 쭈뼛할 정도입니다."

내가 학생 사역자들에게 말했다.

"거리의 소년들 대부분이 하루 종일 와인을 마십니다. 완전히 취할 만큼의 돈도 없지만 그렇다고 말짱히 깨어 있지도 못합니다. 그들은 오전 10시나 11시에 만나서 마시기 시작해 돈이 없어질 때까지 계속 마십니다."

이따금 소매치기나 더 어린 아이들에게서 빼앗은 돈을 모아 더 독한 술을 사기도 하는데 이런 일이 반복되다 보면 비극적인 살인사건이 일어나기도 한다.

* * * * * * * *

센터로 돌아가서 사역자들을 다시 예배실로 모은 후 마틴 일렌스키의 이야기를 들려주었다. 마틴은 병약한 어머니를 부양하기 위해 아르바이트를 하는 고등학교 3학년 학생이었다.

휴일 어느 날, 그는 다른 고등학생의 '공포의 집'에서 열린 보드카 파티에 갔다. 남자 6명, 여자 4명이 모였다.

한 시간 동안 술을 마시고 춤을 추었는데 보드카가 바닥이 났다. 소년들은 맥주 살 돈을 모으려고 했고 마틴은 거부했다. 그래서 싸움이 일어났다. 한 소년이 40센티 되는 독일제 칼을 허리춤에서 꺼냈다. 칼은 눈 깜짝할 사이에 마틴의 폐부를 파고들었고, 그는 부엌 바닥에서 즉사했다.

"그래서,"

내가 하려는 말이 학교에서 막 센터에 들어온 사역자들 몇몇에게는 어려울 수도 있었다.

나는 벽에 등을 기대며 말했다.

"거리 모퉁이에서 마틴 일렌스키와 몇 분 동안 이야기할 기회가 있었다고 생각해보세요. 그 파티에 간다면 그는 죽을 운명이라는 것을 기억해야 합니다. 그에게 가장 먼저 뭐라고 말할 건가요?"

"예수님이 구원하신다고 말하겠습니다."

한 남학생이 새된 목소리로 말했다.

"내가 걱정하던 대답입니다."

학생 사역자들의 눈에는 당황한 기색이 역력했다.

"우리는 아주 신중해야 합니다." 하고 내가 말했다.

"앵무새가 되어서는 안 됩니다. 나는 이전에 들었던 빈말들, 특히 종교적인 단어들을 조심해서 사용하려고 노력합니다. 거리에 나가서는 그 말을 통해 선한 영향력을 미칠 수 있게 해달라고 먼저 기도한 후에 그러한 용어들을 꺼냅니다."

"예수님이 구원하신다는 말을 한다면 그것은 어떤 의미인가요?" 하고 내가 다시 반문했다.

물론 우리 사역자들은 대답을 알고 있었다. 그들은 서로 웅성거리며 자신들에게 일어났던 특별한 일들에 대해 이야기했다.

"저……그건," 한 여학생이 말했다,

"거듭났다는 의미입니다."

맞는 말이었지만 마틴이 40센티 되는 독일제 칼로 찔리기 전에 만났을 경우, 그의 마음을 붙잡을 수 있는 신선한 대답이 아니었다.

"거듭났을 때 어떤 일이 일어났죠?" 하고 내가 질문했다.

이 어린 숙녀는 입을 열지 못했다.

잠시 망설이는 듯 하더니 곧 방 안에 있던 모든 사람들의 관심을 끌만한 목소리로 자신의 삶에 생긴 변화에 대해 이야기했다. 그녀는 자신이 얼마나 외롭고 두려웠으며 삶이 얼마나 비참했는지에 대해 말했다.

"그때 그리스도에 대해서 들었습니다."

여학생이 말했다."

"하지만 그 이름은 그냥 하나의 단어일 뿐이었습니다. 그러던 어느 날 친구가 그리스도께서 제 외로움과 두려움을 없애주실 수 있다고 말했습니다. 우리는 함께 교회에 갔습니다. 목사님이 저를 앞으로 나오라고 하셨습니다. 저는 모든 사람 앞에서 무릎을 꿇고 단순히 이름뿐이었던 '그리스도'라는 분께 내 삶을 변화시켜달라고 기도했습니다. 그 이후 저는 달라졌습니다. 완전히 새로운 사람이 되었습니다. 이것이 바로 다시 태어난다는 의미가 아닐까 생각해요."

"외로움이 사라졌나요?"

"네. 완전히 없어졌습니다."

"두려움은 어떤가요?"

"그것도 마찬가지입니다."

"이제 예수 그리스도란 이름은 의미 없는 단순한 단어 이상이겠군요?"

"물론입니다. 단어 하나로는 변화시킬 수 없습니다."

방이 조용해졌다.

"무의미한 말들을 가지고는 마틴을 변화시킬 수 없을 것입니다."라고 나는 말했다.

"거리로 나갈 때 이 소년의 경우를 꼭 염두에 두시기 바랍니다."

* * * * * * * *

1961년 늦은 봄, '십대 도전센터'는 활발하게 사역 중이었다. 매일 그리고 휴일인 월요일에도 우리의 청소년 사역자들은 브루클린과 할렘 그리고 브롱크스의 거리로 나가 도움이 필요한 십대들을 찾아다녔다. 병원과 교도소, 학교와 법정에도 갔다. 그리니치빌리지와 코니아일랜드, 센트럴파크에서 거리 집회도 열었다.

따라서 우리 센터를 거쳐 간 아이들이 밀물처럼 늘어났다. 문을 연 지한 달만에 500명 이상의 소년 소녀들이 구원 받았다. 그 단어의 의미를 완전히 구현한 것이라고 단정 지어 말하기는 어렵지만 500명의 소년 소녀들이 성령님의 음성에 사로잡혔다. 그들의 삶은 극적으로 변했으며 갱단을 탈퇴했다. 일자리를 찾고 교회에 나가기 시작했다.

이 500명 가운데 100명가량은 센터에 와서 특별 상담을 받았다. 그리고 그 100명 중에 센터에 거주하면서 사랑을 경험해야 할 청소년은 소수에 불과했다.

　조지는 우리 센터에서 인격 치료를 체험한 첫 소년들 중 한 명이었다. 조지는 19세의 잘 생긴 청년이었다. 사실, 그는 천행이라 할 만큼 잘 생겼다. 그러나 조지에겐 거주할 집이 없었다. 그의 부모는 조지가 연상의 여성들과 어울리는 것을 참지 못하고 내쫓아버렸다. 조지는 끊임없이 자신보다 나이가 2배나 많은 여성들과 사귀었다.

　그러한 여성들을 유혹하는 수법은 항상 동일했다. 그는 외롭고 나이 들은 여성들과 만나면 자신의 어려웠던 생활들에 대해서 이야기하면서 흥미를 갖게 하고 그녀들의 동정심을 얻은 후 다시 만나자고 한다.

　"그냥 이야기만 해요. 이야기하는 게 저는 너무 좋아요."

　이러한 만남은 대체로 깊은 관계로 발전하고 곧 조지에게는 쉽게 새로운 친구가 생겼다.

　그는 여인의 아파트로 이사하고 여인들은 그를 아들처럼 대해준다. 표면상 조지는 보석 상인이었다. 여인의 집을 자연스럽게 들락날락거리게 되자, 보석 이야기를 꺼내면서 여인의 보석들을 손질하자고 제안한다. 조지는 친구의 보석상에서 손질하겠다면서 보석들을 가지고 나와 가장 가까운 장물아비에게로 향한다. 건강하고 한창 때인 청년의 삶 치고는 정말 비열했다.

　그러던 어느 날 모든 것이 변했다.

　조지는 우연히 우리의 거리 집회를 알게 되었다. 당시 우리 사역자들과 이야기를 나누지는 않았지만 며칠 후 센터에 나타났다.

　재미삼아 한 번 와본 그는 우리 센터 문을 들어서는 순간, 미묘한 따뜻함을 느꼈다. 사역자 중 한 명인 하워드 컬버가 그를 안내하여 대화를 시작했다. 그 날 오전이 지나기 전, 조지는 새로운 삶을 시작하겠다고 결단했다. 그는 자신에게 변화가 생기길 기도했고, 언제나 그가 기도한 그대로 새로운 기적이 일어났다.

"저를 짓누르던 커다란 짐이 갑자기 사라진 것 같았어요."

조지가 나중에 나에게 말했다.

그는 자신에게 일어난 변화에 들떠 있었다. 이야기하지 않고서는 견딜 수가 없었던 것이다. 그는 자신에게 일어나는 모든 일을 자세히 돌아보며 생각하고 또 생각했다.

시간이 흐를수록 조지는 자신이 예전에 훔쳤던 돈들을 모두 갚아야 한다는 느낌이 점점 더 강해졌다. 그러던 중 아주 좋은 일자리를 하나 얻었다. 조지는 상당히 유능한 젊은이였기 때문이다. 최소한의 생활비만 제외하고 월급 전부를 빚 청산에 다 썼다. 빚을 모두 갚고 나면 목회자가 되고 싶다고 했다.

* * * * * * * * *

여름이 지나고 더욱 많은 소년들이 센터를 거쳐 가면서 도덕적 문제에 직면하기 시작했다. 아이들 대부분이 범법자들이기 때문이었다. 과거에 범죄를 저지른 것들에 대해서 어떻게 해야 하는가?

대답하기에 간단한 문제가 아니었다. 감옥에서 처벌을 받을 만큼 새로운 삶 가운데 신앙적으로 강해진 아이들에게는 그 일이 비교적 쉬울 것이다.

그러나 신앙적으로 강해지려면 반드시 시간이 걸리게 마련이다. 여러 번의 위기가 지나가고, 무미건조한 시간들을 이겨낸 후 그리스도인이 되는 방법을 습득해야 한다.

만일 어느 소년이 성급하게 경찰에 자수하고 교도소에 수감되면 그를 잃어버릴 수도 있지 않겠는가? 한편, 그가 사회법을 위반하고 그 사실을 숨긴다면, 그의 영적 성장에 문제가 생기지 않겠는가?

모든 경우에 적용될 만한 해답은 없다는 생각이 들었다. 그 아이들에게 어떻게 조언을 해 주어야 할 지 종종 곤혹스러웠다. 예를 들어, 센터에서 며칠을 지내던 페드로가 나에게 와서 이렇게 불평했다.

"밥도 안 먹히고, 잘 수도 없어요. 숙면을 취할 수가 없어요."

"왜 그러니, 페드로?"

"제가 저지른 모든 범죄 때문에 힘들어요. 제 어깨를 짓누르고 있어요. 경찰에 가서 자수해야 될 것 같아요."

나는 잠시 그의 말을 경청했으며, 언젠가는 실제로 경찰서에 가서 자수하도록 해야겠다고 생각했다. 페드로는 영어를 제대로 못하고, 나도 스페인어 실력이 형편 없었기 때문에 그의 범죄에 대해 상세히 파악하기는 어려웠다.

그러나 불안과 혼란에 빠져 힘들어 하고 있기 때문에 자수하는 것이 올바른 것 같았다.

문제는 시기였다. 페드로는 회심한 지 얼마 되지 않았기 때문에 감옥형을 선고받으면 원점으로 돌아갈 것이 분명했다.

나는 페드로에게 조금 더 기다려보자고 제의했다.

하지만 그는 더 이상 참지 못했다. 결국 나는 내 오랜 친구 빈센트 오르띠즈 목사에게 연락하여 통역을 부탁했다. 우리는 페드로를 경찰서로 데리고 갔다. 우리가 들어갔을 때 경사는 자신의 책상에 앉아 샌드위치를 먹고 있었다. 우리를 보더니 그가 말했다.

"무슨 일이십니까?"

"저는 십대 선교회의 대표 윌커슨 목사입니다. 드래곤 갱단의 일원이었던 소년 한 명을 데리고 왔습니다. 자백하고 싶은 일들이 있다고 합니다." 라고 내가 말했다.

경사는 나를 무표정하게 쳐다보더니 다시 말해달라고 했다. 같은 말을 반복해서 말하자 그는 펜을 내려놓더니 나를 자기 옆쪽으로 불렀다.

"목사님, 혹시 이 아이가 정신적으로 문제가 있는 것은 아니지요?"

"전혀 그렇지 않습니다." 라고 내가 말했다.

"자신이 저지르지도 않은 일들을 자백하겠다고 오는 사람들이 자주 있습니다. 하지만 목사님이 생각하시기에 이 아이가 정상이라면, 위층 취조실로 데려가세요."

우리는 위층으로 가서 기다렸다.

페드로는 침착해 보였다. 곧 형사가 오더니 내가 페드로에게 자수를 강요했냐고 물었다.

"아닙니다. 여기에 온 건 이 아이의 뜻입니다." 라고 내가 말했다.

"이 아이가 감옥에 갈 수 있다는 것은 알고 계시겠죠."

나는 빈센트 오르띠즈 목사에게 이 말을 스페인어로 페드로에게 통역해 달라고 부탁했다. 소년은 고개를 끄덕였다. 잘 이해했다.

형사는 노란 종이를 몇 장 꺼내더니 의자에 편히 기대어 취조를 시작했다. 그는 매우 친절했으며 페드로의 태도에 깊은 감동을 받은 것 같았다.

"좋아, 페드로. 자백하고 싶은 것들을 말해봐요."

"예!"

페드로가 빈센트 오르테즈 목사를 통해 말했다.

"그 칼부림 사건 기억하시죠."

그리고 그는 두 달 전 센트럴 공원에서 일어났던 사건을 설명하기 시작했다. 형사는 펜을 내려놓더니 다른 경찰을 불렀다. 그들은 그 사건을 기억하기 때문에 그의 자백에 깊은 관심을 가졌다.

페드로는 칼부림까지 가게 된 상황을 상세하게 설명했다. 마약 중독이었던 그는 마약주사가 필요했다. 그는 두 명의 소년들과 함께 있었는데 벤치에 혼자 앉아 있는 젊은 남자를 발견하고는 그를 에워싸고 돈을 강탈한 후 복부를 칼로 찔렀다.

페드로는 계속해서 두 건의 강도 사건을 자백했다.

형사들은 6시부터 12시까지 그를 취조하면서 사건을 확인하고 재검토했다. 그들은 칼에 찔린 남자를 찾아냈다. 그 역시 전과 기록이 있었기에 페드로를 고발하지 않았다. 이 일에 연루되고 싶어하지 않았다. 페드로가 두 번 털었던 그 가게 역시 고소를 거부했다.

"그곳을 잘 압니다."

빈센트 오르띠즈가 말했다. "제 생각에 그들은 몰래 노름 판돈을 모으고 있는 것 같습니다. 그래서 아마 이 일에 연루되고 싶지가 않았을 겁니다."

결국 경찰은 고소인을 찾을 수 없었다. 그들은 기꺼이 우리가 페드로를 보호할 수 있도록 권한을 넘겨주었다. 우리는 센터로 돌아갔고 다음날 아침 페드로는 그 누구보다도 먼저 일어났다.

그는 찬양을 하면서 집안 전체를 돌아다녔다. 목청껏 노래를 불렀고 우리가 불평할 수 없을 정도로 명랑하게 모든 이들에게 인사했다.

페드로는 달라졌다. 그의 마음은 놀라운 기쁨으로 충만했다.

* * * * * * * *

모든 아이들의 이야기가 이처럼 극적인 것은 아니다. 사실 센터에 와서 정신적 안정을 찾는 아이들의 대부분은 외로움에 지친 평범한 청소년들이다.

그들의 삶은 거의 무의미했다. 어디서나 환영받지 못하고 집에서조차 따뜻한 대우를 받아본 적이 없다. 그들은 문제를 일으키지만 대부분은 단순하고 사소한 일탈이다.

우리 센터를 자기 집처럼 생각하는 어느 멋진 소년에 대해 이야기하고 싶다. 럭키라는 이름의 순진한 청소년이다.

럭키는 세상살이에 적응하는데 어려움을 겪고 있었다. 미소가 아름답고 눈이 반짝거리며 따뜻한 마음을 가졌지만, 한 가지 일에 차분하게 정착하지 못했다.

럭키는 열한 살 때 크라운 갱단에 입단하여 학교에 가지 않으면서 브롱크스 일대를 누비고 다니기 시작했다. 그가 좋아하는 스포츠는 순찰차 창문을 깨뜨리고 도망가는 것이었다.

그는 지붕 위를 뛰어 다니면서 경찰을 곤혹케 했는데 대담하게 옥상 사이를 뛰다가 발을 헛디뎌 추락직전에 비상계단을 붙잡을 때도 여유있게 웃었다.

럭키는 드래곤 갱단과도 어울리기 시작했고, 열다섯 살 때 두목으로 선출되었다. 그의 임기는 다소 짧았다. 어느 날 자신의 고등학교 담임 선생님을 폭행하여 감옥에 가게 되었기 때문이다.

6개월 후에 석방되었지만 그는 여전히 마음 둘 곳을 찾지 못했다. 제빵학교에 다녔지만 선생님과 잘 맞지 않았다. 축산학교에도 다녔는데, 이번에는 선생님과 논쟁이 붙어 학교에서 그를 쫓아냈다.

십대 도전센터는 럭키의 자유의지로 하룻밤 묵을 수 있는 유일무이한 곳이다. 그는 센터의 문을 열고 들어오는 순간 마치 내 집에 들어 온 것처럼 느껴졌다고 했다. 새로운 아이들이 올 때마다 그는 환한 미소로 반기며 이런 말을 한다.

"내가 특별히 좋아하는 건 여기서는 피부색이나 국적을 상관하지 않는다는 거야. 한 번 봐봐. 백인도 있고 흑인도 있고 히스패닉도 있어. 하나님 안에서 모두가 하나가 되어 있어."

럭키는 놀랍고도 깊은 신앙적 체험을 했다. 그는 센터에서 대단히 크고 새로운 온정과 사랑을 느끼고 있기 때문에 센터를 떠나지 않으려고 했다. 그래서 다른 새로운 일을 시도해 보라고 조언해 보았지만 소용이 없었다. 그는 다른 아무것도 하고 싶어 하지 않았고 센터에 머물면서 우리를 돕고 싶어했다. 우리는 그가 센터에 머물도록 허락해 주었다.

럭키는 우리의 보조 사역자이며, 신뢰할 수 있는 사람들 중 한 명이다. 그는 일주일에 10달러를 번다. 언젠가는 그도 준비되면 다른 아이들처럼 이곳을 떠날 것이다. 하지만 그 때까지 우리는 언제나 그를 환영한다.

17장
전문 사역자를 세우다

베란다 온도계의 수은주가 여름의 열기로 점점 올라가면서 센터에서의 일과도 어느새 자리를 잡아갔다. 20명의 사역자들은 이른 아침부터 늦은 밤까지 분주했다. 그들의 하루 일정은 이러했다.

오전	7:00	기상
	7:30-9:30	아침식사
		설거지 및 청소
		개인 경건 시간
	9:30-11:30	전체 예배
오후	12:00	점심식사
		설거지
		기도
	2:00-6:00	거리 전도사역(도시락으로 끼니 해결)
	7:30까지	거리 전도사역 추가
	12:00까지	저녁예배 위해 센터에 복귀
밤	12:00	취침

센터가 커지면서 혼자 운영하는 것은 거의 불가능해졌다. 그래서 몇 개월 동안 분야별로 전문 사역자를 세워서 센터를 운영하도록 변화를 주었다. 예를 들어, 하워드 컬버는 행정담당 사역자이다. 20명의 활기찬 대학생들과 어디로 튈지 모르는 갱 단원들을 다루는 것은 언제나 쉬운 일이 아니었다. 하워드의 아내 바바라는 하나님이 주신 선물이었다. 그녀는 간호사였다. 영양실조에 걸린 아이들과 특히 금단현상을 겪고 있는 마약 중독자들에게 그녀의 존재는 표현하기 어려울 정도로 소중했다.

그 중에서 내 마음에 특별하게 자리 잡은 스태프가 있다. 니키였다.
니키가 아름다운 여인과 함께 팔짱을 끼고 센터 현관을 수줍게 걸어 들어온 그날을 나는 잊을 수가 없다!
"목사님,"
니키가 조용히 말했다.
"제 아내 글로리아에요."
니키와 글로리아는 웨스트 코스트에 있는 성경학교에서 만났다. 나는 그들을 정말 반갑게 맞아주었고 니키의 손을 꼭 잡고 등을 두드려 주었다. 내가 너무 환대해 주어 글로리아가 약간 놀라지 않을까 싶기도 했다.
우리 셋이서 사무실에 앉아 추억에 잠겼다. 3년 전 나를 죽이려했던 소년이 지금 내 앞의 이 사람과 동일 인물이라니 믿기가 어려울 정도였다.
니키와 처음 만난 날, 그는 너무나 절망적인 상황이었기에 나는 깊은 인상을 받았었다. 그런데 그가 지금 새 사람이 되어 내 앞에 앉아 있는 것이다. 장래가 유망하며 인정받는 목회자로서 말이다.
"목사님, 저는 청소년 사역뿐만 아니라 학부모사역도 하고 싶습니다."

그가 열정적으로 몸을 앞으로 기울이며 말했다.

"청소년들을 아무리 도와주어도 다시 비참한 가정의 상황으로 돌아가야 한다면 아무 소용이 없지 않을까요?"

정말 맞는 말이었다.

글로리아의 생각 역시 건전했다. 그녀는 센터에서 일하고 싶어했다. 아이들을 사랑할 뿐만 아니라 어린이 사역 전문가였다. 그녀는 갱단 주변에서 헤매는 8-10세 된 아이들에 대한 이야기를 남편에게 듣고서는 아이들이 심각한 문제에 빠지기 전에 다가가서 미리 돌보는 것이 문제에 빠진 후 구하는 것보다 훨씬 낫다는 점을 강조했다.

* * * * * * * *

평생 사역자들의 영향력은 센터가 성장함에 따라 점점 더 커졌다. 우리는 다양한 각도에서 거리 아이들의 문제에 접근했다.

나는 소년들을 맡았고, 니키는 부모들을 책임졌으며, 글로리아는 어린이들을 담당했다. 하지만 부족한 한 가지 문제가 있었다.

'뎁'(Deb, 거리를 배회하는 불량소녀들-역주)에게 특별한 관심을 가진 사람이 아무도 없다는 것이었다.

'이들이 누구이며 갱단과는 어떤 관계에 있는가?'

최근 갱단의 구성이 복잡해졌는데, 십대 소녀들의 역할이 점점 더 중요해졌다. 이들은 '뎁'이라 부른다. 뎁은 소녀들끼리 모여 갱을 결성한 후 소년 갱단의 보조적 역할을 한다. 종종 이 소녀 갱단들은 코브라와 코브렛츠처럼 상대 소년 갱단의 이름을 반영하는 갱단명을 짓는다.

이 소녀들이 거리에서 발생하는 문제들의 주요 원인이었다. 어느 갱단의 소녀갱단 단원이 라이벌 관계의 갱단 소년이 자신에게 집적댔다고 불평을 하면서 싸움이 일어났다. 이후에 그 소녀는 싸움을 걸기 위해 이야기를 꾸며냈다고 실토했다. 재미삼아 그랬다는 것이었다. 소녀 갱단원이 순결을 유지하고 있는 경우는 거의 없다.

"결혼은 고리타분해요, 목사님."

이 소녀들이 웃으면서 나에게 말했다.

내가 아무리 말해도 소용이 없었다. 신경이 거슬리면 비꼬는 정도가 아니라 유혹하는 행동까지 했다. 그래서 소녀 갱단원들의 존경을 얻을 만큼 충분히 그들의 마음을 끌면서도 그들의 조롱과 조소에 흔들리지 않을 만큼 강한 신앙을 가진 여성 사역자가 절대 필요했다.

그런데 나는 마침내 그런 사역자를 찾았다.

"여보, 소녀 갱사역에 정말 적합한 사람을 구했소."

내가 어느 날 저녁 아내에게 말했다.

"정말 잘 됐네요." 하고 아내가 말했다.

"예쁜 분이면 좋겠어요. 그 일에는 참한 분이 필요해요. 당신에게 예쁜 사역자를 찾으라고 부탁하게 될 줄은 정말 생각지도 못했어요."

"그녀는 예뻐요." 하고 내가 말했다.

"이름은 린다 마이스너이고 아이오와 주 농촌 출신이오. 그녀가 이 도시 아이들에게 겁을 먹진 않았으면 좋겠는데."

린다의 소녀 갱단사역은 쉬운 일이 아니었다. 그녀가 센터에 와서 맞는 첫 토요일 밤, 소녀들에게 자신의 존재를 알릴 기회가 왔다.

늦은 오후, 다섯 명의 소녀들이 찾아 와서 센터를 둘러보고 싶다고 했다. 린다가 혼자 있었다면 어쩔 수 없이 그들의 요구에 응했겠지만, 나는 그 소녀들이 술을 마셨다는 것을 알았기 때문에 그들의 방문을 좀 연기시켰다.

"모두에게 완전 개방하는 예배가 7시 30분에 있어요." 하고 내가 말했다.

"그때 오면 잘 안내해 줄께요."

소녀들은 한 무리의 소년들을 데리고 그 시간에 다시 왔다.

"목사님, 어떻게 해야 하죠?" 린다가 물었다.

"소녀들이 상당히 취해있어요."

"우선 따로 떼어 놓읍시다. 소년들은 이쪽에 앉게 하구요, 소녀들은 저쪽에 앉도록 하죠."

그러나 그다지 효과는 없었다.

소녀들은 낄낄대며 비웃고 풍선껌을 크게 불더니 일어나서 센터 안팎을 돌아다녔다. 그 중 몇몇은 칼을 꺼내 자신들의 구두끈을 잘랐다. 설교 중간에 나와 논쟁하기도 했다. 나는 모임을 여성 사역자들로 구성된 여성 중창단(린다가 포함됨)에게 넘겼으나 아이들의 시끄러운 소리 때문에 노래를 부를 수가 없었다.

결국 정기 모임을 포기하고 이 소년 소녀들 한 명 한 명에게로 관심을 돌려야 했다. 소녀들 대부분이 자리를 이탈했고, 뒤에 있는 문 쪽으로 뛰어가서는 한 번도 아니고 두 번이나 쾅하고 문을 여닫았다. 자리에 있던 소녀 한 명이 친구들에게 가서 어깨동무를 하더니 이렇게 말했.

"여기서 하는 말은 하나도 믿지 마."

그러더니 서로서로 수군대기 시작했다.

그날 밤은 소녀들의 승리였다. 볼만한 어떤 결과도 없이 모임은 일찍 끝났다. 미래의 친구들에 대한 린다의 신고식은 이렇게 허망하게 끝났다. 설상가상으로 그날 밤 사우스 세컨드에서 살인사건이 발생했다는 이야기도 들려왔다.

"희망이 보이지 않아요, 목사님,"

린다가 다음 날 아침에 내게 말했다.

"이렇게 심각한 아이들을 대상으로 사역을 할 수 있을지 암담해요."

"린다, 포기하기엔 아직 이른 것 같아요. 성령님이 하실 수 있는 일들을 볼 때까지 기다려 보세요."

다음 주 화요일, 린다는 그 변화를 처음으로 체험했다.

그 후 린다는 부모에게 썼던 편지를 나에게 보여주었다.

순간순간이 흥분과 새로운 도전으로 가득해요. 화요일에 그 갱단의 소년 소녀들이 모두 돌아왔어요. 우리는 그들이 다른 날 밤에 오길 바랐지만, 소녀들이 소년들과 함께 예배에 오게 해달라고 사정을 했답니다. 그들은 웃거나 떠들지 않고 말을 잘 들을 것이라고 약속했어요. 그래서 센터 안에 들어올 수 있도록 허락했지요. 예배드리는 동안 우리는 '예수님이 모든 속박을 푸시네'란 찬양을 불렀어요.

데이빗 목사님은 아이들에게 하나님이 어떤 것을 해주시길 원하느냐고 물었어요. 14살 된 소녀 한 명은 매일 밤 계속되는 과음에서 벗어나고 싶다고 말했어요. 또 다른 한 명은 소매를 걷어 올리더니 하나님께서 이것을 용서하실 수 있느냐고 물었어요. 헤로인 주사 자국이 가득했답니다. 소녀들은 제가 어디서나 볼 수 있는 평범한 소녀들처럼 행동했어요.

그 때 이후 소녀들은 린다에게 도움을 청했다. 예를 들어, 일레인은 소녀갱단 단원에게 아주 흔한 문제를 갖고 린다를 찾아왔다. 그녀는 마음속의 증오 때문에 자신의 삶이 처절하게 망가지고 있다고 말했다.

나는 일레인을 알고 있었다. 그녀는 난폭했다. 그녀를 보면 얼마나 증오심에 불타는지 느끼지 않을 수 없었다. 학교와 가정에서 그녀를 다루지 못했다. 앉으라고 하면 서고 서라고 하면 앉았다. 제 자리에 있으라고 하면 몰래 나가고 집밖으로 나가라고 하면 자신의 방 안에서 꼼짝도 하지 않았다. 일레인의 부모도 일찌감치 포기했고 친척들에게 맡아달라고 부탁해보는 것이 전부였다.

어느 날 오후 일레인이 린다를 만나러 왔다.

그들은 부엌에 앉아 막대 달린 빙과를 먹으면서 이야기했다고 린다가 나중에 내게 보고했다. 일레인이 처음 한 말은 자신이 술을 많이 마신다는 것이었다. 그리고 최근 난잡한 파티에 가기 시작했다고 말했다. 파티는 점점 더 난잡해졌고, 결국 얼마 전 순결을 잃었고, 이제 성관계는 따분한 일상이 되어버렸다고 허탈하게 말했다.

그런데 갑자기 일레인이 울기 시작했다.

"린다,"

일레인이 린다를 쳐다보며 말했다.

"내가 진짜 나 자신을 우습게 여긴 적이 없다는 거 아세요? 한순간도 그런 적이 없어요. 하지만 나도 모르게 어떤 녀석과 한 침대에 누워 있었어요."

린다는 일레인의 애끓는 심정을 느낄 수 있었다.

"린다, 나는 더 이상 나 자신을 망치고 싶지 않아요. 도와주실 수 있으세요?"

곧 일레인은 매주 수요일 밤에 있는 갱단 정기 예배에 꼬박꼬박 참석했다. 그녀는 자신 안에 있는 증오가 어떻게 사라졌는지에 대하여 간증을 하기도 했다. 그녀의 얼굴은 린다처럼 천진난만하고 발랄하며 자유로워 보였다. 그녀는 늘 노래를 부르거나 미소를 지었다. 또 사촌과 친구들을 데려오기 시작했다. 술과 난잡한 파티도 끊었다.

"일레인이 왜 그것들을 그만 두었는지 아세요, 목사님?"

린다가 나에게 물었다.

"이제 그럴 마음조차 없대요. 즐거운 다른 일들이 너무 많대요."

그리고 이런 일은 일레인에게만 일어난 것이 아니었다.

날마다 우리는 특별한 사랑을 가지고 일레인과 같은 소녀들에게 다가갈 수 있었다. 일레인이 놀라운 속죄의 사랑을 발견한 그 날을 나는 절대 잊지 못할 것이다.

"윌커슨 목사님, 저는 마침내 그것을 알게 됐어요." 소녀가 말했다.

"그리스도의 사랑은 아무런 조건 없는 사랑이에요."

일레인이 옳았다.

그리스도의 사랑은 치우침이 없는 사랑, 보답을 구하지 않는 사랑이다. 이 아이들을 위한 최고의 사랑이며 구속의 사랑이다.

집으로 보낸 편지 중 린다는 자신의 삶이 끊임없는 위험 속에 있다고 쓴 적이 있다. 과장된 말은 아니었다. 우리는 사역자를 보호하기 위해 최선을 다한다.

예를 들어, 거리 사역은 두세 명의 팀으로 나간다는 규칙이 있다. 여성 사역자는 거리에서 남자 아이들과 접촉하지 않으며 그 반대도 마찬가지다. 그리고 사역자들은 규칙적으로, 특히 밤에 사역할 때 서로에게 연락해야 한다.

하지만 무장 경관들도 위험을 대비해 2인조로 순찰을 도는 지역에 우리 젊은 사역자들이 들어가야 할 때는 위험을 피할 방법이 없다. 도시의 더 험한 지역에 사는 십대들 대부분이 위험한 무기를 소지하고 있기 때문이다. 만약 어느 소년이 헤로인에 취했다면 재미삼아 쉽게 자신의 칼을 꺼내 덤벼들지도 모른다. 하지만 훨씬 더 심각한 문제는 사역자들이 갱단원들 간의 관계를 끊으려 한다는 우려가 생길 때 발생되는 경계심이다.

어느 날 밤, 린다와 파트너 케이 웨어는 평소보다 더 늦은 시간까지 거리 사역을 했다. 무더운 여름밤 자정이 가까운 시각이었다. 저녁 예배가 끝나고 잠자리에 들어야 했지만 성령께서 그들의 도움을 필요로 하는 소녀들에게 인도해주시길 기도하면서 밤거리로 나갔다.

과자점에서 음악을 들으며 콜라를 홀짝이고 있는 십대 소녀 4명이 눈에 들어왔다. 린다와 케이는 안으로 들어가 그 소녀들에게 말을 걸었다. 4명의 소녀들이 처음에는 반박을 하다가 조금 후에 그 중 한 명이 울기 시작했다. 이런 일은 이제 우리에게 상당히 익숙해져 있었다.

"왜 그래? 밖으로 나가자. 저 바보한테 이런 상황을 보여주고 싶지 않아."

네 소녀 중 한 명이 가게 주인을 손가락으로 가리키며 말했다. 그래서 소녀들 모두 끈적끈적하고 후덥지근한 밤거리로 나왔다. 4명의 소녀들이 모두 아기처럼 울기 시작하자, 린다와 케이는 다시 말을 꺼내기가 어려웠다.

그런데 소년 두 명이 다가왔다.

"무슨 일이야?" 하고 그들이 물었다.

소녀들은 소년들에게 꺼지라고 말했다. 남자애들한테 말하고 싶지 않았던 것이다.

눈물보다 이 말 한 마디가 소년들의 호기심을 더 부추겼고, 결국 그들이 끼어들었다.

"뭘 하려고 그러는 거야?"

그들이 린다에게 물었다.

"우리 여자애들을 뺏어 가려고?"

그 중 한 명이 린다에게 슬쩍 다가오더니 팔을 꽉 잡았다.

"공원으로 가자, 예쁜 누나. 특별한 걸 보여줄게."

다른 소년들도 합류하더니 곧 그들은 황당한 말과 행동으로 린다와 케이를 두려움에 몰아넣었다. 그러나 그들에게는 확실한 방어책이 있었다.

린다는 두 소년 중에 리더로 보이는 소년을 정면으로 응시하며 천천히 말했다.

"하나님의 축복이 함께하기를."

소년은 놀라서 입이 벌어졌다.

린다는 몸을 돌려 네 명의 소녀들과 다시 대화를 시작했다. 소년들은 잠시 동안 침을 튀기며 빠른 말로 지껄이더니 그 중 한 소년이 말했다.

"제기랄! 재수 없네. 가자!"

린다와 케이는 소녀들과 이야기를 계속했다.

그런데 잠시 후 더 많은 소년들이 여러 방향에서 서서히 몰려들었다.

"조심하시는 게 좋을 거예요."

소녀 중 한 명이 조용히 속삭였다.

린다와 케이는 서로의 몸을 더 가까이 붙이면서 차분하게 이야기를 계속했다. 그 때 갑자기 큰 웃음소리와 고함소리가 들렸다. 소녀들은 소리를 지르고 야유하는 십대 소년들에게 완전히 둘러싸였다. 소년들은 주위를 둘러싸고서 린다와 케이를 소녀들에게서 떼어 놓았다.

"이봐, 당신들 때문에 내가 화가 좀 났거든."

두목인 듯한 소년이 말했다.

"우리 애들한테 종교 따위를 이야기를 한다고? 애들을 데려가려는 셈이군."

또 다시 음담패설이 시작되었다.

린다와 케이는 태어나서 그런 저질의 말은 처음 들어보았다. 소년들은 그들을 밀치고 비아냥거렸다. 어디에도 불빛은 보이지 않았다. 린다는 소년 중 한 명이 초승달 모양의 칼을 손에 쥐고 있는 것을 보았다. 한밤의 달처럼 빛나고 있었다.

갑자기 그가 린다를 찔렀고 린다는 몸을 옆으로 피했다. 칼은 그녀의 옷자락을 베고 지나갔다. 그녀의 옷이 많이 잘려 나갔지만 다행히 몸은 다치지 않았다.

린다는 여전히 불안정한 그 소년을 쳐다보았다. 그녀는 다시 한 번 낮은 목소리로 진심어린 마음을 담아 전했다.

"하나님의 축복이 함께 하시기를."

그녀는 케이의 팔을 잡으며 소녀들에게 말했다.

"내일 클린턴 애비뉴 416번지에 있는 센터로 오렴. 너희를 기다리고 있을게."

그리고 그녀와 케이는 거리를 가로 질러 그 자리를 빠져나갔다. 소년들은 음담패설이 가득한 노래를 부르면서 그들을 따라갔다.

그런데 갑자기 지금도 린다와 케이가 이해하지 못할 어떤 이유로, 두목이 소년들에게 멈추라고 명령을 내렸다.

"그만하자. 잊어버리자구. 저들을 놀리고 싶지 않아."

그 두목이 말했다.

린다와 케이는 사시나무처럼 떨면서 센터로 돌아왔다.

그러나 다음 날 네 명의 소녀들과 다시 대화를 했고, 그 다음 날 밤에 다시 거리사역을 재개했다.

린다는 집에 안부편지를 썼다.

"아빠, 발이 나았다니 다행이예요. 내 마음에 어떤 변화들이 있었는지 말해드릴 수 있었으면 좋겠어요. 그 상황 속에서는 어떤 누구라도 악의 존재를 느낄 수 있었을 거예요. 내 삶이 위험하다는 것은 저도 알아요. 내 유일한 바람은 하나님께 제가 가지고 있는 모든 것을 드리는 거예요."

18장
먹을 양식을 보내주소서

우리 사역자들을 볼 때마다 나는 계속 놀라게 된다. 왜냐하면 그들은 하나님께 전적으로 헌신하려는 갈망을 가졌으면서도 지나치게 경직되어 있거나 과격하지 않기 때문이다.

그 이유가 궁금했다. 생각해 보면, 센터가 우리가 소망하는 그대로의 모습, 즉 가정이 되어 가고 있기 때문일 것이다. 사랑으로 충만하고 영적으로 훈련 받으며 자유롭게 공동의 목표를 향해 달려가고 있다.

과대평가해서는 안 되겠지만 늘 이러한 분위기가 넘쳐난다. 그래서 우리가 혼란에 빠지지 않고 항상 웃을 수 있다. 이러한 부분이 참 기쁘다.

내가 생각하기에 살아계신 하나님의 집이 음산하고 침울한 분위가가 지배적일 수 없다. 시무룩한 얼굴은 분명히 센터에 어울리지 않는다. 소녀들 숙소에서 베개 싸움이 벌어지고, 소년들 숙소에서 침대보를 끌어올려 발이 나오게 하며, 소금통에 설탕을 넣어놓기도 한다. 하지만 이 모든 것들이 다 즐겁기만 하다.

물론 나는 센터의 대표로서 이러한 부분에 대해 인상 찌푸려야 할 때도 있지만, 지나칠 정도로 내 눈치를 보는 사람은 아무도 없다.

내가 계단을 올라가면서 사감처럼 "소등!"이라고 소리 지르면, 내가 계단으로 다시 내려갈 때까지만 천사처럼 자는 척을 한다. 훈련이 자연스럽게 이루어지고 있다는 점은 좋지만 권위에 대한 존경심이 부족하지 않을까 하는 걱정이 들기도 했다. 하지만 일정이 너무 바쁘기 때문에 큰 소동을 일으킬만한 에너지는 남아 있지도 않다. 몇 분이 지나면 장난은 사그라지고 진짜 코를 골며 자기 시작한다.

염려스러울지도 모르겠지만, 예절과는 조금 거리가 먼 소란스러운 장난이 대학생들과 십대들에게만 국한되지는 않는다.

니키와 글로리아가 도착한 직후 갱생수련회를 가졌다. 장소는 뉴욕 북부지방 소재 글래드 타이딩 교회의 히든 밸리 수양관이었다. 무더운 여름 몇 주 동안 우리는 갱단 출신 소년 몇 명을 그곳으로 데려가 진정한 자연풍을 쐬게 해달라고 수양관 측에 요청하여 허락을 받았다.

니키와 그의 아내도 동행했다. 럭키는 물론이고, 센터에 있는 소년들 중 열두 명이 참여했다.

어느 금요일 밤, 니키와 글로리아는 취침 전에 저녁 산책을 나갔다. 럭키와 다른 소년들이 나를 살짝 부르더니 짓궂은 장난에 참여하겠냐고 물었다.

"니키는 시골에서 산 적이 없다는 거 아시죠."

한때 시골에서 살았던 경험 많은 럭키가 말했다.

"이 초를 갖고 장난 좀 하려고 그러는데 같이 하실래요?"

"뭘 하려고 그러는데?"

"아무도 다치지 않을 거예요. 그냥 곰 사냥 하는 거예요."

그래서 우리는 초를 들고 니키와 글로리아가 갔던 길을 그대로 따라갔다. 곧 농장으로 돌아오는 니키 부부와 마주쳤다.

"뭐하고 있어?" 하고 니키가 말했다.

"사냥 중이에요." 럭키가 말했다.

"곰을 찾고 있어요. 곰이 지나간 흔적을 보고 싶으세요?"

럭키는 길바닥에 무릎을 꿇고는 자신의 초를 땅 가까이 댔다. 부드러운 흙 위에는 오래된 소 발자국이 몇 개 있었다. 니키는 자세히 보더니 아니나 다를까 땅에 생긴 신비한 미지의 자국들이 눈에 들어왔다. 놀라서 그의 등에 경련이 일어나는 것이 보였다. 그는 아내를 가까이 끌어당기면서 초를 달라고 했다.

갑자기 럭키가 일어섰다. "저게 뭐지?"

아주 낮고도 겁에 질린 목소리로 저 앞에 있는 물체를 가리키며 말했다. 달빛에 겨우 식별할 수 있었는데 그것은 꼭 어둠 속에 웅크리고 있는 곰 한 마리 같았다. 그것은 학교에서 사용하지 않는 종이로 어스름한 달빛 속에 웅크린 곰의 윤곽을 하고 있는 것이었는데 그것을 미리 알지 못했다면 나 역시도 겁을 먹을 뻔했다.

니키는 단풍나무 뒤에서 아내와 함께 웅크리고 있었다. 다른 소년들이 돌을 집어서 '곰'에게 던지기 시작했고, 니키에게 겁쟁이처럼 그러지 말고 와서 도와달라고 소리쳤다.

그러자 니키가 우리에게 큰 웃음을 주었다.

그는 아내와 팔짱을 끼고 나무 뒤로 한 걸음 물러나더니 "나는 믿음의 사람이다. 나는 하나님을 믿는다. 하나님은 내가 도망가도록 도와주실 것이다!"라고 큰 소리를 지르면서 아내와 함께 농장으로 줄행랑을 쳤다. 남은 우리는 그 자리에서 배꼽을 잡고 웃었다.

우리는 돌아가서 니키 부부에게 뜨거운 코코아를 만들어 주었다. 여섯 잔이나 마시고 나서야 그들은 진정되었다.

＊＊＊＊＊＊＊＊

그 해 여름, 클린턴 애비뉴 416번지의 주방에서 상부상조의 분위기가 자율적으로 얼마나 많이 이루어졌는가를 생각하면 놀라울 정도였다.

하나님은 첫 몇 달 간의 센터 사역 동안 요리사를 절대로 구하지 못하게 계획하신 것 같았다. 센터의 식구들을 먹이기 위해 주방을 전담할 전임 요리사를 구하려고 백방으로 수소문해봤지만 도무지 찾을 수가 없었다. 주방은 언제나 가정의 중심이며, 요리사는 다른 사람들을 주방에서 내보내고 자신만의 방법으로 요리를 한다. 따라서 나머지 식구들은 주방에 발을 들여놓을 수가 없다.

하지만 우리 센터에는 요리사가 없기 때문에 그럴 수가 없었다.

그 결과는 놀랍고도 무질서하고 엉망진창이었지만 그래도 행복했다. 이러한 상황을 이해하려면 먼저 식자재가 어디서 오는지를 알아야 한다. 센터의 다른 모든 것과 마찬가지로 식자재도 기도해서 얻는다.

이것은 센터에 입주해 있는 갱 단원들이 가장 적극적으로 실행하는 프로젝트 중 하나이다. 우리는 매일 일용할 양식을 위해 기도하고, 그것이 센터의 청소년들에게까지 전달되는 과정은 신앙에 대한 산 교훈이 된다. 사람들은 햄, 감자칩, 과일, 채소를 보내준다. 아니면, 특별한 목적을 지정하지 않은 후원금을 보내주기도 한다.

그런데 어느 날 아이들이 잠에서 깨어 세면을 한 후 아침식사를 하러 내려왔는데 탁자 위에 먹을 것이 전혀 없었다. 내가 집에서 나와 사무실에 도착했을 무렵, 센터는 먹을거리가 없다는 문제로 소란스러웠다.

"이번에는 기도가 응답되지 않았나 봐요. 그렇죠, 목사님?"

소년들 중 하나가 말했다.

'주님,' 나는 속으로 기도했다.

'우리에게 영원히 남을 신앙적 교훈을 주소서.'

그리고 내가 크게 말했다.

"실험을 해보자. 지금 우리에겐 오늘 먹을 음식이 없구나, 그렇지?"

소년이 머리를 끄덕였다.

"그리고 성경에는 '오늘 우리에게 일용할 양식을 주시고'라고 되어있지, 맞지?"

"그렇죠."

나는 웃으면서 컬버 목사를 흘긋 보며 말했다. 그는 아이에게 주기도문을 가르쳐주었다고 말하려는 듯이 어깨를 으쓱하며 고개를 끄덕였다.

"그럼 이제 우리 모두 예배실로 가서 오늘 먹을 양식이나 양식을 살 후원금을 보내달라고 기도해보는 게 어떨까?"

"점심 전까지요, 목사님?" 그 소년이 말했다.

"저는 배고파요."

"점심 전까지 해보자. 여기에 몇 명이나 있지?"

나는 주위를 둘러보았다. 센터 내 인원은 늘 바뀌었다. 그날 식량이 필요한 사람은 모두 25명이었다. 이들의 점심과 저녁 식사를 해결하려면 30-35달러는 필요할 것 같았다.

모두가 동의하여 우리는 예배실로 가서 문을 닫고 기도하기 시작했다.

"주님, 이런 일에 전문가시니, 제발 남은 여름 동안 굶지 않도록 해주세요."

그 어린 소년이 기도했다.

나는 약간 언짢아졌다. 내가 일을 너무 확대시킨 것이 아닌가 하는 생각이 들었다. 우리가 음식과 같은 기본적인 필요에 지나친 관심을 쏟을 필요가 없다면, 다른 종류의 기도 사역을 더 자유로이 할 수 있을 것이다.

우리는 센터에서 기도할 때 목소리가 점점 커지는 경향이 있었다. 종종 통성기도를 하는데 그것을 처음 듣는 사람들은, 때로 두려워하기도 한다. 하지만 성령님 안에서의 놀라운 자유함이 통성기도에 들어있다.

사람들은 통성기도가 거칠거나 세련되지 못하다고 생각할지 모르나 우리는 하나님 앞에 우리의 감정을 진실하게 표현하고 있는 것일 뿐이다. 간절함 때문에 입술 뿐만 아니라 기도의 음조로도 말하는 것이다.

그날 아침 우리는 아주 간절히 기도했다. 감정에 어떠한 의심도 남지 않을 정도의 음조로 기도하고 있는데 한 낯선 여성이 들어왔다.

우리는 그녀가 예배실 문을 두드리는 지도 몰랐다. 결국 직접 문을 연 그녀가 25명이 무릎을 꿇고 과거에 우리에게 주셨던 음식들 그리고 이 급한 상황에서 우리를 위해 주실 음식들에 대해 감사하며 기도드리는 모습을 보고는 아마 때를 잘못 맞춰 왔다고 생각했을지도 모르겠다.

"실례합니다." 그녀가 살며시 말했다.

"실례합니다!" 그녀는 더 크게 말했다.

현관문 근처에 있던 내가 그 소리를 듣고 즉시 일어났다.

나머지 사역자들과 갱 단원들은 계속 기도를 하고 있었다.

그녀는 방문 목적을 말하지 못하고 잠시 머뭇거렸다. 그녀는 나에게 계속 질문을 하면서 우리가 행하는 사역에 대해 알면 알수록 우리의 상황에 더욱 빠져들고 있다는 느낌이 들었다.

마침내 그녀가 이 기도 시간에 대해 물어보았다. 아침에 주방에 와보니 집안에 먹을 게 아무것도 없다는 것을 알고 이렇게 기도하고 있는 중이라고 말했다.

"언제부터 이 기도를 시작하셨나요?" 하고 그녀가 물었다.

나는 계산해보았다.

"약 한 시간 전입니다."

"아," 그녀가 탄식했다.

"정말 신기하군요. 저는 목사님의 사역에 대해서 아는 바가 거의 없었습니다. 그런데 한 시간 전에 제가 무언가를 해야 한다는 갑작스런 감동을 받았어요. 평소의 제 성격과 전혀 맞지 않는 데 말입니다. 제 저금통을 비워서 그 돈을 목사님께 갖다드려야겠다는 생각이 들었어요. 이제야 그 이유를 알겠네요."

그녀가 주머니에 손을 넣었다. 그녀는 내 책상에 하얀 봉투를 올려 두면서 조금이나마 도움이 되면 좋겠고 센터를 둘러보게 해 줘서 감사하다는 말을 하고 떠났다.

봉투에는 32달러가 조금 넘는 금액이 들어 있었다.

오늘 남은 하루 동안의 양식을 사기에 필요한 금액과 정확히 일치했다.

그리고 그 십대 소년의 기도 역시 응답되었다!

남은 여름 동안 내내 음식이 부족한 적은 한 번도 없었다.

* * * * * * * * *

센터 운영 자금을 확보하는 일은 훨씬 더 어려운 문제였다. 청년 사역자들이 학교로 돌아갈 때가 가까워지면서 여름동안에 센터의 운영비가 얼마나 소요되는지 계산해 보았다. 필요 경비를 산출해 보고는 깜짝 놀라고 말았다.

매달 융자금, 전기세, 식품비, 인쇄비, 그리고 교통비가 필요했다. 거리 소년들이 입고 있던 옷을 버리고 새 옷을 입히기 위한 의복비, 건물 수리비와 배관비 그리고 세금을 지불할 비용도 있어야 했다. 그리고 얼마 안 되지만 사역자들에게 지급되는 급료가 2백 달러 정도 되었다. 정기적으로 지출되는 총 경비는 매주 천 달러가 넘었다.

은행잔고가 여유 있던 적이 없었다. 보통은 백 달러 이하였다.

후원금이 갑자기 들어와도 긴박하게 쓸데가 생겼다. 조금만 더 한숨을 돌릴 수 있게 재정적 여유를 달라고 자주 하나님께 매달리며 기도했다. 그러나 기도하면 할수록 하나님은 우리가 이렇게 살아가기를 원하신다는 확신이 들었다.

하나님의 일을 위한 모든 필요를 전적으로 하나님께만 의지하는 것은 우리의 신앙 요건 중 하나이며, 가장 많은 노력을 기울여야 하는 부분이다. 통장이 넉넉해지는 순간, 매일 매일 그리고 시시각각 우리의 영적 필요뿐만 아니라 육적 필요를 위해 하나님께 의지하는 일을 멈춰버릴 것이다.

매주 천 달러는 어떻게 마련될까? 대부분은 십대 청소년들의 모금활동을 통해 충당된다. 전국의 소년 소녀들이 이 도전적인 사역의 도전에 동참한다. 아기를 돌봐주고, 잔디를 깎고 세차를 하여 우리를 지원한다.

많은 청소년들이 자신과 같은 다른 십대들을 도와주기 위해 일주일에 50센트를 기부하기로 약속했다. 이 모든 후원금이 너무나 복되고 감사하다.

우리의 사역을 선교 명목으로 지원해주는 교회가 전국에 여러 곳 있다. 며칠 전에는 플로리다에서 한 여성이 우리를 방문했다. 그녀는 십대도전 센터에 대한 기사를 읽었다고 했다. 그러나 그녀는 우리가 사역하고 있는 지역을 눈으로 직접 목격하고 사역에 대해 상세히 설명을 듣고는 후원의 필요성을 절실하게 느꼈다. 알코올 중독에 빠진 어린 소녀, 매춘을 하는 15세 소년, 헤로인 중독을 끊지 못하는 소년, 외로움에 지친 소년. 그녀는 자신의 교회로 돌아가 전체 회중 앞에 서서 눈으로 본 것들을 이야기했다.

"저는 여기서 이렇게 편안히 살고 있지만 이 아이들은 영적 도움에 굶주린 채 길거리에 있습니다. 저는 비록 힘없는 개인에 불과하지만 이 센터에 늘 관심을 가지려고 합니다. 여러분들도 저와 함께 동참해주시길 희망합니다. 그들에겐 도움이 절대 필요합니다."

그러나 이러한 여러 통로들을 통해서도 건물 중도금을 치를만한 재정은 채워지지 않았다.

센터가 겨우 제 자리를 찾았는데 위기가 다시 한 번 찾아왔다.

2주가 지나면 2차 융자금 만기일이다. 자그마치 15,000달러다! 솔직히 말해서 그 엄청난 융자금 상환 시일을 알고도 모른체했다. 융자금을 상환하기 위해 저축할만한 여유는 전혀 없었다. 센터를 운영하기에도 버거웠기 때문이다.

8월 28일은 상환일! 그 날 벌어질 일을 나는 너무 잘 알고 있었다.

19장
마약중독의 고리

재정적인 위기를 더 느낄수록 나는 예전보다 더 절박한 마음으로 후원금을 마련하기 시작했다. 이전에 비해 훨씬 더 위급한 상황이었기 때문이다. 어느 늦은 오후 마리아가 내게 전화해서 만나고 싶다고 했다.

"물론이지 마리아, 우리 새 주소를 알고 있지?"

나는 린다에게 마리아에 대해서 간략히 설명해 주었다.

"알고 있어야 할 자매예요." 라고 내가 말했다.

"마리아는 자신의 에너지를 올바른 방향으로 사용할 수 있다면, 대단히 큰 능력을 발휘할 잠재력을 가졌습니다. 마리아는 용감해요. 그리고 갱단에서 가장 배짱이 좋습니다. 갱단 두목이 됐을 때 벽에 기대어 선 채 아이들의 구타를 견뎠죠. 조직력이 뛰어나서 이 아이가 갱단에 들어온 뒤로 단원이 삼백 명 이상으로 늘어나기도 했고요."

"그런데 내가 생각하기에 갱단 문제로 찾아오는 것 같지 않아요. 다시 헤로인을 시작한 것 같아요."

그리고 나는 마리아의 약물과의 사투에 대해서 간단히 말해 주었다.

4년 전 그녀를 처음 만났을 때 그녀가 정맥주사 중독자였고 그것 때문에 세월을 어떻게 보내고 있었는지 이야기했다. 그리고 성 니콜라스 경기장 집회 후 그 습관을 끊기 위해 얼마나 노력했고, 어떻게 결혼했으며, 그리고 한동안은 모든 게 잘 되고 있는 듯 보였다고 말해 주었다. 마리아는 갱단을 그만두고, 조니는 일자리를 얻었으며, 아이들이 태어났다.

그런데 어느 날 마리아와 조니가 부부 싸움을 했다. 그녀가 제일 처음 한 일은 마약상에게 연락하여 다시 마약 주사를 시작한 것이었다. 잠깐 동안 마약을 끊었지만 다시 중독되었기 때문에 나를 찾아오려는 것이 분명했다.

린다와 내가 이야기하는 동안 비서가 들어오더니 마리아가 왔다고 알려주었다. 그런데 맙소사! 그녀를 마지막으로 본 이후 그녀가 얼마나 비참하게 변했는지!

린다와 나는 마리아가 걸어오는데 우두커니 서 있기만 했다. 죽음을 앞두고 있는 사람을 맞는 것 같은 이상한 기분이 들었다.

마리아의 눈은 흐리멍텅했고, 콧물이 흘렀다. 얼굴은 얼룩덜룩하고 창백했다. 머리카락은 헝클어져 너저분했다. 구두 축은 닳았고 스타킹도 신지 않았으며 종아리에는 털이 삐죽삐죽 나있었다.

하지만 가장 충격적인 것은 그녀의 손이었다. 손을 가만두지 못했다. 마치 누군가 조금이라도 신경을 건드리면 싸우겠다는 태세로 손을 약간 든 채 주먹을 쥐었다 폈다 했다.

"윌커슨 목사님," 그녀가 말했다.

"도움이 필요하다고 말씀드리고 싶진 않아요."

"어서 들어와, 마리아."

나는 의자를 끌어다 주었다.

"앉아요." 하고 린다가 말했다.

"차(tea) 한 잔 갖다 줄게요."

가엾은 린다는 '티 파티'가 마약 환각 상태를 뜻하는 헤로인 중독자들의 은어인 줄 알지 못했다. 마리아의 격렬한 반응에 린다가 움찔했다.

"안 돼요!" 마리아가 말했다.

"아무것도 필요 없어요!"

린다는 그냥 자리에 앉았다.

"아이들은 어때요?"

"알게 뭐예요."

"남편과 헤어졌나요?"

"싸웠어요."

나는 린다를 바라보았다.

"린다에게 너에 대해서 말해 두었단다. 좋은 일 나쁜 일 모두 말이야. 린다는 이 도시의 많은 소녀들을 위해 일하고 있어. 이해심이 참 많은 분이란다. 너도 곧 친해질 거야."

마리아와 린다가 이야기를 나누었다. 나중에 린다가 내 사무실로 오더니 마리아에게 다가가기가 너무 어렵다고 걱정을 했다.

"마약 때문이에요, 목사님." 그녀가 말했다.

"사탄이 만들어 낸 독이에요! 죽음을 담보로 판 거라구요."

며칠 후 상황이 더 악화되었다.

마리아가 린다에게 전화를 했다. 도움을 호소했다. 심각한 문제에 처한 상황인데 자신을 어떻게 스톱시킬지 모르겠다고 했다. 방금 세 번째 마약 주사를 놓고, 위스키 한 병을 다 마셨으며, 단원들을 데리고 라이벌 갱단과 싸우러 갈 것이라고 했다.

"우리는 딕시라는 여자아이를 죽일 거예요." 라고 마리아가 말했다.

19. 마약중독의 고리 | **223**

"제발 와서 저희를 좀 도와 주세요."

린다와 파트너 두 명은 맨해튼 134번가 주택지구로 달려 갔다. 소녀 갱단원들의 본부로 바로 들어갔다. 그들은 한 시간 이상을 머물렀고 싸움을 겨우 중단시키고 그곳에서 나왔다.

"목사님,"

린다가 돌아와서는 말했다.

"정말 절망적이에요. 이 소녀들을 위해 무언가를 해야 할 것 같아요."

* * * * * * * *

'마약 중독이란 도대체 무엇인가?'

마약이라는 단어 하나에 들어 있는 그 복잡한 위협에 초점을 맞추는데만 4년이 걸렸다. 그리고 그것의 파괴적인 영향력을 파악하고는 망연자실했다.

최근의 공식 조사에 따르면, 뉴욕시에 3만 명 이상의 중독자들이 있으며, 이 통계는 입원이나 수감 혹은 시설에 들어가 있는 사람들만을 파악하여 정리한 수치이다. 이 수치에 들어 있는 사람들 외에도, 수천 명의 사람들이 마약을 흡입하고 정맥주사를 하므로 마약에 길들여지고 있다.

수천 명의 남자, 여자, 그리고 아이들이 린다가 생생하게 표현한 '죽음 할부 판매'의 운명에 처해 있다. 이 중독자들 가운데에는 십대들이 작은 마을을 이룰 정도이다. 적어도 4천명을 상회한다!

더 중요하고도 무서운 것은 십대 중독자의 비율이 높아지고 있다는 점이다. 그리고 매년 수백 명의 중독자들이 단순히 신체적 성장으로 십대 계층을 떠난다는 사실도 고려해야 한다.

십대 마약 중독의 위협과 도전을 이해하려면 먼저 마약상들에게 주어지는 엄청난 이윤을 이해해야 한다.

지금까지 뉴욕에서 사용되는 가장 일반적인 마약은 아편에서 추출된 헤로인이다. 헤로인 1kg은 레바논의 수도 베이루트에서 3,000달러에 거래된다.

밀수되어 팔고 팔리는 몇 단계를 지나면 이 도시의 거리에서는 1kg에 300,000달러로 가격이 급등한다. 공급이 부족할 때에는 3,000달러로 백만 달러의 수익을 가져올 수도 있다! 3,000달러가 백만 달러(면세)로 바뀌는 사업이라면 어떻게든 대박을 터뜨릴 수밖에 없다.

실제적으로 밀수를 막기가 불가능할 뿐만 아니라 순수익도 엄청나다보니, 뉴욕에서 마약 거래가 부지기수로 이루어질 수밖에 없다. 감독관 12명이 한 조가 되어 하루종일 찾아도 마약을 실은 배 한 척을 찾아내기가 어렵다. 매년 외국에서 뉴욕항으로 들어오는 배는 12,500척이며 항공운송은 추가로 18,000건이다. 이 약 30,000개의 수송수단을 감시하는데 미국 재무부 관세청이 배치한 인원은 겨우 265명이다.

따라서 밀수업자들은 사실상 어떤 위험도 없이, 자신의 옷에 작은 비단 주머니를 꿰매어 넣고 그 안에 수백만 달러어치의 헤로인을 담고는 거리를 활보한다.

마약 판매상들은 판로를 어떻게 개척하는가?

최근 신문 머리기사에서 마약 밀매자들이 도시의 한 학교 근처에서 마약을 팔고 있다고 떠들어댔다. 학교 관계자들에게는 전혀 새로운 소식이 아니었다. 그들은 대부분의 중독자들이 마약 첫 샘플을 학교 인근에서 얻는다는 것을 알고 있었다. 최근 브루클린 44번지의 한 중학교는 점심시간에 학생들이 학교 밖을 나가지 못하도록 금지했다. 학교 주변에 마약밀매가 성행하고 있기 때문에 관계자들은 이 '건물에 갇혀 먹는 점심'이 아이들을 보호하는데 필요하다고 생각했기 때문이었다. 밀매자들은 교문 밖에서 뻔뻔하게 기다리고 있으며 어떤 때는 운동장 안으로 들어가기까지 한다. 이들은 무료로 학생들에게 마약을 제공한다.

잘 알고 지내던 요셉이란 소년이 마약상들이 마약을 판매하는 방식을 이야기해 주었다.

"마약 밀매상이 학생 한 명을 자기 차에 태워요. 안에는 같은 반 애들 한두 명 정도가 마리화나를 흡입하고 있죠. 그는 '마리화나는 괜찮단다.'라고 안심시켜요. 마리화나는 중독되지 않는다고 말이죠. 맞는 말이긴 하지만 마리화나는 중독성 약물에 손을 대도록 유도하거든요. 밀매상은 한 번 피워보라고 권유하는데 머뭇거리면 다른 아이들이 웃기 시작하고 '겁쟁이'라고 놀려요. 그러면 결국 어쩔 수 없이 피워보게 되요. 저도 그렇게 해서 시작했어요."

요셉이 말하는 이야기는 청소년들이 마약에 손을 대는 전형적인 과정이다. 이 아이는 어떤 밀매상의 차 뒷좌석에서 한 모금을 빨았다. 마리화나는 담배를 피듯이 흡입하는 게 아니었다. 기분이 아찔해질 때까지 연기를 코로 들이마시는 것이었다. 그렇게 흡입하고 학교로 돌아가면 더 이상 자신의 문제로 괴롭지가 않다. 대부분의 마약 중독자들은 외롭고 좌절감을 느끼며 분노로 가득 차 있고, 대체로 결손 가정 출신이다.

마리화나를 한 번 경험한 소년은 그 행복감이 영원히 지속될 것이라고 느낀다. 주정뱅이 아버지도 방황하는 엄마도 잊게 된다. 부모님과 같은 방에서 두 명의 여동생들과 같은 침대에서 잠을 잘 수밖에 없는 가난과 사랑의 결핍으로 인한 분노도 문제가 되지 않는다. 모든 것을 잊어버리게 되며 자유로워진다. 이는 결코 사소한 일이 아니다.

다음날 마약 밀매상은 친절하게도 또 다른 황홀경을 경험하도록 유도한다. 소년이 이 제안을 받아들이면 중독성이 더 강한 성분에 노출시킨다. 바로 헤로인이다. 역시 여기서 똑같은 패턴이 이루어진다. 처음 두 번은 무료로 제공한다. 밀매상은 투자를 해서 기분이 좋다. 헤로인을 15일만 지속적으로 사용하면 중독이 된다는 것을 알기 때문이다!

이제부터 가장 극악한 일들이 벌어진다.

헤로인은 한 봉지 당 3달러에서 15달러이다. 여기서 '봉지'는 정맥주사 1회에 해당하는 양을 담는 작은 셀로판 주머니를 말한다. 헤로인 공급이 부족한 시기를 알고 있는 스무 살 된 여학생 사역자가 내게 말했다.

"목사님, 헤로인을 계속 투약하려면 하루에 60달러가 들어요. 하루에 100달러어치를 사야 할 정도의 중독자도 있다고 들었어요."

이 때 하루에 25-30달러어치를 투약하는 것이 일반적이라는 것을 알게 되었다. 하루에 점심값 25센트를 받는 십대가 25달러를 벌려면 어디로 가겠는가? 당연히 그들이 범죄의 길로 들어서는 것이다.

십대 폭력, 강도, 소매치기, 좀 도둑질, 주거 침입, 무장 강도, 자동차 절도가 뉴욕의 주요 문제가 되었고, 경찰은 그 이유가 마약 중독이라고 말한다. 그러나 소년은 훔친 물건들을 장물아비에게 팔 때 제값의 삼분의 일밖에 받지 못한다.

따라서 하루에 25달러어치의 마약을 하기 위해서 75달러 상당에 이르는 물건들을 훔쳐야만 하는 것이다. 뉴욕 마약 단속반 에드워드 캐리는 마약중독 때문에 뉴욕에서만 연간 발생되는 절도피해 액수가 2천만 달러를 상회하는 것으로 추정한다.

 그러나 마약에 중독된 청소년들이 절도를 통해 그 비용을 충당하는 것은 불가능하다. 절도에는 정교함과 노력이 많이 수반되며 언제나 위험이 따른다. 이보다 훨씬 더 간단한 해결책은 마약 판매상이 되는 것이다.

 어느 날 밤 어두운 골목 귀퉁이에서, 한 십대 소년에게서 이러한 일이 어떻게 자신에게 일어났는지에 대하여 듣게 되었다.

 그의 이름은 칼(Karl)이며 18세이다. 그는 3년 동안 마약 정맥주사를 맞고 있다. 그는 자신의 마약 상용으로 하루에 15달러, 그 다음 20달러, 마침내 25달러가 필요하게 되자, 결국 그 밀매상에게 가서 판매를 돕게 해달라고 부탁했다.

 "안 돼. 마약을 팔고 싶으면 네가 직접 구매자를 찾아와."

 바로 이것이 마약 중독자가 계속 퍼져나가는 이유이다.

 자신의 마약 비용을 마련하기 위해 칼은 어린 소년들에게 마약을 강요할 수밖에 없었다. 자신이 당했던 것과 동일한 방법을 사용했다.

 그는 그 습관을 돈을 투자할 만한 가치가 있는 것이라고 속였다. 예민하고 상처 입었으며 위축되어 있는 아이들만 골랐다. 그들이 마리화나를 피우지 않으면 '겁쟁이'라고 놀렸다. 그리고 결국 칼은 자신만의 사업을 구축하는데 성공했다. 끊임없이 확산되는 중독의 사슬에 열 명의 소년들이 걸려들었다.

 이런 소년들에게 내가 했던 질문 중 하나는 "왜 마약을 그만두지 않는 거니?"였다.

 소년이 마약을 끊기로 선택했다고 가정해 보자.

 그가 직면할 상황들은 이렇다. 마지막 주사의 효과가 끝나고 2시간이 지나면 금단 증상이 시작된다. 우선 머리부터 발 끝까지 금단증상이 나타나고 땀을 흘리기 시작한다. 그리고 오한으로 몸을 떠는데, 체온이 더욱 높이 상승한다. 구토가 시작되고, 연달아 몇 시간 동안 헛구역질을 한다. 전신의 신경이 극심한 고통을 수반한 울림증세가 시작된다. 그리고 알코올 중독자들의 경우보다 더욱 끔찍한 환각 및 악몽에 시달린다.

3일 내내 이러한 증상이 지속된다. 그리고 적절한 도움을 받지 못하면 혼자서는 절대 벗어날 수가 없다.

도움을 받더라도 열에 아홉은 중독에서 완전히 자유로워지지 못한다. 매년 3,500명의 중독자들이 렉싱턴의 미국 공공보건병원에 입원한다. 600명 이상의 의사와 스태프들이 중독자들의 중독을 끊기 위해 노력한다. 그러나 20년에 걸친 한 조사에 따르면 중독자의 64퍼센트가 재입원했다!

더 많은 수의 사람은 병원으로 돌아오지도 않고 다시 마약에 손을 대었다. 의무실장 머레이 다이아몬드 박사는 사실상 중독자의 85-90퍼센트가 마약에 다시 손을 댄다고 말한다.

"한 번 중독되면…"

렉싱턴 병원에 있던 어느 소년이 나에게 말했다.

"평생 벗어나지 못해요, 목사님. 저는 병원에서 나온 지 5분도 안 되어 마약 주사를 맞았는 걸요."

* * * * * * * *

마약에서 벗어나지 못하는 열명 중 아홉의 중독자들에게 어떤 일이 생기는가? 몸이 늘 아프고 신체 기능이 저하된다. 어린 소년들에게 마약을 강매하면서도 칼은 마약 사용이 신체에 미치는 영향을 설명해놓은 뉴욕 경찰청의 홍보전단지를 가지고 있었다.

　마약 상습 중독자가 되는 것은 좀비가 되는 것이다. 상습중독 증상은 여러 가지가 있다: 치아가 썩고 식욕이 떨어지며 위와 장이 제 기능을 하지 못한다. 쓸개에 염증이 생기고 눈과 피부가 흉할 정도로 누래진다. 코의 점막이 아주 붉게 변하고 콧구멍을 분리하는 부분이 부식되어 숨 쉬기가 어려워지는 경우도 있다.
　혈중 산소치가 감소하고 기관지염과 폐결핵이 발생한다. 성격의 좋은 면들이 사라지고 나쁜 점들이 나타난다. 성기에 영향을 준다. 혈관이 약해지고 검푸르고 자줏빛의 자국이 남는다. 종기와 부스럼이 피부에 생겨 살을 에는 듯한 고통이 몸을 괴롭힌다.
　신경이 예민해지고 극도로 초조해진다. 상상과 환상으로 인한 공포로 정신은 피폐해지고 때로 그 결과 정신병이 오기도 한다. 종종 죽음에 이르기도 한다. 제 수명을 다하지 못하고 세상을 떠나고 만다.
　미국 재무부 팸플릿은 정상인과 비교할 때 마약 중독자들은 4명당 1명꼴로 폐결핵, 2명당 1명꼴로 폐렴, 5명당 1명꼴로 조로, 4명당 1명꼴로 기관지염, 3명당 1명꼴로 뇌출혈, 그리고 2명당 1명꼴로 각종 질병으로 사망한다는 전문가의 말을 싣고 있다. 이러한 모든 증상 때문에 마약에 중독되면 걸어 다니는 시체가 될 수밖에 없다.

　칼은 자신에게 닥칠 일을 알고 있었다. 그래도 그는 멈추지 못했다.
　쇼티도 마찬가지였다. 쇼티는 나에게 도움을 구하기 위해 찾아왔었는데 그 과정에서 비극적 교훈을 얻었다.
　쇼티는 19세로 헤로인 중독자였다. 그는 15세 때부터 마약을 투여했다.

태미는 쇼티의 여자 친구로 아주 예쁜 17세 소녀이며, 마찬가지로 마약 중독자였다. 그녀의 부모들은 뉴욕의 사업 및 사교계에서 잘 알려져 있는 분들로 상류층 사람들이 다니는 교회에 출석했다.

쇼티는 나에게 "태미가 약을 끊을 수 있게 해 달라"고 부탁했고, 나는 그녀를 만나보겠다고 했다.

쇼티와 내가 브루클린의 어둡고 쥐가 우글거리는 뒷골목의 한 지하 방의 문을 두드렸을 때 안에서 발을 질질 끌며 나오는 소리가 들렸다. 우리는 기다렸고 조급한 쇼티는 낮은 목소리로 무언가를 중얼거렸다. 문이 열렸고, 우리의 갑작스런 방문에 태미가 놀라며 입을 벌리고 서있었다.

침침한 불빛의 방안에는 두 명의 남자가 있었다. 그들의 왼쪽 팔소매는 올라가 있었는데, 테이블에는 바늘, 병마개, 물 한잔, 하얀 가루('H' 혹은 '헤로인')가 담긴 작은 셀로판 봉지로 구성된 '도구'가 놓여 있었다.

"저 사람은 누구야!"

태미가 내 쪽으로 고개를 돌리며 말했다.

"괜찮아," 하고 쇼티가 말했다.

"목사님이셔. 내가 오시라고 했어."

"글쎄, 나한테 말 걸고 싶으면 좀 기다려야겠는 걸."

태미는 우리에게 등을 돌리고는 우리 때문에 중단했던 그 과정을 계속했다. 쇼티는 내 마음을 읽었는지 내게 아주 조용히 속삭였다.

"쟤들을 말리지 마세요, 목사님. 마약 주사를 망치면 쟤들은 목사님을 죽일 거예요. 정말이에요. 또 나가서 경찰을 부르면 돌아오실 때쯤에 저희는 이미 도망가고 없을 거예요. 여기서 기다리세요. 목사님께 산교육이 될 거예요."

나는 그들과 조금 떨어진 자리에서 기다리면서 마약에 중독된 십대가 되는 게 어떤 건지 생생히 체험했다.

주사를 놓을 준비를 하는 동안 쇼티는 태미의 이야기를 들려주었다. 그녀 역시 15세 때부터 헤로인에 중독되었다.

그녀의 부모는 딸의 이중생활을 모르고 있었다. 함께 밤을 보내는 남자들을 포함해서 말이다. 그들이 아는 것은 태미가 집을 떠나서 빌리지에 살고 있다는 것 뿐이었다. 주말에만 딸을 만났던 부모는 태미의 자유분방한 생활에 충격을 받았지만, 사춘기 소녀가 겪는 반항 정도로 생각하고 그냥 내버려두었다.

태미의 반항기는 마약 중독 그리고 성 매매로 점철되어 있었다.

"마약을 계속 투약하려면 그걸 해야 했어요."

쇼티가 말했다.

"그녀는 매춘부예요. 단골고객 명단이 있는데 대부분이 웨스트체스터에 살고 매디슨 거리에서 사업하는 유부남들이에요."

그리고 나서 쇼티가 목소리를 낮추었다.

"하지만 제가 정말 화나는 건 그녀가 어떻게 동성애자 녀석들과 엮이게 됐느냐는 거예요. 그녀는 레즈비언이 되어가고 있어요. 점점 더 즐기고 있어요."

어디서 이렇게 예쁜 아이를 만났냐고 쇼티에게 물어볼 용기는 나지 않았다. 그의 키는 겨우 150cm를 넘고 피부도 까맸지만, 태미는 날씬하고 키도 크고 금발이었다. 쇼티는 점점 더 인내심을 잃어가고 있었다.

그 후 몇 분 동안 목격한 장면 때문에 마음이 무너지는 것 같았다. 마약 주사 준비에는 시간이 좀 걸렸다. 이제 쇼티를 포함한 이 아이들은 자신이 먼저 맞겠다고 몸부림을 쳤다.

가장 상태가 심한 사람이 먼저 맞기로 되어있었는데 쇼티가 갑자기 몸을 흔들고 헛구역질하며 신음소리를 내기 시작했다. 그래서 그가 맨 먼저 맞을 수 있었던 것 같다. 갈망하는 눈동자를 가진 이 네 명의 청소년들은 그 중 한 명이 작은 셀로판 봉지에서 헤로인을 병마개에 붓는 것을 지켜보았다. 조금도 흘리지 않았다.

"서둘러," 모두가 그의 귀에 낮게 소리 질렀다.

떨리는 손으로 소년은 병마개 밑에서 성냥불 두 개를 켜 내용물을 끓였다. 다른 중독자는 허리띠를 풀어 쇼티의 팔에 지혈대를 해주었다. 그들은 이를 갈고 주먹을 꽉 쥐면서 쇼티의 손에서 마약 주사를 빼앗지 않으려 노력했다. 눈물이 그들의 볼을 타고 흘렀고 작은 소리로 욕을 하면서 입술을 깨물었다. 그렇게 한 명 한 명씩 흥분어린 마지막 찌르기가 끝났다. 확장된 혈관으로 바늘이 들어갔다.

그들을 보면서 마치 지옥에 가까이 와 있는 것 같았다. 아이들은 마약의 기운이 퍼지자 환각상태에 빠졌다. 오랫동안 나는 그들의 말도 안 되는 수다와 험담을 들어야 했다.

쇼티는 꿈 이야기를 해주었는데 백색가루의 마약, 주사바늘, 그리고 마약을 끓이는 영원의 불 앞에 서 있었다고 했다. 헤로인이 산더미처럼 쌓여 있는 그곳이 그에게는 마치 완전한 천국으로 느껴졌을 것이다.

"어떡해요, 목사님? 태미가 마약 끊게 하셔야죠?"

쇼티는 왜 나를 이리로 데려왔는지 갑자기 기억나는 듯 물었다.

나는 그에게 꼭 그렇게 하겠다고 말했다. 그리고 태미와 이야기하려고 시도했으나, 그녀는 멍한 표정으로 나를 쳐다보더니 지옥에나 가라며 입을 삐죽댔다.

그녀는 천국에 있었다. 어떤 종류의 천국인지가 문제이지만, 그녀는 생면부지인 목사의 도움 없이도 자신을 천국으로 이끌 수 있었다. 쇼티 역시 주사를 맞고 나서 곧바로 나를 초대한 것이 별 의미가 없다고 생각하는 것 같았다.

나는 마법의 치료약도 없고 해 줄 수 있는 거라곤 마약중단으로 금단현상이 나타날 때 도와줄 수 있는 것 뿐이라고 언급하자, 그가 나를 쳐다보며 머리를 긁적이더니 말했다.

"그럼, 여기 뭐 하러 오신 거예요?"

이렇게 나는 실패했다. 마리아의 경우처럼 실패했다.

나는 아파트를 나왔다.

그들을 도우러 다시 갔을 때 태미와 쇼티는 사라지고 없었다. 그들이 마약 투여를 했던 도구도 보이지 않았다. 그들의 행방에 대해서는 아무도 몰랐고, 어느 누구도 신경 쓰는 것 같지 않았다.

20장
"성령 세례만이 이길 수 있어요"

마약이 인체에 미치는 무서운 영향력은 육체적인 면에만 국한되지 않는다. 나의 할아버지는 이 소년들이 사단에게 사로잡혀 있다고 말씀하셨는데, 나는 그 말이 옳다고 생각한다. 방향이 좀 다르긴 하지만, 소년들 역시 같은 맥락의 언급을 했다.

"목사님, 만약 마약에 중독되면 꼭 끊어야 할 습관이 두 가지 있어요. 신체적 습관과 정신적 습관인데, 신체적인 건 큰 문제가 아니에요. 그냥 3일 동안 완전 지옥에 있다가, 그 후 한 달 동안 조금 약한 고문을 견디면 자유로워져요.

그런데 정신적 습관은 정말 끔찍해요! 다시 마약을 하도록 이끄는 무언가가 내면에 존재하거든요. 누군가가 계속 속삭인 것 같기도 해요. 그리고 그 목소리의 주인공들에게 이름을 붙이기도 하죠. '내 등에 붙은 원숭이' 혹은 '내 혈관의 독수리'처럼 말예요. 그것들을 제거할 수가 없어요, 목사님. 하지만 목사님은 무언가 해 줄 수 있으실 것 같아요. 아마 목사님이 말한 성령님이라는 분은 우릴 도우실 수 있을 것 같아요."

우리가 가야 할 방향이 바로 이것이라는 것을 깨닫는데, 왜 그토록 오래 걸렸는지 모르겠다. 이러한 깨달음은 실패로 시작해서 결국 장대한 발견으로 끝을 맺었다.

그 실패는 조(Joe)라는 이름의 한 소년이었다. 헤로인 중독을 끊기 위한 고통을 견디도록 도와주면서 그와 함께 보낸 나흘이 얼마나 충격적이었는지 절대 잊을 수가 없다.

조는 멋진 아이였다. 키도 크고 금발에 고교 운동선수였던 그는 다른 아이들과는 다른 경로로 마약 중독의 길에 들어섰다.

"저는 마약이 일종의 진통제인 줄 알았어요."

조가 센터의 내 사무실에서 그렇게 말했다.

"그것을 통해 위안을 얻고 기분이 좋아졌죠. 하지만 그 후 저한테 일어난 일을 보세요. 절대 끊지를 못하겠어요."

조는 자신의 이야기를 들려주었다.

그는 석탄회사에서 일했다. 어느 날 비탈진 수로에서 미끄러져 넘어졌다. 이 사고로 몇 달 동안 병원신세를 졌고 입원 내내 극심한 고통에 시달렸다. 고통을 덜어주기 위해 의사는 마약을 처방했다. 퇴원할 무렵에 그는 중독되어 있었다.

"저는 약을 더 구할 수가 없었어요."

그가 말했다.

"그런데 마약이 들어있는 기침약이 있다는 것을 알게 되었고 저는 도시 곳곳을 돌아다니며 그것을 사기 시작했어요. 매번 다른 약국에 가서 가명을 써야 했어요. 하지만 제가 원하는 만큼 살 수가 있었어요. 저는 제일 가까운 화장실로 가서 230그램짜리 병을 한 번에 마시곤 했어요."

조의 중독상태는 점점 더 심각해져서 기침약을 마시는 것 정도로는 채울 수가 없었다. 그는 고등학교 친구 몇몇이 헤로인을 한다는 것을 알고 그들에게 연락했다. 그 이후의 패턴은 동일하다. 흡입, 피하주사, 정맥주사…….

조가 우리에게 왔을 때 그는 8개월 이상 헤로인을 투여하고 있었다. 심각한 중독상태였다.

"3~4일 동안 센터에 머물 수 있겠니?" 하고 내가 물었다.

"아무도 저를 원하지 않을 텐데요."

"우리 사역자들과 위층에서 지내면 된단다."

조는 어깨를 으쓱했다.

"너도 알듯이, 쉽진 않지만 마약을 끊게 될 거야."

그는 어깨를 다시 한 번 으쓱댔다.

콜드 터키(갑작스런 마약 사용 중단)는 수감자들이 마약을 끊도록 하기 위해 감옥에서 사용하는 방법이다. 우리는 다른 선택의 여지가 없었기 때문에 대체로 그 방법을 사용했다. 우리는 병원에서 사용하는 투여중지약물을 사용할 수 없었고, 콜드 터키도 나름대로 장점이 있었기 때문에 그것을 선호했다.

병원에서 사용하는 방법은 3주가 걸리지만 콜드 터키는 3일 정도 밖에 소요되지 않는다. 고통은 더 심하지만 단기간에 마약을 끊을 수가 있다.

그래서 우리는 조를 센터에 데려와서 남자 사역자들과 함께 사용할 위층 방으로 안내했다. 간호사가 우리와 함께 거주하고 있어서 정말 다행이었다. 바바라 컬버의 방은 조의 방 바로 밑이었다. 그녀는 늘 조를 주시했다. 또한 만약을 대비해 의사도 대기시켜놓았다.

"조," 나는 그가 안정되자마자 말했다.

"이제부터 마약을 중단하는 거야. 약속하건대 사람이 항상 네 옆에 붙어 있을 거야. 혹시 사람이 옆에 없다 할지라도, 기도로 너와 함께 있을 거야."

우리는 이 소년이 마약을 중단하여 혼자 고통 받도록 내버려두지 않았다. 4일 내내 집중적으로 중보기도를 했다. 24시간 내내 그를 위해 기도했다. 밤낮으로 그를 위해 소년 소녀들이 예배실에서 중보기도에 매달렸다. 또한 성경을 읽어주면서 함께 있기도 했다.

우리가 조에게 해야 하는 첫 번째는 일어날 고통을 예상하며 미리 고통스러워하지 않도록 하는 것이었다. 콜드 터키는 지옥 같은 상황으로 몰고 갈 것이라고 예상하지 않아도 그 자체로 충분히 지독하다. 마약을 갑자기 끊는 것이 고통스럽다는 것을 어떻게 알았는지 조에게 물어보았다.

"음…저, 다들 그러던데요."

"바로 그거야. 사람들 모두 힘들다고 말하니까 여기 앉아서 생각을 하는 것만으로도 땀을 흘리잖니. 사실 그럴 필요 없잖니?"

그리고 마리화나와 헤로인에 빠져 있다가 금단 증상 없이 즉시 해결 받은 소년에 대해 이야기해 주었다. 그것은 드문 경우이며, 조는 힘든 시간들을 맞을 각오를 해야 한다고 솔직히 말해 주었다.

하지만 실제 겪어야 하는 상황보다 더 고통을 받을 필요는 없지 않은가? 걱정해서 생기는 심리적 증상들 때문에 실제 당해야 하는 고통이 더 커지지 않도록 조를 도와주었다. 그리고 조에게 시편 31편을 알려 주었다.

그것은 놀라운 말씀이다. 우리는 그것을 '마약 중독자의 노래'라고 명명했다. 그들의 상황에 꼭 맞는 특정 구절들이 있기 때문이다.

그들이 나를 위하여 비밀히 친 그물에서 빼내소서 주는 나의 산성이시니이다(시 31:4).

여호와여 내가 고통 중에 있사오니 내게 은혜를 베푸소서 내가 근심 때문에 눈과 영혼과 몸이 쇠하였나이다(시 31:9).

내 일생을 슬픔으로 보내며 나의 연수를 탄식으로 보냄이여 내 기력이 나의 죄악 때문에 약하여지며 나의 뼈가 쇠하도소이다(시 31:10).

내가 모든 대적들 때문에 욕을 당하고 내 이웃에게서는 심히 당하니 내 친구가 놀라고 길에서 보는 자가 나를 피하였나이다(시 31:11).

내가 잊어버린 바 됨이 죽은 자를 마음에 두지 아니함 같고 깨진 그릇과 같으니이다(시 31:12).

    실제로 금단현상의 고통이 시작되자, 조는 땀을 뻘뻘 흘리며 자신의 방에 머물렀다. 바바라는 정기적으로 그의 상태를 체크했다.
    나는 고통스러워하는 모습을 보고 싶지 않아서 그의 방에 들어가고 싶지 않았다. 그는 심한 복통이 반복되는 듯 배를 움켜잡고 침대에 누워 있었다. 몸은 붉은 빛을 띠었고, 땀을 많이 흘려서 침대의 매트리스까지 흠뻑 젖었다. 그는 고통을 견디기 힘들어 울부짖었고 손으로 머리를 마구 때리기도 했다. 그가 물을 마시고 싶어해서 갖다 주었더니 마시자마자 토해 버렸다.
    나에게 도와달라고 간청했지만, 내가 할 수 있는 것이라고는 그의 손을 잡아주면서 우리가 돌보겠다고 약속하는 것 뿐이었다.
    밤에는 녹음기를 조의 침대 곁에 두고 성경 말씀을 들려 주었다.
    나는 이 시련을 겪는 동안 센터를 떠나지 않았다. 끔찍한 며칠 밤 동안 나는 예배실에 가서 누군가가 그곳에서 기도하고 있는지를 몰래 확인하고는 위층으로 올라가 조의 상태를 살피는 일을 반복했다.

녹음기는 잠을 이루지 못하는 이 소년에게 성경 말씀을 부드럽게 들려주었다. 3일 동안 고통은 한 번도 멎지 않았다. 지켜보는 것만으로도 몹시 고통스러웠다.

4일째가 되자, 조의 상태는 훨씬 호전되어 보였다.

그는 힘없이 센터 안을 걸어 다니며 최악의 고통은 끝난 것 같다고 말했다. 우리 모두가 기뻤다. 조가 집에 가서 부모님을 뵙고 싶다고 했을 때 나는 좀 의심스러웠지만 그를 막을 수는 없었다. 조는 미소 띤 얼굴로 감사를 표하며 센터의 현관문을 지나 클린턴 애비뉴를 향해 걸어갔다.

그러나 돌아오기로 약속한 시간이 되었지만 오지 않았다. 얼마 안 있어 조가 강도와 마약 소지죄로 체포되었다는 소식이 들려왔다. 실패였다.

"뭐가 잘못된 걸까요?" 나는 스태프 회의에서 물었다.

"조는 힘든 시간들을 통과했습니다. 견뎌야 하는 최악의 3일을 잘 보냈습니다. 그는 극심한 고통의 시간을 이겨내고도 마약에서 헤어나오지 못했습니다."

"마약을 끊는데 성공한 소년들과 이야기를 해보는 건 어떨까요?"

하워드 컬버가 말했다.

"아마 실마리를 찾을 수 있을 겁니다."

이야기 나누고 싶은 소년들이 몇 명 있었다. 그들을 한 명씩 만나서 마약에서 해방된 과정에 대하여 들어 보았다. 그들은 모두 공통된 경험을 이야기했다.

진정제를 복용하고 마리화나를 피웠던 니키에게 자신은 옛 생활습관에 대해서 승리했다고 느낀 것이 언제였는지 물어 보았다.

그는 예전에 나의 거리집회에서 회심했을 때, 매우 특별한 일이 일어났다고 했다.

당시 그는 하나님의 사랑에 대해서 알았다. 하지만 그가 완전한 승리를 했다고 생각하게 된 것은 훨씬 후의 일이었다.

"그러면 그게 언제였니, 니키?"

"내가 성령 세례를 받았을 때였습니다."

나는 데이빗을 만나 같은 질문을 했다.

언제 자신을 이길 힘이 생겼다고 느꼈는지를 물었다.

"아, 그 질문에 대답할 수 있어요." 하고 데이빗이 말했다.

"성령 세례를 받았을 때였어요."

나는 모두에게 동일한 대답을 들었다. 마음이 얼마나 들떴는지 말로 표현할 수 없을 정도였다. 패턴이 반복되는 듯했다. 무언가 엄청난 일이 다가오고 있는 것 같았다.

21장
성령 세례

"**성**령 세례란 무엇인가?"

한 소년이 마약 중독에서 벗어나도록 돕다가 성령님의 역할에 관심을 갖게 된 지 얼마 안 되었을 때였다. 예수회 소속의 사제 한 분인 게리가 센터를 방문했다. 그 역시 성령 세례에 대해서 더 많이 알고 싶어했다. 센터의 젊은 사역자들이 거리집회에서 사역한 결과에 큰 감동을 받아 그 비밀에 대해서 더 알고 싶어졌다고 했다.

우리는 센터에서 게리 신부와 성령 세례의 의미에 대하여 오후 내내 깊이 탐구했다. 먼저 성령 체험에 관한 성경 구절들을 그에게 보여 주었다.

"성령 세례는 특정 교파에게만 국한된 영적 체험이 아닙니다."

내가 말했다.

"우리 센터에는 성공회, 루터교회, 침례교, 감리교 출신 사역자들이 있는데 모두가 성령충만합니다."

우리는 게리 신부에게 성령 세례는 본질적으로 능력을 받는 종교적 경험임을 말해주었다.

"오직 성령이 너희에게 임하시면 너희가 권능을 받으라"고 예수님은 부활 후 제자들에게 나타나 말씀하셨다.

내 사무실에서 게리 신부와 나는 말씀을 집중적으로 살펴보았다.

"이 특별한 체험에 대한 언급은 복음서 초반에 있습니다. 기억하시듯이, 유대인들은 세례요한이 메시아인지를 두고 한동안 고민했습니다. 하지만 요한은 그들에게 '나보다 능력 많으신 이가 내 뒤에 오시나니 나는 굽혀 그의 신발끈을 풀기도 감당하지 못하겠노라 나는 너희에게 물로 세례를 베풀었거니와 그는 너희에게 성령으로 세례를 베푸시리라' 고 말했습니다.

기독교가 시작될 때부터 성령 세례는 특별한 의미를 가지고 있었습니다. 아무리 담대하고 유능한 사람이라도 단순히 인간적 사명을 갖고 있는지, 아니면 기독교적 사명을 갖고 있는지를 구분할 수 있는 표식이기 때문입니다. 예수님은 제자들에게 성령 세례를 베푸셨습니다. 지상에서의 마지막 시간 동안 예수님은 당신의 죽음 뒤에 오셔서 그들 곁에 있고, 위로해주고, 인도하며 사명을 가지고 전진할 수 있도록 해줄 권능의 성령님에 대해서 많은 시간을 들여 제자들에게 이야기하셨습니다. 그리고 십자가형 이후 예수님은 제자들에게 나타나셨고 예루살렘을 떠나지 말라고 말씀하셨습니다."

'예루살렘을 떠나지 말고 내게서 들은 바 아버지께서 약속하신 것을 기다리라 요한은 물로 세례를 베풀었으나 너희는 몇 날이 못되어 성령으로 세례를 받으리라 하셨느니라…성령이 너희에게 임하시면 너희가 권능을 받고.'

그리고 나서 우리는 사도행전 2장을 보았다.

"제자들이 오순절을 축하하기 위해 예루살렘에 모인 것은 이 일 직후입니다."

나는 게리 신부에게 상기시켜 주었다.

'오순절 날이 이미 이르매 그들이 다 같이 한 곳에 모였더니 홀연히 하늘로부터 급하고 강한 바람 같은 소리가 있어 그들이 앉은 온 집에 가득하며 마치 불의 혀처럼 갈라지는 것들이 그들에게 보여 각 사람 위에 하나씩 임하여 있더니 그들이 다 성령의 충만함을 받고 성령이 말하게 하심을 따라 다른 언어들로 말하기를 시작하니라.'

"이 오순절 체험에서 우리 오순절 교단의 이름이 나오게 되었습니다. 요한이 예언하고 아버지께서 약속하시어 오순절에 체험된 성령 세례를 우리는 아주 중요시합니다. 사도들에게 일어난 큰 변화가 이 체험 이후에 생긴 일임을 주지하셨으리라 확신합니다. 그 전에 그들은 소심하고 무능한 사람들이었습니다. 하지만 그 후 그들은 그리스도께서 이야기하신 권능을 받았습니다. 그들은 병자를 치유하고, 귀신을 쫓아내고, 죽은 자를 살렸습니다. 예수님이 십자가에서 돌아가실 때는 몸을 숨겼던 그 사람들이 이 체험을 한 후에 복음을 들고 이 적대적인 세상에 용감히 맞서게 된 것입니다."

그리고 나서 나는 게리 신부에게 1900년대 초 미국, 캐나다, 영국, 남미를 휩쓸었던 거대한 부흥에 대해서 이야기해 주었다.

이 부흥의 중심에는 첫 오순절 교회에 주어진 권능이 거의 무력해졌으며, 성령 세례를 통해서 그것을 회복시킬 수 있다고 설명했다.

"사도행전은 사람들이 이러한 체험을 했던 다섯 번의 다른 시기를 이야기합니다." 하고 내가 말했다.

"그리고 초기 오순절파는 이 다섯 번의 경험 가운데 네 번을 성령 세례 받은 사람들이 '다른 언어로 말하기'를 시작했다는 것을 깨달았습니다."

게리 신부는 다른 언어로 말한다는 것이 무엇인지 알고 싶어했다.

"다른 언어로 말을 하는 것입니다. 당신이 모르는 언어로 말입니다."

나는 성령 세례 이후 이 체험이 일어났던 성경의 여러 부분들을 하나씩 가르쳐 주었다. 제자들은 오순절에 방언을 했다. 사울은 다메섹 도상에서의 변화 이후 성령으로 충만해지자 방언을 말했다.

'내가 너희 모든 사람보다 방언을 더 말하므로 하나님께 감사하노라.'

고넬료 가정의 사람들이 성령 세례를 받고 방언으로 말하기 시작했다. 에베소의 새 그리스도인들이 세례를 받고 방언을 말하기 시작했다.

"사마리아에서의 다섯 번째 세례 이야기에서도 마술사 시몬은 너무나도 비범한 일이 일어나는 것을 보고는 자신도 그것을 원하여, 돈을 드리면서 '누구든지 내가 안수하는 사람은 성령을 받게 하여 주소서'라고 말했습니다. 그가 목격한 체험 역시 방언을 말하는 것이라는 게 논리적이라고 여겨지지 않으십니까?"

"다른 모든 세례에서도 일어났다면 말이 되겠지요. 목사님은 언제 체험하셨습니까?"

"저희 집안에서는 3대째 내려오는 전통입니다."

나는 훌륭하고 불 같으신 나의 할아버지에 대해서 잠시 이야기를 했다. 할아버지는 이 메시지를 1925년에 처음 들으셨다. 그 역시 할 수 있는 한 그것에 반대하는 설교를 하셨다.

"그런데 어느 날, 강단에서 오순절에 반대하는 설교를 하고 계시던 중 갑자기 몸이 떨리고 흔들리기 시작했습니다. 이 권능이 사람들에게 처음 흘러 들어올 때 종종 생기는 현상 중의 하나입니다. 어떤 충격 같은 것으로 느끼게 되는데 전혀 불쾌한 감각이 아닙니다. 아무튼 할아버지께서는 이 일이 자신에게 일어나서 어느 누구보다도 놀라셨습니다. 그는 성령 세례를 받으셨고 방언을 말하기 시작하셨습니다.

그 날 이후, 그는 최선을 다해 오순절을 설교하셨습니다. 본인께서 직접 그 체험에 깃든 능력을 보셨기 때문이었습니다. 제 아버지는 25세 때 받으셨고, 저는 겨우 13세 때 받았습니다. 저희 3대가 지금도 이 메시지를 전하고 있는 겁니다."

게리 신부는 실제로 체험한다는 것이 어떤지 알고 싶어했다.

"아이들한테 물어보시는 건 어떨까요?" 하고 내가 말했다.

우리는 그를 점심식사에 초대했다. 닭고기와 샐러드를 중앙에 두고 아이들은 자신이 성령으로 충만해졌을 때 어떠했는지 게리 신부에게 이야기해주었고, 그는 경청했다.

네다라는 이름의 12세 소녀가 먼저 이야기했다. 우리는 그녀를 처음 보았을 때 코니아일랜드에서 마치 길을 잃은 듯 방황하고 있었다. 린다 마이스너는 가족에 대한 반항심을 섹스와 알코올로 표출했다.

"술을 많이 마셨었어요." 그녀가 말했다.

"그리고 아무 남자애들과 어울렸죠. 저는 부모님이 싫었죠. 특히 엄마가요. 린다가 저를 여기 센터로 데려왔어요. 예배실에 앉아 있는데 아이들이 유혹 받고 있을 때 예수님이 어떻게 도와주셨는지에 대해서 이야기하는 걸 들었어요. 저는 남자애들과 사귀다가 깨어지고 나면 늘 넌덜머리가 나곤 했어요. 마약에 중독된 여기 아이들은 제 문제보다 훨씬 더 심각하죠. 그들은 말하기를 '우리는 여전히 유혹을 받아. 그렇지만 이제는 그 때마다 예배실로 달려가서 기도를 해.' 라고 했어요. 그들은 기도할 때 방언을 하는데 행복하고 자신감에 차 보였어요. 기도하고 나면 그 유혹이 사라진대요."

"그래서 저도 똑같이 해보고 싶었어요. 어느 날 혼자 기도하러 예배실로 갔죠. 하나님께 제 문제를 모두 고백하기 시작했고, 마약 중독된 애들한테 그러셨던 것처럼 제 인생에 들어와 달라고 기도했어요. 그러자 눈부신 빛처럼 갑자기 예수님이 제 마음에 들어오셨어요. 제 입술에 무슨 일이 일어난 것 같았죠. 마치 강가에 앉아 있는데 강물이 저를 통과해 음악의 언어가 샘 솟는 것 같았어요. 이 모든 일에 대해서 나중에 사역자 중한 분이 저에게 사도행전을 보여주셨어요. 정말 제게 일어났던 일 중 가장 놀라운 사건이었어요."

게리 신부는 귀를 기울이며 고개를 끄덕였고 그녀의 말을 인정하며 가끔 "네, 그렇군요."라고 말했다.

게신 신부는 다음 소년의 말에 더 특별하게 반응했다.

"우선," 존이 말했다.

"전, 이게 진짜라는 걸 알고 있습니다. 어떻게 된 일인지 아시나요? 마치 예수 그리스도께서 성경에서 바로 나오신 것 같았기 때문입니다. 그분은 제 문제를 통해서 저와 함께 하기를 원하시는 살아계신 분이셨습니다."

게리 신부가 말했다.

"정말 놀랍군요."

"저의 경우에는…"

조셉이라는 소년이 말했다.

"마약을 끊도록 그분이 도와주셨습니다. 저는 신경 안정제와 마리화나를 사용하다가 헤로인 정맥주사까지 시작했습니다. 전 완전히 중독되어 끊을 수가 없었습니다. 예수님에 대해서 들었을 때, 그분은 사람들의 모든 죄에도 불구하고 사랑하신다고 해서 좀 충격적이었습니다. 성령 세례를 통해 우리에게 다시 오시므로 약속을 지키셨다는 것을 듣고 감동이 되었습니다.

저는 성령님은 위로자라고 불린다고 배웠습니다. 제게 있어서 위로란 와인 한 병과 신경 안정제 여섯 알이었습니다. 그런데 여기 있는 분들이 천국의 위로에 대해서 이야기하고 있었습니다. 제가 모든 죄에서 깨끗해지게 될 것이라고 들었습니다."

"그래서 저는 네다처럼 이걸 하고 싶었습니다. 예배실에서,"

그는 고개를 예배실 문 쪽으로 돌렸다.

"저는 하나님께 도와달라고 울부짖었고 그 때 그분이 제 곁에 오셨습니다. 제 입술과 혀를 주관하셨고 저는 새로운 언어로 말하기 시작했습니다. 처음에는 제가 미쳤다고 생각했지만, 갑자기 제 힘으로 그렇게 될 수 없다는 것을 깨달았습니다. 특별한 일이 함께 일어나고 있었기 때문입니다. 저는 더 이상 외롭지 않았습니다. 더 이상 마약이 필요 없었습니다. 저는 모든 사람을 사랑하게 되었습니다. 제 생애 처음으로 깨끗함을 느꼈습니다."

아이들의 간증이 계속 이어졌다.

그들은 자신에게 일어난 일을 무척이나 말하고 싶어했다. 말할 차례를 기다려야 할 정도였다.

게리 신부는 한 시간 후 떠날 때도 여전히 "그렇군요, 그렇군요!"라고 말하고 있었다.

그는 포드햄 대학교의 친구들 몇몇에게 이 경험을 나누고 싶다고 말했다. 나는 그날 밤 또 다른 아이가 성령 세례를 받았기 때문에 그가 직접 목격할 수도 있으리라 생각되어 좀 더 머물길 바랄 뿐이었다.

그 소년의 이름은 로베르토였다. 로베르토는 16세였는데 2년간 헤로인을 투여했고 그 전에는 마리화나를 했다. 4번이나 감옥에 갔는데 그 중 한 번은 거리 싸움에서 다른 갱 단원을 칼로 찔렀기 때문이다. 칼에 찔린 소년이 다행히도 목숨은 건졌지만, 로베르토는 그에게 보복살인을 당할까봐 두려웠다. 센터에 온 다른 많은 아이들과 달리, 로베르토에게는 그를 보호해줄 부모가 있었다. 그들은 그를 돕기 위해 갖은 노력을 기울였지만 로베르토는 점점 더 빨리 내리막길을 걷기만 했다.

그날 오후 예배실에서 로베르토를 만났다. 안절부절못하고 불안하게 이리저리 움직이고 있는 걸 보니 마약주사를 맞으러 갈 것 같았다.

"문제가 있어요, 목사님!"

그가 손가락을 가만히 두지 못하면서 내게 말했다. 마약중독자가 문제가 있다고 말할 때는 곧바로 주사를 맞아야 한다는 것을 의미한다.

나는 로베르토에게 다시 성령 세례에 대해서 이야기하기 시작했다.

"니키가 오늘밤 그것에 대해 설교할 거야. 그 때 참석해서 성령님이 임하시도록 초청해 보거라."

"모르겠어요, 목사님. 바람 좀 쐬야 할 것 같아요. 기분이 별로에요."

나는 그를 말릴 수 없었다. 그리고 솔직히 다시 보게 되리라는 기대조차 할 수 없었다. 그러나 그날 밤 내가 도착했을 때 아이가 예배실에 앉아 있었다. 그의 모습을 보니 주사를 맞지 않고 견뎠다는 것을 알 수 있었다.

나는 아이 옆에 앉아 주의 깊게 지켜 보았다. 예전에 갱 단원이자 마약 중독자였던 소년들 몇 명이 일어나 조용하게 자신에게 일어난 놀라운 일들에 대해서 이야기하고 있었다. 니키는 모든 마약 중독자가 성령 세례를 받아야 한다고 전했다.

"여러분의 삶에 능력이 있길 원한다면 그리고 현재 마약 중독상태이며 진정 변화를 원한다면 제 말을 들으세요. 성령님 만이 여러분에게 필요한 전부입니다. 그리고 그분이 임하시면 여러분이 의지할 수 있는 열 가지 특별한 은사들도 받을 것입니다. 그것에 대해서 여러분께 이야기하려고 합니다. 펜과 종이가 있다면 제가 말씀드리는 성경 구절들을 적으셔도 됩니다.

우선 여러분은 권능을 받게 될 것입니다. 사도행전 1:8에서 볼 수 있습니다. 성령님이 여러분에게 임하시면 여러분은 권능을 받을 것입니다. 그리고 여러분은 보혜사를 가지게 될 것입니다. 요한복음 14:26입니다. 보혜사는 당신을 편안하게 만들어줄 누군가를 말하는 게 아닙니다. 당신 곁에서 힘을 주실 분을 의미합니다.

그 다음은 성령님의 보호를 받게 될 것입니다. 사도행전 16:6을 읽고, 비극으로 끝날 발걸음을 내딛지 못하도록 성령님께서 제자들을 어떻게 막으셨는지 보시기 바랍니다. 성령님은 여러분들도 동일하게 인도해 주실 것입니다.

그리고 중요한 게 한 가지 더 있습니다. 여러분은 더 이상 육의 욕심에 쫓기지 않고 영적 가치를 추구하며 소유하게 될 것입니다. 에베소서 2:3-6을 읽어 보십시오.

여러분은 생명을 소유할 것입니다. 지금 여러분은 죽음을 향해 나아가고 있지만 성령님이 여러분 안에 계신다면, 고린도후서 3:5-6에서 말씀하듯이 여러분은 새 생명을 가질 것입니다.

그리고 여러분은 진리의 성령님과 함께 살 것입니다. 주사바늘은 절대로 이루어지지 않는 약속을 여러분에게 던집니다. 마약 주사에서 벗어나지 못하면 여러분은 악화일로를 걷게 될 것입니다. 요한복음 16:13은 여러분이 진리를 가지게 될 것이라 말합니다.

'아버지께 나아감을 얻게 하려 하심이라.' 에베소서 2:18을 읽어 보세요.

이제 마지막 세 가지입니다. 여러분은 소망을 가지게 될 것입니다. 현재 여러분 중 몇 명이나 소망을 가지고 있나요? 로마서 15:13은 여러분이 소망을 가지게 될 것이라고 말합니다. 그리고 이 모든 말씀의 핵심은 고린도후서 3:17에 있습니다.

"여러분, 여기 있는 여러분 모두 자유를 누리게 될 것입니다!

이 모든 일이 어떻게 일어날까요? 극적이고도 갑작스러우며, 압도적인 체험을 통해서입니다. 사도행전 10:44를 읽어 보세오.

그리고 니키는 말을 멈추었다. 그의 목소리는 낮아져 거의 속삭이는 정도가 되었다.

이 모두가 여러분이 기다리고 있는 새로운 삶입니다. 하지만 저는 오늘 여기서 그것에 대해서 읽고 싶지 않습니다. 그것에 대해 이야기하고 싶지도 않습니다. 단지 그것을 행하기 원합니다!

"여러분의 삶에 이러한 변화와 권능 그리고 소망과 자유를 원한다면 일어나서 앞으로 나오십시오. 사도 바울이 했던 것처럼 제 손을 여러분의 머리에 얹고 기도하겠습니다. 사도 바울 시대의 새로운 그리스도인에게 일어났던 것과 동일한 일이 여러분에게도 일어날 것입니다. 여러분은 성령을 받을 것입니다!"

로베르토는 나를 한 번 보더니 벌떡 일어섰다. 나의 심장도 뛰고 있었다.

"하나님이 나를 위해 계획하신 모든 것을 원합니다."

그가 말했다.

"꼭 이루고 싶어요. 다시는 돌아가지 않겠습니다."

로베르토는 뛰다시피 앞으로 달려갔다. 그는 니키의 손을 붙잡더니 자신의 머리에 올려 놓았다. 그 즉시 나의 할아버지에게 일어났던 일이 이 소년에게 일어났다. 마치 전류가 몸을 통과하듯이 그는 몸을 떨기 시작했다. 그는 무릎을 꿇었고 다른 소년들이 그를 둘러선 채 기도했다.

사도행전의 한 장면을 재현하는 것 같았다. 2분도 지나지 않아 로베르토의 입에서 새로운 언어가 흘러나왔다. 황무지에서 솟아오르는 샘처럼 쏟아졌다.

모두가 기뻐했다. 다른 마약 중독자들 모두 니키와 로베르토 주변으로 와서 말하기 시작했다.

"이 아이가 해냈어. 성공한 거야."

니키는 계속해서 말했다.

"감사합니다, 주님. 이 아이들을 도와주셔서 감사합니다."

그리고 다른 사람들도 외쳤다.

"감사합니다, 주님. 이 아이들을 도와주셔서 감사합니다."

"감사합니다. 감사합니다. 감사합니다, 주님."

22장
마약보다 더 강한 힘

우리는 성령 세례가 언제나 자유를 주는 것은 아니라는 것을 알았다. 사실상, 그 반대이다. 성령 세례를 받으면 오히려 하나님께 매이기 때문이다. 이는 우리의 사역 결과에 있어 가장 맥빠지는 일이자 가장 격려가 되는 것이었다.

처음에는 성령 세례가 언제나, 그리고 영원히 헤로인의 속박에서 아이들을 해방시켜주는 것만을 소망했다. 그리고 그 소망에는 그럴만한 훌륭한 토대가 있었다. 성령 세례와 마약 습관을 끊을 수 있는 아이들의 능력 사이에 관계가 있음을 생각하자마자 우리는 어린 마약중독자들이 이 체험을 할 수 있도록 특별한 노력을 기울였다.

처음에는 아주 조심스럽게 마리화나 상용자에게 실험했다.

루이스는 몸이 아니라 마음을 중독시키는 잡초를 피우던 소년들 중 하나였다. 그는 성령 세례를 받고 마음의 중독이 완전히 사라졌다. 그러한 결과에 고무되어 더 심각한 상황에 있는 청소년들에게도 시도했다.

'마음과 몸 모두를 중독시키는 헤로인을 복용하는 로베르토와 같은 소년은 어떻게 될까? 그에게는 과연 어떤 일이 일어날까?'

우리는 그가 마약을 계속 투여하는지 주의 깊게 지켜보았다. 그는 매일 센터에 오면서 점점 더 눈이 반짝이고 희망으로 부풀었다.

"기분이 정말 좋아요, 목사님. 제가 사용할 수 있는 도구가 있어요. 그것은 여기 와서 다른 아이들과 함께 기도하는 거예요."

우리는 계속 동일한 결과를 얻었다.

하비는 법원에서 우리에게 위탁한 아이였다. 3년 동안 헤로인에 심하게 중독된 상태였지만 성령 세례 후, 그 유혹 자체가 사라졌다고 말했다.

조니는 4년 동안 헤로인 중독이었는데 성령 세례 후 완전히 끊었다.

레프티는 2년 동안 주사를 사용했는데 성령 세례 후 마약을 중단했을 뿐만 아니라 목회자의 길을 가기로 결심했다.

빈센트는 2년 동안 헤로인을 투약했는데 성령 세례 후 즉시 중단했다.

루벤은 4년간 중독됐다가 성령 세례로 투약을 중단할 힘을 얻었다.

에디는 12세 때부터 헤로인을 시작했는데 15년이 흐른 후에도 계속 투약 중이었으며 만성복용으로 거의 죽음에 이른 상태였다. 그러던 그가 성령 세례로 그 중독에서 해방되었다.

나는 매우 흥분하여 의료기관을 찾아다니면서 우리가 얻은 결과에 대하여 의학적 근거를 찾으려고 했다. 의료기관의 증명을 받으면 더 담대하게 시도할 수 있기 때문이었다.

하지만 이런 대답을 들어야 했다.

"렉싱턴에서는 5년간 약물을 끊어야 치료된 것으로 간주합니다. 목사님의 아이들은 얼마동안이나 마약을 끊었지요?"

"길지 않습니다."

"고작 며칠인가요?"

"아, 아닙니다. 몇 개월 정도예요. 어떤 경우에는 1년이 넘기도 해요."

"아주 고무적입니다. 자세히 말씀해 주시죠. 그곳의 그 특별한 세례에 대해서 알고 싶습니다."

면담을 마치고 마약중독은 사실상 돕기가 불가능하며 다시 시작하지 않도록 주의해야 한다는 경고를 받았다.

"슬픈 건 말이죠, 마약을 끊었다가 다시 시작하면 이전보다 더 심한 중독 상태로 돌아간다는 겁니다. 예전에 주사를 두 번 놓았다면 이제는 세 번 놓아야 합니다. 이 세 번은 곧 다섯 번이 됩니다. 그리고 악화되는 속도는 실패 이후 더 빨라지지요." 그는 이렇게 덧붙여 말했다.

그 후 마약을 끊었던 소년들 중 한 명이 마약주사를 다시 시작했다. 성령 세례를 받은 후였는데도 말이다. 그는 성령 안에서의 삶이 성령을 받는 것만큼이나 중요하다는 것을 미처 알지 못했다.

랄프는 2년 동안 마리화나를 피웠고, 3년 동안 헤로인을 주사했다. 그의 중독상태는 심각했다. 이것을 끊기 위해 백 번은 시도했다.

마약 정맥주사를 강요하는 갱단을 떠나려고 여러 번 시도했지만 계속 실패했다. 방법은 하나 밖에 없다고 생각했다. 어두운 밤 주사가 아주 필요할 때 다른 누군가의 삶을 빼앗기 전에 스스로 목숨을 끊는 것이다.

2년 전 어느 날 밤, 그는 지붕 위로 올라갔다. 지붕 가장자리에 서서 길바닥으로 뛰어내릴 준비를 했다. 그는 발 아래 인도에 사람이 없어질 때까지 기다리고 있었다.

그런데 그 순간 노랫소리가 들려왔다. 랄프가 서 있던 건물 길 건너편의 갱단 교회에서 들리는 소리였다. 그는 고개를 들고 귀를 기울였다.

"갈보리 산 위에 십자가 섰으니……"

랄프는 그 위험한 곳에서 내려왔다. 그 찬양의 나머지 부분을 들으면서 건물 계단을 내려와 거리를 건넜다. 바깥에 걸린 간판에는 그에게 교회 안으로 들어와서 하나님이 브루클린 거리에 역사하셔서 마약과 갱단에 얽매여 있는 소년들을 어떻게 도우셨는지에 대하여 들어보라고 초대하고 있었다.

그는 안으로 들어갔다. 그 후 랄프는 다른 사람으로 변화되었다. 그는 자신의 삶을 그리스도께 드렸으며 성령 세례도 받았다.

우리는 랄프가 아주 자랑스러웠고 지금도 그렇다.

그는 1년간 주사 없이 지냈다. 뉴욕을 떠나 캘리포니아로 이사했고 깨끗한 상태를 유지했다. 그 뒤 뉴욕으로 다시 돌아와서 우리를 방문했다. 그런데 며칠 동안은 괜찮았으나, 그가 옛 친구들을 만날 때마다 점점 의기소침해졌다. 옛 친구들이 마약 주사기로 그를 유혹하기 때문이었다. 랄프는 다시 유혹에 노출되었다. 우리는 그와 계속 긴밀히 연락을 취하려고 노력했지만 랄프는 교묘히 피해 다녔다.

그리고 그는 실패했다. 친구들과 만나 자신의 방에서 혈관에 바늘을 꽂았다. 랄프는 성령 세례를 받기 전 마약을 끊기 위해 다섯 번 시도했다. 실패할 때마다 매번 그는 자신에 대해 심한 환멸을 느꼈고, 이전보다 더 많이 주사를 맞았다.

1년 동안 마약을 끊고 지내다가 다시 시작한 것이었다. 그런데 이번에는 이상한 일이 일어났다. 주사가 평소의 효과를 보이지 않았다. 다음 날 랄프는 센터로 슬며시 들어오더니 나를 찾아왔다.

내 사무실로 들어오면서 문을 닫는 그의 모습을 보니 주사를 놨다는 것을 알 수 있었다.

"재미있는 일이 생겼어요, 목사님."

용기 내어 자신이 한 일에 대해 겨우 입을 연 그가 말했다.

"주사를 맞았는데 이전과 같지 않았어요. 전에 느꼈던 것들이 아니라 특별한 무언가가 느껴졌어요. 갑자기 가장 가까운 교회로 가서 기도해야겠다는 충동이 강하게 생겼고 그렇게 했어요. 목사님, 이제 저는 용서받았고 이전처럼 화가 나지도 않아요. 유혹이 심해지지 않고 그냥 사라졌어요."

랄프의 눈이 빛나고 있었다.

"제가 무슨 생각을 하는지 아세요? 덫에 걸린 것 같아요. 그런데 헤로인이 아니라 성령의 덫에 걸렸어요. 그분이 제 안에 계셔요. 저는 그분을 놓지 않을 거예요."

랄프는 우리에게 겸허히 돌아왔고, 성령 세례로 인해 그리스도의 소유가 되었다는 것을 확실히 깨달았다. 그는 이제 아무리 노력해도 그분에게서 도망칠 수 없을 것이다.

15년 동안 정맥주사를 놓은 로베르토의 경우도 마찬가지였다. 잠시 실패했지만 이제 마약주사로 돌아갈 수 없음을 깨달았다. 그리고 한 번 실패한 후, 놀라운 열정과 확신을 가지고 돌아와 신학교에 가고 싶어 하는 소니의 경우도 마찬가지였다.

* * * * * * * *

"어떻게 결론을 내려야 하는가?"

마약중독에 대한 마법과 같은 치료책을 찾았다고 주장할 수는 없다. 바늘 안에 숨어있는 악마는 너무나 강해서 그러한 어떤 주장도 어리석을 것이다. 아마 우리가 말할 수 있는 것은 한 소년을 마약보다 더 강하게 붙잡을 수 있는 힘을 발견했다는 점일 것이다. 그 힘은 마약과 달리 우리 소년들을 위해 기묘한 일을 행하시는 성령님이시다. 그분이 붙잡으시면 아이들은 자유로워진다.

우리의 담대한 실험은 아직 초기 상태이다. 이 믿음의 체험이 불행한 인생들에게 할 수 있는 것과 할 수 없는 것에 대해 배워야 할 점들이 많다.

매일 우리는 새로운 면을 발견하고 있다. 매일 우리는 좀 더 효과적인 역할을 하는 방법과 치유 비율을 영구적으로 높이는 방법을 배우고 있다.

그리스도께서는 그분의 영이 우리를 진리로 인도하실 것이라고 약속하셨다. 이 약속에 근거하여 우리는 주장할 수 있다.

언젠가는 그리스도께서 외로움과 절망에 빠져있는 아이들을 주사기와 불결한 바늘 그리고 병마개 같은 마약 주입기구에서 벗어나도록 도와 해결방법을 찾을 수 있도록 우리를 인도하셔서 그 방책을 여기 클린턴 애비뉴에서 뿐만 아니라 미국 전역에서 사용할 날이 올 것이다.

어느 날 린다와 나는 사무실에 앉아 여러 가지 일들을 논의하면서 우리가 어떤 인도하심을 받을지 생각하고 있었다. 그런데 우리 중 아무도 언급하지 않은 이름 하나가 있다는 것을 깨달았다-마리아였다.

"마리아가 성령 세례를 받을 수 있을 거라고 생각하나요?"

내가 갑자기 물었다.

린다의 눈을 보니 그녀 역시 나와 같은 생각을 하고 있는 것 같았다.

우리는 마리아가 가장 어려운 상태에 있다는 것에 동의했다.

그녀는 수년간 헤로인을 투여했다. 마지막으로 우리를 보러 왔을 때 린다와 나는 그녀가 오래 살지 못할 거라고 생각했다. 지금도 가끔 꿈속에서 그녀의 푹 꺼진 눈과 꽉 쥔 주먹, 그리고 떨리는 입술이 생생하다.

그러나 우리는 마리아의 삶에 기적이 나타나도록 기도하기로 했다. 우리 모두 그녀가 센터에서 성령 세례를 받을 수 있도록 인도하자는 소망을 품었다. 그러나 일은 그렇게 되지 않았다.

어느 늦은 여름 날, 우리는 한 통의 전화를 받았다.

마리아였다. 그녀는 오르띠즈 목사의 교회에 있었다.

"윌커슨 목사님!"

그녀는 전화기에다 거의 소리를 지르다시피 했다.

"놀라운 소식이 있어요! 어젯밤 여기서 제가 성령을 받았어요!"

그녀는 흥분해서 말을 제대로 하지 못해 오르띠즈 목사를 바꿔달라고 했다. 그가 경위를 설명하는 동안 전 날에 무슨 일이 있었는지 머릿 속에서 그려볼 수 있었다.

마리아는 시끄러운 파티가 자주 열리는 아파트들 사이에 위치해 있는 어느 가정집으로 들어갔다. 그녀는 히스패닉 남성과 여성들 사이를 비집고 들어가서 빈 의자에 앉았다. 설교에 귀를 기울이던 그녀는 강단 초청 메시지를 들었다. 마리아는 앞으로 나아갔다. 마지막으로 우리를 방문했을 때의 허스키한 목소리로 성령님이 내주하시도록 주님께 간구했다. 그녀의 목소리가 내 귀에 들리는 듯했다.

무릎을 꿇은 그녀의 머리에 따뜻한 손이 닿자 마음속에 새로운 소망이 생겼다. 그리고 이성으로 이해할 수 없는 부드럽고 아름다운 선율의 말들이 목에서 솟아 나왔다. 기도가 응답되었다는 보증이자 표적이었다. 오르띠즈 목사는 기쁨에 넘쳐 있었다.

"정말 오랫동안 이 일을 기다려 왔지 않습니까?" 하고 그가 말했다.

"정말 그렇습니다. 또 한 번의 승리입니다."

그러나 다시 걱정이 생겼다. 마리아에게는 큰 약점이 하나 있었기 때문이다. 그녀는 화가 나면 마약주사를 찾았다. 많은 중독자들이 따르는 패턴이지만 마리아에게서는 훨씬 더 자주 목격되었다.

만일 마리아가 분노의 문제를 한 번만 이겨낼 수 있다면, 그녀는 좋아질 것이라는 생각이 들었다. 얼마 지나지 않아 마리아는 바로 그 시험대에 올랐다.

어느 늦은 저녁, 인적이 끊긴 맨해튼의 거리였다. 마리아는 버스에서 내렸다. 그녀가 이전에 활동했던 구역 근처였다. 어둠 속에서 세 명의 소녀들이 걸어 나왔다.

"이야, 마리아 아냐?"

마리아가 돌아보았다. 예전 갱 단원들이었다. 마리아는 따뜻하게 인사했다. 그들 뒤로 소년 한 명이 어렴풋이 보였다.

"야, 마리아."

소녀 중 한 명이 말했다.

"헤로인 끊었다면서? 종교도 생겼다던데?"

"맞아!" 마리아가 말했다.

"그래, 뭐 이제 그다지 놀랍지 않아. 그런데 헤로인을 구입할 필요가 없다면 돈이 꽤 여유가 있겠네. 옛 친구들한테 얼마쯤은 빌려줄 수 있겠지?"

마리아는 그 돈이 어디로 갈지 알고 있었다. 이들과 같이 어두운 방 안에 앉아 팔을 허리띠로 꽉 묶고 헤로인으로 가득 찬 주사기를 직접 혈관에 꽂던 일이 얼마나 많았는가.

"미안해." 그녀가 말했다.

"너희들이 돈을 어디에 쓸 건지 나는 알아."

마리아는 날아오는 주먹을 미처 보지 못했다. 한 소녀의 주먹이 그녀의 복부를 강타했다. 통증으로 그녀는 몸을 구부렸다. 그녀의 1차적 본능은 그대로 반격하는 것이었다. 게다가 마리아의 싸움실력은 그 일대에 잘 알려져 있었다.

그러나 그녀는 팔을 내린 채 가만히 서 있었다. 클럽 두목 자리를 위한 테스트를 통과했던 그 첫날처럼 마리아는 저항하지도 울지도 않은 채 견뎠다.

그러나 이 두 사건 사이에는 큰 차이점이 하나 있었다.

이번에는 마리아가 기도를 했다. 그녀는 칼날이 자신의 옆구리로 들어올 때 기도했다. 구부러진 그녀의 상체 위로 세 명이 달려들어 그녀의 지갑을 빼앗고는 웃으면서 거리를 달려가는 동안에도 기도했다.

얼마 후 마리아는 그 외로운 거리에서 천천히 일어나 겨우 집으로 돌아갔다. 그녀의 남편 조니가 피 묻은 옷을 잘 벗도록 도와주었다. 상처를 확인했다. 칼은 그녀의 갈비뼈 쪽의 살을 뚫었다. 다행히 상처가 깊지 않았기 때문에 곧 나을 것 같았다.

그가 걱정한 것은 이 사건에 대한 마리아의 감정이었다.

'이제 그녀에게 어떤 일이 생길 것인가?'

지금까지 회복의 길을 잘 가다가도 화가 나면 실패하고 마는 아내를 너무 자주 봤기 때문이다. 그러나 그날 밤 마리아는 환부를 씻고 붕대를 감은 후 아이처럼 평온하게 잠이 들었다.

나는 이 이야기에 큰 감동을 받았다.

마리아는 며칠 뒤 우리 센터를 방문했다. 그녀는 맞아서 멍든 자국들이 선명한 그대로 걸어 들어왔다.

"그 애들이 저를 좀 엉망으로 만들었죠, 목사님. 하지만 그냥 기도했더니 모든 것이 괜찮아졌어요. 성령님이 저와 함께 하시거든요."

이러한 변화 때문에 린다도 나만큼 놀란 것 같았다.

"우리가 알아야 할 것은 이것 뿐이예요." 나는 그녀에게 크게 말했다.

마리아를 마지막으로 보았을 때, 그녀와 가족은 푸에르토리코로 돌아가고 있었다. 조니는 그녀 옆에 자랑스럽게 서 있었다.

마리아의 어린 세 명의 자녀들은 새로 세탁한 그녀의 치맛자락을 수줍게 붙들고 있었다. 엄마에 대한 믿음이 생기기 시작한 그들은 마리아 옆에 꼭 달라붙어 있었다. 마리아의 막 감은 머릿결은 단정했고 햇빛을 받아 반짝였다. 새 신발도 신고 있었다. 그녀의 다리는 단정하고 깨끗하게 면도되어 있었다. 그리고 그녀의 손은 안정되고도 우아하게 제 자리에 있었다.

마리아는 부부가 교회에서 전임 사역할 수 있는 준비 단계로서 히스패닉 훈련학교에 입학하기 위해 가족과 함께 푸에르토리코로 떠난다고 했다. 훈련이 끝나면 다시 뉴욕으로 돌아오기로 약속도 했다. 돌아오면 여기 센터에서 우리와 함께 사역할 수 있기를 소망한다.

이 가족이 떠나는 모습을 지켜보면서 나는 계속해서 예수님의 말씀을 반복하여 묵상했다.

"진리를 알지니 진리가 너희를 자유케 하리라."

23장
마감날의 속달우편

브루클린에 사는 대부분의 사람들에게 1961년 8월 28일 아침은 맑고 뜨거우며 평범한 여름 아침이었다. 그러나 십대도전센터에는 정말 암담한 날이었다.

그 날 정오에 우리는 두 번째 융자금을 지불하기로 되어있었다. 필요한 금액은 15,000달러였다.

"은행에 돈이 얼마나 있나요?" 회계인 폴 디레나에게 내가 물었다.

"말씀드리고 싶지도 않습니다."

"얼마인가요?"

"14달러입니다."

나는 참으로 많은 기적을 체험하고 그것을 의지하면서 살았다.

내 마음속으로 센터를 잃지 않을 것이라는 자신감이 있었지만, 마감시간은 다가왔는데 돈이 없었다. 정오가 되었어도 어떠한 기적도 없었다.

나는 내 자신감에 대해 심각한 질문을 해 보아야만 했다.

'자기기만이었을까? 내가 할 일은 하지 않고 하나님만 지나치게 기대했었는가?'

"적어도,"

나는 우리 변호사 줄리어스 프라이드에게 말했다.

"싸움도 안 해보고 침몰할 수는 없지요. 연장신청이 가능할까요?"
줄리어스는 그 날 오후 내내 문서와 씨름하며 서류에 서명을 하느라 시간을 다 보냈고, 마침내 상환 연기 승인을 받아내는데 성공했다고 알려왔다.
"9월 10일까지는 기다려 준다고 합니다, 목사님."
줄리어스가 말했다.
"하지만 그 날까지 돈이 들어오지 않으면 처분절차를 시작하겠다고 합니다. 좋은 생각이라도 있으세요?
"예!" 내가 대답하자 줄리어스의 얼굴이 환해졌다.
하지만 그 생각이 무엇인지 설명을 듣고는 다시 어두워졌다.
"저는 그것을 두고 기도할 것입니다." 라고 내가 말했다.
줄리어스는 센터의 기도방식에 익숙해져 있었지만, 그 순간만큼은 보다 현실적인 대안을 바랐을 것이다.

그 날 오후, 나는 다소 무모한 일을 했다.
나는 사역자, 갱 단원, 마약 중독자, 대학생들, 스태프들을 모두 모아놓고 센터는 안전하다고 이야기했다.
그들은 아주 기뻐했다.
"우리는 예배실로 들어가 하나님께 감사 기도를 드려야 합니다."
그래서 우리는 그렇게 했다. 우리는 들어가서 문을 닫고 하나님께서 사용하실 이 집을 구해주신 것에 대해 감사의 찬양을 올려 드렸다.
마침내 누군가가 머리를 들고는 말했다.
"그런데 목사님, 그 돈이 어디서 나왔나요?"

"아, 아직 오지 않았습니다."

25명의 표정이 멍해졌다. 그들은 쓴 미소를 지었다.

"아직 오지 않았습니다." 계속해서 나는 말했다.

"하지만 9월 10일 전에 그 돈은 우리 손안에 있을 것을 나는 확신합니다. 그 날이 되면 나는 15,000달러 수표를 여러분에게 보여줄 것입니다. 우리는 미리 하나님께 감사하기만 하면 됩니다."

그리고 나는 자리를 떴다.

* * * * * * * * *

9월 1일이 되었다. 2일, 3일, 4일…….

나는 우리 문제에 대한 해결책을 찾을 수 있는지 알아보려고 전화통을 붙들고 살았다. 하나님은 우리의 사역이 계속되길 원하신다는 표징들 뿐이었다. 그 해 여름은 다소 성공적이었다.

우리의 기록에 의하면, 뉴욕 전역 2,500명의 젊은이들이 주님의 사랑을 깨달았고 자신들의 삶을 그리스도께 드렸다.

수백 명의 소년 소녀들이 센터를 통해 새로운 직장, 새로운 가능성, 그리고 창조성을 향해 나아갔다. 12명은 실제 사역을 준비하고 있었다.

"이 모든 일이 라이프 잡지의 사진 한 장으로 시작되었지."

나는 지나간 시간들을 되돌아보던 어느 날 밤 아내에게 말했다.

"재판 중의 소년들을 결코 볼 수 없었다는 게 이상하지 않아요?"

아내가 말했다.

이상했다. 나는 거의 4년 동안 편지를 쓰고, 전화를 하고 문을 두드렸다. 그러나 내가 이해할 수 없는 어떠한 이유로 인해, 나를 처음 이곳으로 오게 만든 비극의 소년들 가까이에서 일할 수는 없었다. 그들의 운명과 이스라엘(마우마우단의 전 두목)의 운명은 적어도 잠시 동안은 주정부의 손에 달려 있었다. 그 소년들이 출소하면 그들의 미래를 내가 걱정하고 있다는 것을 말할 기회가 주어질 것이다.

그런데 뉴욕에서의 첫날부터 지금까지 나와 계속 연락하고 있는 한 형제가 있었다. 바로 안젤로 모랄레스였다.

어느 날 안젤로가 우리 센터를 방문했다. 그가 루이스 알바레즈의 아버지의 아파트 바깥 계단에서 나와 마주쳤던 첫날부터 떠올려보았다. 그리고 이제 안젤로는 신학교 졸업을 앞두고 있다. 그 역시 센터에서 나와 함께 일할 것이다.

"센터가 건재하다면 말이야, 안젤로."

나는 우리의 재정 문제를 그와 나누었다.

"제가 할 수 있는 일이 있을까요? 목사님" 하고 안젤로가 물었다.

"그래. 다른 사람들과 함께 예배실로 가서 기도해주게. 자네가 기도할 동안 우리는 계속 전화로 여기저기 알아보고 있을 걸세."

우리 위원회 사람들 전부 센터의 옛 친구들에게 전화를 하느라 바빴다. 도움의 손길이 많이 있었지만 9월 10일까지 15,000달러를 채우기에는 턱없이 부족했다.

시카고의 클렘 스톤 사무실에도 전화를 했다. 해럴드 브레드슨이 전화를 했는데 그는 약간 당황했다고 솔직히 털어놓았다. 클렘은 이미 센터에 큰 도움을 주셨던 분이다. 돈이 필요할 때만 그런 것이 아니라 우리는 언제나 그에게 사역의 진행을 보고했다. 하지만 십대도전센터에서 전화가 왔다는 말을 들은 클렘은 자연스럽게 자신의 지갑을 보호하기 위해 주머니에 손을 넣었을 것 같았다.

9월 8일 해럴드가 전화해 통화한 사람은 클렘의 아들이었다. 그들은 오래도록 통화를 했다. 해럴드는 이미 성취한 사역들에 대해서 이야기했고 여러모로 도와준 스톤 가족에게 감사를 전했다. 그리고 어깨를 움츠리며 마침내 요점을 언급했다.

"내일 모레까지 15,000달러가 필요합니다."

그가 이유를 설명했다.

"지금 어떤 생각을 하실지 모르겠습니다. 전화하는 동안 결정을 내려 달라는 건 단연코 아닙니다. 하지만 이 문제를 아버지와 나눠주시길 바랍니다. 그동안 도와주신 모든 일들에 대해서도 감사하다고 전해주십시오. 그리고 저희는 기다리겠습니다."

9월 10일이 되었다.

그 날 아침 한 우편물이 도착했다. 간절한 마음으로 열어보았다. 아이들이 용돈을 모아 보낸 돈이 봉투에 들어있었다.

"감사합니다, 주님." 하고 나는 말했다.

"이러한 돈들이 없었으면 우린 사역을 할 수 없었지요."

그것이 전부였다.

아침 예배가 시작되었다.

모든 사람들이 모였고 기도하며 찬양했다. 여기저기서 15,000달러짜리 수표를 보내주셔서 감사하다는 기도가 들려왔다.

그런데 예배 중간에 누군가가 센터 문을 두드렸다. 속달우편이었다. 찍힌 소인을 보니 일리노이 주 시카고였다.

나는 간절한 마음으로 봉투를 열었다. 그리고 그 안에는 정확히 15,000

달러 지불 보증수표가 들어 있었다. 그 종이조각을 예배실로 가지고 들어오는 동안 나는 아무 말도 할 수 없었다. 눈물이 맺혔다.

　나는 벽난로 선반에 새겨진 추수된 밀 한 단과 함께 앞에 섰다. 어떠한 말도 나오지 않아서, 모두에게 조용하라는 뜻으로 손을 올렸다. 방은 고요해졌고, 폴 디레나가 그 수표를 나와 가장 가까이에 있는 한 소년에게 건네주었다.

　"이걸 차례로 돌려 보겠니." 폴이 속삭이듯 말했다.

　현재 클렘 스톤의 파일 안에 들어있는 이 지불완료 수표는 뉴욕의 청소년들을 놀랍게 인도하신 하나님에 대한 이야기를 말없이 들려준다. 정확히 배서되었고 정확히 입금되었다.

　하지만 평범한 수표 한 장이 아니었다. 당신이 이 수표를 자세히 들여다 본다면 얼룩이 묻어있음을 알 수 있다. 믿음이 무엇인가를 배운 24명의 소년들이 손으로 돌려보다보니 상당히 더러워졌다. 아마 눈물자국도 좀 있을 것이다. 오묘한 방법으로 기적을 이루어주신 하나님께 대한 감사의 눈물방울 말이다.

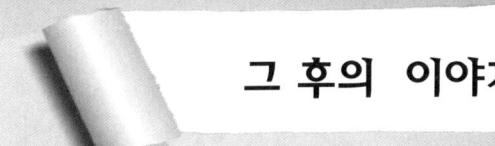

그 후의 이야기

뉴욕의 갱과 마약 중독자들에게 사역을 처음 펼치기 시작한 것은 지금부터 50년 전인 1958년이었다. 그 이후 틴 챌린지 센터, 즉 십대도전센터는 전 세계를 향해 문을 열었다. 이 복음 중심의 재활 프로그램은 수천 명의 약물 및 알코올 중독자들을 보살폈다. 십대 도전(틴 챌린지) 프로그램을 마친 사람들의 회복 비율은 매우 높다.

10년 이상 십대 도전(틴 챌린지)사역을 한 후, 1970년대부터 청년 집회를 이끌기 시작했다. 나는 복음전도 십자군을 모으기 위해 전 세계를 누비고 다녔다. 그 일은 월드 챌린지 사역으로 구체화되었고, 이 초교파 단체를 통해 가난한 자, 마약 중독자, 노숙자들을 위한 구제 및 사역이 시작되었다.

1986년 당시 50대였던 나에게 성령님은 다시 뉴욕으로 돌아가서 교회를 개척하라고 하셨다. 하나님은 내가 이 도전을 받아들인다면 깜짝 놀랄 만한 브로드웨이의 한 극장을 주실 것이며, 그곳을 하나님을 갈망하는 굶주린 사람들로 꽉 채우실 것이며, 재정이 부족하거나 구걸을 해야 하는 일은 절대 없을 것이라고 약속하셨다.

하나님은 그 약속에 신실하셨다. 월드 챌린지 구제사역의 일환으로 시작된 타임스퀘어 교회(Times Square Church)는 브로드웨이에서 가장 큰 극장들 중 하나이며, 부채(빚)가 없는데다가 예수님을 따르는 사람들과 구도자들로 가득 넘치고 있다.

약 20년 전 뉴욕으로 다시 돌아갔을 때, 도시의 상황은 많이 악화되어 있었다. 십대 아이들을 키우는 희망이 없는 마약중독 어머니들의 약물 남용, 그리고 알코올 중독의 비율이 증가했다.

타임스퀘어 교회를 시작할 때부터 우리 사역의 중심은 가난한 자, 배고픈 자, 곤궁에 빠진 자, 그리고 마약 중독자들을 돕는 것이었다.

현재 그 비전은 우리의 영역을 넘어 많이 확장되었다. 우리 교회 출신의 2천여 명의 자원봉사자들이 미국과 전 세계에 흩어져서 구제 활동을 하며 40개가 넘는 사역에 참여하고 있다. 하나님은 우리가 장·단기 선교를 통해 50개가 넘는 나라에서 다른 사람들을 섬길 수 있는 특권을 주셨다.

하나님은 지난 20년 동안 목회자들을 섬기는 데도 함께 하셨다. 내가 백발의 담임목사가 되어서야 목회자들을 위한 사역을 할 생각을 하기 시작했다. 하나님의 은혜로 나는 자격을 얻었고, 하나님은 단순히 나의 경험을 그들과 나누는 것이 아니라 그들로부터 오히려 배우게 하셨다. 평생 사역하면서 상처 입은 목회자가 그렇게 많은 줄은 몰랐다.

나는 국제 목회자컨퍼런스를 진두지휘하면서 사역을 그만둘 지경에까지 이른 사람들이 많은 격려를 받는 것을 목도하고 있다. 컨퍼런스가 열리기 전에 하나님께서 이 충실한 일꾼들을 연합시켜달라고 기도하는데, 기쁘게도 많은 목회자들이 성령 안에서 참된 연합을 이루고 하늘의 아버지로부터 애정 어린 확신과 힘을 얻게 된다.

● 〈십자가와 칼〉의 주인공들에게는 어떤 일이 일어났는가?

니키, 마리아, 이스라엘, 조조는 어떻게 되었나?

〈십자가와 칼〉이 출판되고 몇 년 뒤, 마리아는 브루클린 클린턴 애비뉴에 위치한 십대도전 센터(Teen Challenge Center)를 방문했다.

그녀에게 센터를 보여주는 내내 사람들은 같은 질문을 던졌다.

"윌커슨 목사님께서 자매님은 마약을 완전히 끊었다고 말씀하시는데 정말 그런가요?"

마리아는 단호하게 그렇다고 답을 했고, 새 삶을 살게 된 것은 주님의 은혜라고 말했다. 이 자매가 예전에 모든 희망을 잃고 자살의 위험에 직면했던 그 소녀와 동일 인물인가?

아니다. 그 소녀는 옛 사람 마리아였다. 주님의 권능에 대해 우리에게 간증한 이 젊은 여성은 그분에 의해 완전히 새로이 창조된 피조물이었다.

마리아는 우리 센터를 방문하고 나서 바로 가족과 함께 푸에르토리코로 돌아갔으며, 몇 년이 흐른 지금까지 특별한 연락은 없다.

이스라엘의 이야기는 마리아보다 어려움이 많았다.

나는 이 젊은이가 감옥에서 나온 후, 주님께 돌아왔느냐는 질문을 자주 받는다. 그는 돌아왔다. 그러나 그 길이 쉽지는 않았다.

오랫동안 나는 이스라엘이 옛 사람으로 돌아가는 것에 대해 엄청난 죄책감을 느끼고 있었다.

'만일 내가 이 아이와 더 많은 시간을 보냈더라면. 만일 그 환경에서 그를 빼낼 수 있었다면. 만일…….'

나는 그가 왜 갱단으로 돌아가 스스로를 큰 곤경에 빠뜨렸는지 알 수 없었다. 몇 년이 흐르고 나서야 나는 주님과 나를 향한 이스라엘의 격렬한 쓴 뿌리의 이유를 알게 되었다.

모든 것은 작은 오해로부터 시작되었다. 장소를 착각했던 것이다. 니키와 이스라엘은 내가 목회하는 펜실베이니아 주 필립스버그의 작은 교회에서 간증하기 위해 나와 동행하기로 되어 있었다.

나는 그 날 오전 7시, 우리가 약속했던 길 모퉁이에서 니키를 태웠고 이스라엘이 오기만을 기다렸다. 그런데 이스라엘은 다른 장소의 모퉁이에서 6시부터 기다리고 있었다. 시간이 지나면서 그의 열정은 곧 걱정으로 바뀌었고, 마침내 나에 대해 그가 상상한 무관심에 분노하게 되었다.

니키와 나는 기다리다가 이스라엘의 집에 전화를 했다. 하지만 그는 이미 나가고 없었기에 아무 소용이 없었다. 우리는 한 시간을 기다렸다. 결국 더 이상 기다릴 수 없어 이스라엘 없이 필립스버그 교회로 떠나야 했다. 왜 이런 오해가 생겼는지 나는 아직도 모른다.

그리고 얼마 후 이스라엘은 상처와 거절감을 느낀 채 갱단으로 돌아가 버렸다. 결국 이 일 후에 그는 총격 사건에 연루되었고 수감되었다. 그러나 나는 다시 한 번 주님은 우리가 저지른 최악의 실수들까지도 회복시키실 수 있다는 것을 배웠다.

교도소에 들어간 첫 날부터 이스라엘은 두려웠다. 그는 대부분의 신참 죄수들은 성적 학대나 나이 많은 수감자와 감옥결혼을 당하게 된다는 것을 알고 있었다. 어느 고참 죄수가 서글서글하고 어린 이스라엘의 용모 때문에 그가 곧 목표물이 될 것이라는 말까지 해 주었다.

"교도소에 도착한 다음 날 아침, 저는 독방에 수감되었어요."

나중에 이스라엘이 이야기했다.

그의 등 뒤로 철문이 닫히자 처절한 외로움이 엄습했다. 천천히 이 회색빛의 삭막한 환경을 받아들이려고 하는데, 풍기는 악취에 속이 메스꺼웠다. 한 모퉁이로 시선을 돌렸을 때 신선한 과일이 담긴 접시가 보였다. 이스라엘은 덜컥 겁이 났다. 이미 그가 선배 수감자의 부인으로 간택되었단 말인가?

그는 접시와 최대한 멀리 떨어지기 위해 철제 침대 위 구석으로 몸을 던졌다. 너무 절망적이었다.

그 때 이스라엘은 수개월 만에 처음으로 고함을 지르며 기도했다.

"하나님, 제발 저에게 이런 일이 일어나지 않게 해 주세요."

주님은 그를 보호해주셨다.

나중에서야 그 과일은 같은 교도소에 수감된 동료 갱단이 몰래 들여놓은 선물이라는 것을 알고 그는 안도했다. 그리고 어느 날 침대에 눕던 그는 이 경험이 자신에게 무언가 중요한 메시지를 주었음을 깨달았다. 곤경에 빠졌다고 생각될 때 자신이 제일 먼저 한 일이 무엇이었는가?

그는 하나님께로 향했다. 이러한 깨우침을 통해 이스라엘은 주님께로 돌아가는 여정을 시작했다. 감옥에서 나온 그는 하나님에 대한 자신의 믿음이 여느 때보다 더 강해졌음을 느꼈다.

현재 이스라엘은 워싱턴에 거주하면서 인생에서 제대로 이룬 게 하나도 없는 "인생의 실패자들"을 위한 사역을 효과적으로 감당하고 있다. 그는 미국과 캐나다에서의 사역을 통해, 실망에 빠진 인간은 하나님을 버리려할지 몰라도 주님은 우리를 절대 놓지 않으신다는 것을 가르치고 있다.

니키는 어떻게 되었을까?

니키도 이스라엘처럼 열정적인 주님의 사람이 되어 기회가 있을 때마다 자신의 체험을 들려주고 있다. 그는 자신의 간증집 〈런 베이비 런〉(Run, Baby, Run)을 집필해 출판했고, 세계적인 베스트셀러가 되었다. 세련된 음악과 공연예술을 이용한 적극적인 구제활동을 통해 전 세계 도시 젊은 이들을 훈련시키는 '니키 크루즈 아웃리치 앤드 트루스'(Nicky Cruz Outreach and Truce, 전 세계 도시의 아이들을 위한)를 설립했다.

1990년대 초반 이후 사람들에게 복음을 가르치겠다는 열정에 사로잡힌 그는 전 세계 수백만 명에게 다가갔다. 니키의 메시지는 거리생활의 가혹함과 약물의 공포를 암시하지만 그의 초점은 언제나 그리스도인의 삶을 살아가는 누구에게나 가능한 주님의 능력에 맞추어져 있다.

"핍박은 크지만 우리는 강하고 신실하신 하나님을 섬깁니다."

니키의 열정은 청년들에게로 이어졌다. 거리생활을 하는 동안에 겪었던 겉으로 강한 모습의 이면에 숨겨진 공포심을 그는 기억하고 있기 때문이다.

현재 이 점잖고 배려 깊은 남자가 수년 전 내 가슴에 칼을 들이대고 증오의 마음을 불태웠던 사람과 동일 인물인지에 그저 놀랍기만 하다.

마리아처럼 니키는 내가 알던 그 사람이 전혀 아니다. 그는 성령의 변화시키는 능력에 대해 내가 알고 있고 강력한 증인들 중 한 명이며, 스케줄이 될 때마다 매년 타임스퀘어 교회에 와서 우리 교인들에게 강연을 한다. 그는 국제적인 청년 집회를 통해 수백 만 명을 만나고 있다.

마지막으로, 조조에 대해 이야기를 하고 싶다.

이 책 본문에서 했던 이야기 이후, 그는 사라져 버렸다. 전국 곳곳에서 많은 사람들이 자신을 조조라고 주장했지만, 현재 그가 어디 있는지 나는 알지 못한다. 어떤 이들은 내가 그를 위해 새 신발을 포기했던 이야기를 되풀이하면서 여러 교회에서 간증까지 했다고 한다. 이들 대부분은 나이가 너무 많기 때문에 조조일 리가 없다.

〈십자가와 칼〉을 영화화 한 작품이 1969년에 개봉되었는데 조조 배역은 뜻하지 않은 변화를 겪었다. 배역이 여성으로 바뀐 것이다!

감독 돈 머레이가 어느 저녁에 내게 전화해서 놀라운 신인 여배우가 오디션에 나타났는데, 그녀에게 맞는 역할이 없다고 했다. 그는 조조가 여자 역할을 하는 것을 반대하느냐고 나에게 물었다. 진짜 조조는 사라져버렸기에 나는 역할 변화가 문제되지 않을 거라고 생각했다.

우리는 주님이 이 영화를 사용하셔서 많은 사람들이 변화되게 해달라고 기도했다. 이 영화를 볼 사람들 그리고 실제 그렇게 살고 있는 사람들의 인생 말이다.

팻 분(Pat Boone)이 내 역할을 맡았는데, 촬영이 시작되기 전 나는 그에게 뉴욕의 뒷골목 모습들을 실제로 보여 주었다. 그는 거무죽죽한 건물에 유령처럼 기대어 서서 환각상태로 고개를 젓고 있는 마약 중독자들의 모습을 보고 큰 충격을 받았다.

나는 어린 아이들의 '총격' 장면을 처음 보았던 지점을 가리켰다. 나의 첫 거리사역 체험 교육장이었던 옥상에 선 그의 눈에서는 수년 전 내가 느꼈던 것과 동일한 무기력함이 보였다.

나중에 나는 팻을 브롱크스의 리틀 코리아(Little Korea)로 데려갔다. 거기 있던 아이들은 당시 팻이 유명 배우였기 때문에 '백인 멋쟁이'가 방문했다고 좋아했다.

그는 그 깜짝방문을 이용해 약물의 세계로 도피하는 대신 주님의 능력에 의지하라고 이야기했다. 아이들은 그의 이야기를 경청했고, 몇몇은 "맞아요, 아저씨"라고 계속 외쳐댔다. 이러한 거리 체험 후 팻은 더 이상 자신이 예전과 같은 사람으로는 살아갈 수 없다고 내게 고백했다.

몇 년 후, 나를 처음 뉴욕으로 이끌었던 그 재판의 판사가 책을 출판했다는 소식을 들었다. 〈결과는 아직 모른다〉(The Jury Is Still Out)라는 책에서 판사 어윈 데이비슨은 나-그의 법정에 나타났던 시골 목회자-를 "밝은 갈색 머리에 아직 젊은 축에 속하는 마른 남자로 단호하다 못해 열광적이기까지 한 눈을 가진 남자"로 묘사했다.

데이비슨 판사는 방청석 뒤의 세 줄은 가죽 제복을 입은 침략군처럼 공동주택 단지에서 몰려와 "검은색 재킷에 머릿기름을 바르고 험상궂은 인상의 소년 및 젊은이들"이 재판 때마다 가득 찼다고 서술했다.

재판 내내, 말없이 앉아서 뚫어지게 쳐다보며, "경청하던 이 갱단들로 인해 나를 나중에서야 알게 된 것도 당연한 일"이라고 했다.

나의 공저자 존과 쉐릴은 나와 아내와 함께 하나님께서 이 책을 사람들에게 다가가는데 사용해 달라고 기도했다. 기도는 우리의 상상을 초월하여 응답되었다. 판매부수는 1,500만부를 넘어섰고, 35개 국어로 번역되었다.

크리스채너티 투데이(Christianity Today) 2006년 10월호는 〈십자가와 칼〉을 2차 세계대전 이후 복음주의자들을 위한 전 세계 최우수 도서 50권 중 하나로 선정했다. 심지어 이 책은 로마 가톨릭교회의 부흥 운동에도 결정적인 역할을 했다고 평가받고 있다.

1967년 영적 실재에 목말라 있던 피츠버그 듀케인 대학교의 학생 및 교직원들은 이 책과 사도행전의 첫 4장을 읽고 성령 세례를 갈망했다. 그들은 성령을 받았고, 현재 역사가들은 이 각성을 가톨릭계의 은사 쇄신운동의 시초라고 지적한다.

존과 쉐릴은 〈피난처〉(The Hidden Place)의 코리텐 붐과 〈하나님의 밀수꾼〉(God's Smuggler)의 앤드류 형제의 놀라운 이야기를 계속해서 전했다. (이 두 권 역시 '크리스채너티 투데이'의 최우수 도서 50권 목록에 들어있다).

아내와 나는 주님께서 당신의 사역을 당신의 때에 확장시키실 것이라는 확신을 그분으로부터 받았다. 주님은 계속 그렇게 일하셨다.

현재 미국과 전 세계에 550개 이상의 십대 도전센터가 있다.

● 윌커슨 가족에게는 어떤 일이 일어났는가?

하나님은 40년 전으로 거슬러 올라가 시작된 25회 이상의 수술-다섯 번은 암 수술-동안 아내, 그웬을 지켜보셨다. 난소 종양으로 시작된 이것은 우리가 '사드락의 믿음'이라고 부르는 고난이었다.

다니엘서에서 세 명의 히브리 친구들 사드락, 메삭, 아벳느고는 극렬한 풀무불을 들여다보고 하나님께서 자신들을 구해 주실 수 있을 것을 알고 있었다. 그러나 만일 그렇게 하지 않으신다 하더라도 그들은 하나님을 위해 그것을 받아들이겠다고 선언했다.

풀무불 시험은 우리 부부에게 뿐만 아니라 우리의 결혼생활에 매일 다가왔다. 때때로 우리는 패배한 것처럼 보였다. 아름다운 나의 아내가 정서적 어려움 때문에 기독교 시설에 들어가서 치료를 받아야 할 때도 있었다.

1976년에 또 다른 악성 종양이 발견되어 그웬의 왼쪽 가슴을 절제해야 했다. 그런 종류의 수술 결과를 기다리면서 병원에 앉아 있어 본 사람만이 우리가 겪은 심한 무력감을 알 수 있다.

그러나 그 무서운 공포의 시간 중에도 성령님은 우리를 위로하셨다. 우리는 결과가 어떠하든지 간에, 하나님의 은혜가 그 상황을 덮을 수 있다는 것을 배웠다.

그웬과 나는 그녀의 오랜 사투가 끝나기를 바랐지만, 1979년 6월 절제한 가슴 근처 늑골이 부어서 큰 고통을 겪었다. 그웬의 5번 갈비뼈를 제거했고 악성이 아니라는 진단을 받았다.

10년 조금 더 지난 1991년, 그웬은 남은 가슴마저 제거해야 했다. 1991년 이후, 우리는 그녀의 몸에 암 흔적이 남아있지 않다는 의사의 진단을 듣고 크게 기뻐했다. 위기를 극복하는 동안에 아내는 그리스도인 지체들의 기도를 담은 수천 장의 병문안 카드를 받았다.

이제 아내는 말한다.

"상처받은 사람들을 도와 주려면 고난을 겪어본 사람이어야 해요."

그리고 사실 그것이 그녀의 사역이다. 그녀는 타인을 격려하는 사역을 지속하면서 많은 이들에게 도움을 주고 있다.

월드 챌린지 스태프들, 그웬 그리고 나는 우리의 우편 목록에 있는 수천 명의 필요를 위해 기도한다. 우리는 가능한 한 많은 편지를 읽고 편지를 쓴 이들을 위해 중보하며 승리했다는 그들의 간증에 기뻐하고 하나님께서 모든 기도에 응답해 주심을 믿는다.

● 나머지 가족들은 어떠한가?

건강 문제에도 불구하고 우리의 삶은 기쁨에 가득 찼다. 딸 데비와 사위 로저 존커는 '아버지의 사랑 미니스트리'(Father's Love Ministries)의 설립자들이다. 그들에게는 두 아들 브렌트와 매튜가 있다. 그들의 딸 티파니는 13세 때 뇌종양으로 세상을 떠났다. 손녀의 죽음은 우리 가족이 여태껏 겪었던 가장 힘든 경험이었다.

그러나 병으로 몸이 쇠약해진 후에도 티파니의 믿음은 많은 이들에게 귀감이 되었다. 나의 손녀는 주님과 분명하고도 열린 대화를 했고 본향으로 돌아가 그분과 함께 있고 싶어 했다.

우리 딸 보니와 사위 로저 헤이슬립에게는 두 아들 데이빗과 브랜든이 있는데, 나의 해외 빈민사역을 지원하고 있다.

아들 게리와 며느리 켈리에게는 3명의 아들 애쉴리, 에반, 엘리어트, 그리고 딸 애니가 있다. 2002년 게리는 나와 함께 다니면서 목회자 컨퍼런스에서 설교하기 시작했다. 그 역시 북미에서 '예수님을 향한 열정'(Passion for Jesus)집회를 인도하며 그리스도의 주 되심을 향한 일편단심을 불어넣고 있다.

아들 그렉과 며느리 테레사에게는 알리사와 리안이 있다. 그렉은 선교사이자 청년 복음전도자이며, 뉴 램넌트 미니스트리의 대표이다. 그렉은 아내의 1차 암 수술 후 태어났는데, 우리는 애정을 담아 '기적의 아이'라고 부른다.

이제 나는 일흔 살이 넘었다. 지금까지 하나님께 큰 축복을 받았으며, 당신께서 우리에게 주신 사역의 명성을 지켜주셨다. 이 모든 것은 기도에서 시작되었다. 이런 인생 가운데 서 있는 내게 소망이 있다면, 사람들을 위해 더 많이 기도하고, 주님께 더 큰 일들을 구하고, 주님의 백성들이 의의 길로 돌아오는 것을 보는 것이다. (편집자주: 데이빗 윌커슨은 2011년 4월 27일 만 80세를 일기로 하나님의 부르심을 받아 이 세상을 떠났다.)

데이빗 윌커슨(David Wilkerson)

World Challenge, Inc.

P.O. Box 260

Lindale, TX 75771

Tel: (903) 963-8626

Fax: (903) 963-5186

E-mail: texas@worldchallenge.org

Website: www.worldchallenge.org

현재 갱단 활동은 어떻게 되었는가?

2006년 가을, 영광스럽게도 믿음을 기초로 한 틴 챌린지 거주 프로그램이 뉴질랜드에서도 시작이 되었다. 이것은 사역 확장 101번째 국가였다. 그 때 나는 전 세계 450개 이상의 십대 도전센터에서 일어나는 세 가지 사항을 함께 나누었다:

희망이 이곳에 살아 있습니다.
자유를 이곳에서 발견합니다.
변화된 인생으로 이곳을 떠납니다.

나의 형 데이빗 목사님이 십대 도전센터(Teen Challenge Center)를 설립한 이후 50년 동안 십대 갱들, 청소년 및 성인 약물 중독자들, 알코올 중독자들, 매춘부들 그리고 심각한 인생의 문제들을 갖고 있는 사람들 모두가 이 세 문장을 현실로 발견하고 있다.

뉴욕 브루클린에서부터 인도 봄베이까지 갱 단원들은 어린 아이들조차 살아남기 위해 갱단에 가입할 수밖에 없는 비참한 거리로부터 구원받고 있다. 블러드와 크립(Bloods, Crips LA의 유명한 갱단-역주)같은 갱단은 신문에 대서특필 되지만 그다지 알려지지 않은 수많은 갱단들 역시 도심, 심지어는 시골 지역에까지 도전장을 내밀고 있다. 로스앤젤레스 시는 대략 4만 명에 이르는 463개의 갱단을 몰아내기 위한 안티 갱단 프로그램에 연간 약 9,000만 달러를 소비한다.

로스앤젤레스와 산타아나(오렌지카운티 근처)의 십대도전센터에는 갱단들을 위한 전임 사역자들이 있다. 거리 전도, 야외 복음전도 집회, 캠프 및 수양회, 청소년 회관(감옥)에 수감되어 있는 갱 단원 사역 그리고 기타 개별 및 집단 활동들을 통해, 십대도전센터는 하나님이 그들을 사랑하시고 예수님이 그들을 위해 죽으셨기에 갱단 간의 총격전이나 약물 과용으로 죽을 필요가 없다는 간단한 메시지로 희망을 제시하고 있다. 그리스도를 영접한 누군가는 틴 챌린지 하나님의 갱(God's Gang) 티셔츠를 입고 동료들에게 뽐내기 시작한다. 이 모든 것은 젊은이들이 훈련과정을 통해 긍정적인 리더들이 되도록 격려해주기 위한 목적의 일환이다.

브루클린과 대도시 뉴욕의 갱 문제는 4-50년 전만큼 심각하지는 않다. 많은 십대들이 갱단 생활을 약물 남용으로 대체해버렸기 때문이다. 그러나 갱들의 활동 지대는 남아 있다.

내가 이 글을 쓰고 있는 동안 뉴저지 출신의 17세 소년이 브루클린 틴 챌린지 센터에 전화를 걸어 프로그램에 들어갈 수 있느냐고 문의하였다.

그에게는 갈 곳이 절실히 필요했다. 그는 갱단에 쫓기고 있었는데 이유는 말해주지 않았다. 누이는 라이벌 갱단에 의해 살해 당했다. 부모님이 어디 계시냐고 묻자, "부모님은 안 계세요." 라고 대답했다. 그리고 그는 프로그램 입회 면담에 나타나지 않았다.

현재 나타나는 갱단 활동은 잔인하기 짝이 없다. 2007년 여름 무장한 블러드 단원 3명이 브루클린 크라운 하이츠에 위치한 스털링 플레이스라는 아파트를 침입했다. 그 중 2명은 권총을 휘둘렀고, 폭력으로 전쟁터가 된 3시간이 시작되었다.

그들은 14세 소년, 41세 그의 아빠, 그리고 22세의 청년을 권총으로 내리친 후 꼼짝하지 못하게 결박했다. 돈을 요구하던 이 무장폭력배들은 17세 소녀와 그녀의 43세 어머니(22세 청년의 어머니였다. 그리고 이 청년은 전직 블러드 단원이었던 것으로 보인다)를 강간했다. 이런 이야기들을 들으면 가슴이 터질 것만 같다.

십대 도전센터는 갱 단원들 그리고 갱단 생활을 벗어나기 위해 종종 약물 남용으로 돌아가는 예전의 단원들을 돌보고 있다. 갱단 활동은 국제적으로도 일어나고 있다. 엘살바도르, 온두라스, 케이프타운, 남아프리카에서는 거리 갱단이 거의 모든 빈민가의 생활방식인데, 이는 갱단이 대부분의 지역에 존재하고 있음을 의미한다.

온두라스 틴 챌린지는 매일 거주 센터에 있는 백 명 이상의 젊은이들에게 갱 생활과 약물로부터의 자유를 제공하고 있다. 이곳에서 갱단을 떠난다는 것은 사형 선고와도 같다.

"저희는 네 사람을 잃었습니다." 리더들 중 한 명이 말했다.

"수료생 두 명 그리고 성급히 프로그램을 이탈해버린 두 명이 예전에 속해있던 갱단들에게 살해 당했습니다. 또한 주일에 소년들을 가득 태운 버스를 운전해 교회에 가려면 다른 길로 가야 합니다. 갱단들이 버스가 오기를 기다렸다가 총격을 가해 갱단을 떠나려고 용기를 낸 십대들에게 메시지를 보내기 때문입니다."

어느 주일 오전, 엘살바도르의 수도인 산살바도르 틴 챌린지 거주자들이 교회를 나서고 있었다. 두 명이 총에 맞았는데 한 명은 죽고 다른 한 명은 살아 남았다. 죽은 젊은이는 얼마 전 1년제 거주 프로그램을 이수하고 프로그램 인턴으로 선발됐었는데, 불과 45분 전에 살해를 당해 1,000명의 예배자들 앞에서 최초로 간증을 한 셈이 된 것이다.

　십대 도전센터 프로그램의 주된 취지는 심각한 약물 및 알코올 중독자들에게 희망을 주는 것이다. 성인들 가운데는 약물 살 돈을 대기 위해 성매매를 삶의 방식으로 삼기도 한다. 특상품의 약물은 도시부터 시골 지역까지, 그리고 나라들마다 다르다. 크랙 코카인과 헤로인은 미국 및 유럽 주요 도시의 중독자들을 노예로 만든다.

　메탐페타민은 미국 내, 특히 몬타나와 미주리 시골 지역 젊은이들 사이에서 크게 유행하고 있다. 또한 의사의 처방전이 필요한 약 복용이 증가하고 있는 데다, 많은 이들이 복합 약물을 사용하고 있음이 미국 센터들을 통해 확인되고 있다. 러시아, 우크라이나, 동유럽, 그리고 카자흐스탄과 우즈베키스탄의 틴 챌린지 센터에는 알코올 중독자가 많다.

　카자흐스탄 틴 챌린지는 6백 명 이상이 거주하는 세계에서 가장 큰 센터이다. 각기 다른 지역에 위치한 12개 센터의 학생 거주자들은 약물과 알코올로부터 자유로워지고 있는데, 그들 중 대부분은 놀랍게도 이슬람 교도들이다. 국민의 98퍼센트가 이슬람 교도인 파키스탄에는 5백만 명-인구의 5.6퍼센트나 된다-의 약물 중독자가 있는 것으로 추정된다.

　인근의 아프가니스탄의 아편 농장은 비교적 이용하기 쉽고 값싼 아편을 생산하여 북파키스탄 및 나라 전체에 거래하고 있다. 틴 챌린지는 정부 허가를 받아 파키스탄에 남성 및 여성 센터를 운영하고 있다.

　파키스탄에서 전도하는 것은 불법이다. 하지만 교습, 노래, 간증으로 하나님의 말씀을 나누는 것은 가능하다. 그리고 학생들이 예수 그리스도를 통한 구원에 대해 물어본다면, 이 질문에 대해 대답해줄 수도 있다. 파키스탄의 'FBI'가 센터를 방문하기도 했다.

십대 도전센터가 자신을 개종시키려고 하느냐는 그들의 질문에 학생들은 "십대 도전센터는 우리를 사랑할 뿐이에요!"라고 대답했다.

프로그램의 한 학생 중독자 어머니는 아들이 이 프로그램을 다 마치면, "그는 약물은 끊게 될지 몰라도 그리스도인이 될 겁니다. 그리고 죽은 후 천국에 못 갈 겁니다." 라는 말을 물라(이슬람의 율법학자)로부터 들었다고 했다.

이 어머니는 즉각 이렇게 대답했다. "죽은 약물 중독자보다는 살아 있는 그리스도인이 낫겠네요. 나머지는 알라가 해결하도록 놔둘 거예요."

수십 년에 걸친 약물 전쟁에도 불구하고 약물이 이길 때가 훨씬 많다. 부모들은 약물 과용, 인체 면역 결핍 바이러스나 에이즈(HIV/AIDS) 및 기타 질병으로 자녀들을 잃고 있다.

서구 세계에서 1인당 감옥 인구가 가장 많은 미국은 수감자의 6-70퍼센트가 약물과 관련된 범죄 때문에 수감된다.

그러나 젊은이들이 틴 챌린지 문턱에 들어선 이상 우리는 모든 권세보다 더 높은 권세를 만날 기회를 그들에게 제공한다.

이 프로그램 수료자들은 약물 중독 및 파괴적인 생활 양식에서 자유로워질 가능성이 아주 높다. 문서 연구 및 틴 챌린지 자체의 수료생 추적 조사를 통해 틴 챌린지 센터에서 일어나는 세 가지 중 하나인 '변화된 삶들'은 프로그램을 마치고도 평생 그 상태를 유지했다는 결과가 나왔다.

리카르도는 성공적인 수료생들 중의 하나이다. 그는 13세에 남아프리카 케이프타운의 원더 키즈 갱단의 일원이 되었고, 16세에 케이프타운에서 가장 거대 갱단인 28s에 가입했다.

"여기에 가입하기 위해 저는 라이벌 갱 단원을 죽여서 피를 흘리거나 남자 단원과 섹스를 해야 했습니다." 리카르도는 이렇게 말했다. 그가 맡은 일은 약물을 파는 것이었고, 그 결과 약물 상용자가 되고 말았다.

"저는 하루 종일 마약을 팔기 시작했고 1년 뒤 체포됐습니다. 감옥에서 나온 지 얼마 되지 않아 저는 권총에 가슴을 맞았습니다. 이제 나는 죽었구나 생각했습니다. 그런데 제 삶은 끝나지 않았습니다. 사탄은 나를 파괴시키려고 사용된 총알을 통해, 하나님께서는 제 삶을 변화시키기 시작하셨습니다."

리카르도가 병원에 입원해 있을 때 한 그리스도인 간호사가 그를 교회로 초청했고, 그는 예수님을 영접했다. 퇴원 후 여전히 공식적으로는 갱단원이었지만 그는 기도하면서 하나님이 갱 생활과 묶임에서 자신을 빼내어 달라고 간절히 간구했다.

"28s에서 나올 수 있는 유일한 길은 단원들 중 하나가 저나 엄마를 죽이거나 제 누이들 중 하나를 강간하는 것이었습니다. 그러나 다음날 아침 저는 일어나 하나님께서 '지금 떠나라 내가 길을 만들어 주겠다' 라고 말씀하신다는 생각이 들었습니다. 저는 이해할 수 없었습니다. 하지만 그 음성에 순종했습니다. 부상을 당해 몸이 여전히 아팠지만 저는 도망쳐서 담을 넘었습니다. 그렇게 나와서 달리고 있는데 자동차 한 대가 제 옆에 섰습니다. 차 안에 있던 남자가 말했습니다."

"빨리 빠져 나가야 해. 어서 타. 네게 도움 줄 만한 곳을 알고 있어."

그리고 그는 저를 십대 도전센터로 데려다 주었습니다.

"예수님이 제 마음과 생각을 변화시키셨고, 십대 도전센터는 제 생명을 구해주었습니다."

리카도르는 현재 프로그램 진행 스태프이며, 수천 명의 학교아이들에게 자신의 변화된 인생 이야기를 들려주면서 학교 내 약물 예방사역을 맡고 있다.

50년 동안 십대 도전센터 사역의 증인이자 참여자로서 나는 오직 십자가만이 칼이나 권총, 마약 주사 혹은 젊은이들이 자신의 몸을 해하는데 사용하는 그 어떠한 물질들보다 강력하다고 말할 수 있다. 뉴욕의 브루클린에서 인도의 봄베이까지 틴 챌린지 구제 활동 및 거주 센터를 통해 사람들의 삶은 하나님의 능력으로 계속 변화되고 있다.

전 세계에 나가 있는 우리 수료생들은 나에게 이렇게 말하곤 한다.

"뉴욕으로 가서 나 같은 사람을 도와주라는 성령님의 음성에 순종하신 데이빗 목사님께 고맙다고 꼭 전해 주세요."

주 예수 그리스도 안에서 새 생명과 미래의 꿈을 가진 새 사람이 될 수 있다는 희망의 씨앗을 심었기에 이 사역은 성공할 수밖에 없다.

돈 윌커슨(Don Wilkerson)
글로벌 틴 챌린지(Global Teen Challenge) 설립자

십자가와 칼

1쇄 발행 | 2011. 8. 15
5쇄 발행 | 2025. 4. 15

지은이 | 데이빗 윌커슨
옮긴이 | 탁영철
펴낸이 | 오생현
펴낸곳 | 베다니출판사

등록 | 1992. 5. 6(제3-413호)
주소 | 서울시 송파구 새말로10길 18-1, 4층 (우편번호 05810)
전화 | (02) 448-9884~5
팩스 | (02) 6442-9884
www.bethany.co.kr
bethanyp@hanmail.net

값 17,000원
ISBN 978-89-5958-073-6 (03230)

• 잘못된 책은 구입하신 곳에서 교환해 드립니다.

베다니출판사는 문서사역을 통해 예수가 삶의 주인과 구주가 되심의 진리를 발견하게 하고, 풍성한 삶과 증인의 삶을 살도록 돕습니다. 그리스도 안에 감취인 복음의 비밀을 깊이 깨달을수록 더욱 풍성하고 행복한 삶을 살 수 있습니다.